普通高等院校“十三五”规划教材

审计学

原理与案例

郭艳萍　傅贵勤　孟腊梅　主　编
高岩芳　封桂芹　郭涛敏　冯素珍　张利霞　张　洪　副主编

清华大学出版社
北　京

内容简介

本书是根据中国注册会计师协会2010年发布的《中国注册会计师执业准则应用指南》及财政部2014年修订颁布的《企业会计准则》等新法规提出的新要求，结合《审计法》、《公司法》、《证券法》的规定，对现代风险导向审计的新形势经过深入研究编写而成。本书共有十二章内容，是国际与本土兼具、理论与实务兼具的审计学原理教科书。本书内容广泛，涵盖了审计学理论的新发展及新的法规准则，具备系统性的学习架构并强调行业特性，符合现在及未来之需求。

本书适合会计学、审计学专业本科及专科学生使用，也可供MBA、MPAcc以及有兴趣的教师、研究人员使用或参考。

图书在版编目（CIP）数据

审计学原理与案例 / 郭艳萍，傅贵勤，孟腊梅主编. --北京：清华大学出版社，2016（2022.1重印）
（普通高等院校"十三五"规划教材）
ISBN 978-7-302-42861-9

Ⅰ.①审… Ⅱ.①郭… ②傅… ③孟… Ⅲ.①审计学-高等学校-教材 Ⅳ.①F239.0

中国版本图书馆CIP数据核字（2016）第028917号

责任编辑：刘志彬
封面设计：汉风唐韵
责任校对：宋玉莲
责任印制：丛怀宇

出版发行：清华大学出版社
网　　址：http：//www.tup.com.cn，http：//www.wqbook.com
地　　址：北京清华大学学研大厦A座　　**邮　　编**：100084
社 总 机：010-62770175　　**邮　　购**：010-62786544
投稿与读者服务：010-62776969，c-service@tup.tsinghua.edu.cn
质量反馈：010-62772015，zhiliang@tup.tsinghua.edu.cn
印 装 者：三河市龙大印装有限公司
经　　销：全国新华书店
开　　本：185mm×260mm　　**印　　张**：16　　**字　　数**：370千字
版　　次：2016年3月第1版　　**印　　次**：2022年1月第5次印刷
定　　价：42.00元

产品编号：068821-01

Preface 前言

本书是根据中国注册会计师协会2010年发布的《中国注册会计师执业准则应用指南》及财政部2014年修订颁布的《企业会计准则》等新法规提出的新要求，结合《审计法》、《公司法》、《证券法》的规定，对现代风险导向审计的新形势经过深入研究编写而成。

本书是国际与本土兼具、理论与实务兼具的审计学原理教科书，并通过案例来阐释理论，使读者从案例中理解理论的含义。全书内容丰富、实用，主要体现在以下几个方面：第一，采用了与国际审计准则趋同的《中国注册会计师执业准则》；第二，全面讲解了现代风险导向审计理论与方法；第三，应用了新的审计报告格式；第四，包含了与新法规相关的内容。

本书以注册会计师审计为主线，在编写的过程中，充分借鉴了近年来国内外出版的审计学理论与实务教材的优点，并吸收了审计理论和实践的新成果。本书特点如下。

1. 系统性

本书在结构上，根据审计学的内在逻辑规律和初学者的认知规律来安排，结构合理，符合认知规律，而且全面地阐述了审计理论和实践的各方面内容。

2. 操作性

本书采用国际上通行的业务循环法阐述审计实务的内容，即把企业的生产经营活动分为若干循环，分别对各循环进行审计。

3. 创新性

审计学是一门实践性很强的学科，为了缩小理论和实践的差距，加深对课程内容的理解，在每一章的开始和正文我们安排了一些必要的引导案例和拓展案例，进一步丰富了教材的内容。

“审计学原理与案例”是会计学、审计学专业的骨干课程之一，是必修课，是学生必须掌握的一门知识和技能。通过本书的学习，可使学生掌握审计的基本理论、基本方法和基本技能，以胜任国家审计、内部审计和民间审计工作。

编　者

Contents 目 录

第一章 总 论

第二章 审计计划、审计重要性与审计风险

第三章 审计证据和审计工作底稿

第四章 内部控制

第五章 审计抽样

第六章 收入循环的审计

第七章 支出循环的审计

第八章　生产与费用循环审计

第九章　筹资与投资循环审计

第十章　货币资金审计

第十一章 审计报告

第十二章 验 资

1 第一章 Chapter 1 总　论

学习重点

1. 掌握中外审计的产生和沿革及其产生和发展的客观依据。
2. 掌握审计学的基本理论与基本概念，为以后各章的学习打好基础。

引导案例

审计的万花筒

沈名是一名会计学专业注册会计师方向的大学新生，在新生的专业动员大会上，他了解了自己所学专业涉及的领域，并熟悉了注册会计师审计是会计师事务所开展的对外单位财务报表合法性、公允性等方面发表审计意见的工作。沈名觉得这样的工作具有挑战性，便经常上网浏览审计方面的新闻。他看到以下两篇新闻报道。

一则是来源于国家审计署网站 2013 年 10 月 22 日的报道：《世界审计组织第 21 届大会在京成功举办获丰硕成果》。10 月 22 日至 26 日，由审计署主办的世界审计组织第 21 届大会在北京举行。大会两项主议题分别为："国家审计与国家治理"、"最高审计机关在维护财政政策的长期可持续性领域的作用"，中国和墨西哥分别担任两项主议题的主席。国务院总理李克强在开幕式上致辞。李克强总理在开幕式致辞中指出，审计与财政形影相随，在促进财政可持续，改善国家治理中发挥了重要的、不可替代的作用。中国的审计制度是国家监督体系的重要组成部分，国家审计机关依据宪法设立，依法独立履行职责，不受其他行政机关、社会团体与个人的干涉。他结合中国国情，就审计提出 3 点主张：一是当好财政可持续的"卫士"。审计要发挥对财政的监督作用，及时发现风险隐患，督促进行整改，推动财政用好增量、盘活存量、提高效率、惠及民生、防范风险，从而实现可持续运行；二是当好防治腐败的"哨兵"。国家审计在国家治理体系中具有相当于人体中"免疫系统"的功能，可以预防和抵御各种"病害"，特别是防腐反腐，审计机关具有独特的专业化优势。国家审计要成为国家和人民利益的捍卫者、权力运行的"紧箍咒"、公共资金的守护者；三是当好国际合作的"使者"，各国审计机关应加强多、双边交流合作，共同推动制定和完善国际金融监管规则、国际会计和审计准则，促进全球金融和经济稳定。

另一则新闻是来源于《北京青年报》2013年12月2日的报道：《内部审计发现的问题——南航四员工被调查》。针对南航员工被调查一事，南航官微证实，该公司确有四名员工被调查。不过该线索是南航在内部审计中发现并主动向公安机关报告的。南航方面表示，目前正在协助公安机关进行调查，但未提及被调查员工的具体信息。

沈名发现，以上两则报道出现的国家审计、内部审计是他之前没有注意到的。这两类审计与注册会计师审计又有什么联系与区别呢？

第一节 审计概述

一、审计定义

（一）美国会计学会的定义

审计作为一种监督机制，其实践活动历史悠久，但人们对审计的定义却众说纷纭。公认的具有代表性且被广泛引用的是美国会计学会（AAA）于1972年在其颁布的《基本审计概念公告》中给出的审计定义，即"审计是指为了查明有关经济活动和经济现象的认定与所制定标准之间的一致程度，而客观地收集和评估证据，并将结果传递给有利害关系的使用者的系统过程"。

下面对美国会计学会的定义及关于审计学中的一些关键概念分别加以说明。

▶ 1. 经济活动和经济现象的认定

经济活动和经济现象是审计的对象，也就是审计的内容。经济活动和经济现象的认定代表着被审单位对本单位经济活动的合法合规性或有效性及经济现象（如会计资料）的真实公允性的一种看法。

▶ 2. 收集和评估（审计）证据

审计证据是审计人员用来确定被审单位经济活动合法合规性或有效性及经济现象真实公允性的各种形式的凭据。收集充分、有力的审计证据是审计工作的核心。从一定意义上说，审计就是有目的、有计划地收集、鉴定、综合和利用审计证据的过程。

▶ 3. 客观性

客观性是指不偏不倚，实事求是，这是对审计人员的职业道德要求。审计人员只有客观地收集和评估证据、做出审计结论、报告审计结果，才能达到审计目标，也才能令审计意见的利害关系人信服。

▶ 4. 所制定的标准

所制定的标准是审计的依据，即判断被审单位的经济活动合法合规与否、经济效益如何、经济现象真实公允与否的尺度，如国家颁布的法律、规章和标准，职业团体制定的会计准则（如美国财务会计准则委员会FASB发布的《财务会计准则公告》），企业制定的各种消耗定额、计划、预算等。

▶ 5. 传递结果

向依赖和利用审计意见的组织和人员传递结果是通过编制审计报告进行的。编制审计报告是审计工作的最后步骤。审计报告的格式有些是标准化的，如年度会计报表审计报告；有些则是非标准化的，如职员舞弊专项审计报告。在有些情况下，审计人员甚至还可以采取口头的非正式形式报告审计结果。

▶ 6. 系统过程

审计须按照公认的规范要求，遵循一定的程序进行，以保证审计的质量，提高审计的效率。

(二) 本书的定义

审计是由独立的专门机构或人员根据授权或委托，对被审计单位的会计资料及其所反映的经济活动进行审查并发表意见。

(三) 注册会计师审计的基本概念

注册会计师审计作为审计的一种类型，其内涵具有特殊性。因此，国内外许多会计职业组织都对注册会计师审计概念下了定义，其中，影响较大的是国际会计师联合会和美国注册会计师协会的定义。

国际会计师联合会(IFAC)下设的国际审计与鉴证准则理事会(IAASB)将注册会计师审计概念描述为："财务报表审计的目标是，使审计师(有时也指其所在的会计师事务所)能够对财务报表是否在所有重要方面按照确定的财务报告框架编制发表意见。"

美国注册会计师协会(AICPA)在《审计准则说明书》第1号中，对审计概念的描述为："独立审计师对财务报表审计的目标是，对财务报表是否按照公认会计原则在所有重大方面公允地反映财务状况、经营成果和现金流量发表意见。"

《中国注册会计师审计准则第1101号——财务报表审计的目标和一般原则》对审计概念的描述为："财务报表审计的目标是注册会计师通过执行审计工作，对财务报表的下列方面发表审计意见：(一)财务报表是否按照适用的会计准则和相关会计制度的规定编制；(二)财务报表是否在所有重大方面公允的反映被审计单位的财务状况、经营成果和现金流量。"

二、审计分类

通常可以从不同的角度对审计加以考察，从而做出不同的分类。对审计进行合理分类，有利于加深对审计的认识，从而有效地组织各类审计活动，充分发挥审计的积极作用。

(一) 按审计执行主体分类

按审计活动执行主体的性质分类，审计可分为政府审计、独立审计和内部审计三种。

▶ 1. 政府审计

政府审计是由政府审计机关依法进行的审计，在我国一般称为国家审计。我国国家审计机关包括国务院设置的审计署及其派出机构和地方各级人民政府设置的审计厅(局)两个层次。国家审计机关依法独立行使审计监督权，对国务院各部门和地方人民政府、国家财政金融机构、国有企事业单位以及其他有国有资产的单位的财政、财务收支及其经济效益进行审计监督。各国政府审计都具有法律所赋予的履行审计监督职责的强制性。现代政府审计可以分为三个层次：第一个层次是财务审计和遵循性审计；第二个层次是经济性和效率性审计；第三个层次是项目效果审计。

▶ 2. 独立审计

独立审计，即由注册会计师受托有偿进行的审计活动，也称为民间审计、社会审计。我国注册会计师协会(CICPA)在发布的《中国注册会计师鉴证业务基本准则》中指出："财务报表审计属于鉴证业务，注册会计师的审计意见旨在提高财务报表的可信赖程度。"独立审计的风险高、责任重，因此审计理论的产生、发展及审计方法的变革基本上都是围绕独立审计展开的。

▶ 3. 内部审计

内部审计是指由本单位内部专门的审计机构和人员对本单位财务收支和经济活动实施的独立审查和评价，审计结果向本单位主要负责人报告。这种审计具有显著的建设性和内向服务性，其目的在于帮助本单位健全内部控制，改善经营管理，提高经济效益。1999年，国际内部审计师协会(IIA)理事会通过了新的内部审计定义，指出："内部审计是一项独立、客观的保证和咨询顾问服务。它以增加价值和改善营运为目标，通过系统、规范的手段来评估风险、改进风险的控制和组织的治理结构，以达到组织的既定目标。"

(二) 按审计基本内容分类

按审计内容分类，我国一般将审计分为财政财务审计和经济效益审计。

▶ 1. 财政财务审计

财政财务审计是指对被审计单位财政财务收支的真实性和合法合规性进行审查，旨在纠正错误、防止舞弊。具体来说，财政审计又包括财政预算执行审计(即由审计机关对本级和下级政府的组织财政收入、分配财政资金的活动进行审计监督)、财政决算审计(即由审计机关对下级政府财政收支决算的真实性、合规性进行审计监督)和其他财政收支审计(即由审计机关对预算外资金的收取和使用进行审计监督)。财务审计则是指对企事业单位的资产、负债和损益的真实性和合法合规性进行审查。由于企业的财务状况、经营成果和现金流量是以会计报表为媒介集中反映的，因而财务审计时常又表现为会计报表审计。

财政财务审计在审计产生以后的很长一段时期都居于主导地位，因此可以说是一种传统的审计；又因为这种审计主要是依照国家法律和各种财经方针政策、管理规程进行的，故又称为依法审计。我国审计机关在开展财政财务审计的过程中，如果发现被审单位和人员存在严重违反国家财经法规、侵占国家资财、损害国家利益的行为，往往会立专案进行深入审查，以查清违法违纪事实，做出相应处罚。这种专案审计一般称为财经法纪审计，它实质上只是财政财务审计的深化。

▶ 2. 经济效益审计

经济效益审计是指对被审计单位经济活动的效率、效果和效益状况进行审查、评价，目的是促进被审计单位提高人财物等各种资源的利用效率，增强盈利能力，实现经营目标。在西方国家，经济效益审计也称为"3E"(efficiency、effectivity、economy)审计。最高审计机关国际组织(INTOSAI)则将政府审计机关开展的经济效益审计统一称为"绩效审计"。西方国家又将企业内部审计机构从事的经济效益审计活动概括为"经营审计"。

(三) 按审计实施时间分类

按审计实施时间相对于被审单位经济业务发生的前后分类，审计可分为事前审计、事中审计和事后审计。

▶ 1. 事前审计

事前审计是指在被审单位经济业务实际发生以前进行的审计。这实质上是对计划、预算、预测和决策进行审计，如国家审计机关对财政预算编制的合理性、重大投资项目的可行性等进行的审查；会计师事务所对企业盈利预测文件的审核，内部审计组织对本企业生产经营决策和计划的科学性与经济性、经济合同的完备性进行的评价等。

开展事前审计，有利于被审单位进行科学决策和管理，保证未来经济活动的有效性，避免因决策失误而遭受重大损失。

▶ 2. 事中审计

事中审计是指在被审单位经济业务执行过程中进行的审计。例如，对费用预算、经济合同的执行情况进行审查。通过这种审计，能够及时发现和反馈问题，尽早纠正偏差，从而保证经济活动按预期目标合法合理和有效地进行。

▶ 3. 事后审计

事后审计是指在被审单位经济业务完成之后进行的审计。大多数审计活动都属于事后审计。事后审计的目标是监督经济活动的合法合规性，鉴证企业会计报表的真实公允性，评价经济活动的效果和效益状况。

(四) 按实施的周期性分类

按实施的周期性分类，审计还可分为定期审计和不定期审计。

定期审计是按照预定的间隔周期进行的审计，如注册会计师对股票上市公司年度会计报表进行的每年一次审计、国家审计机关每隔几年对行政事业单位进行的财务收支审计等。

而不定期审计是出于需要而临时安排进行的审计，如国家审计机关对被审单位存在的严重违反财经法规行为突击进行的财经法纪专案审计；会计师事务所接受企业委托对拟收购公司的会计报表进行的审计；内部审计机构接受总经理指派对某分支机构经理人员存在的舞弊行为进行审查等。

(五) 按审计技术模式分类

按采用的技术模式，审计可以分为账项基础审计、系统基础审计和风险基础审计三种。

这三种审计代表着审计技术的不同发展阶段，但即使在审计技术十分先进的国家也往往同时采用。而且，无论采用何种审计技术模式，在会计报表审计中最终都要用到许多共同的方法来检查报表项目金额的真实性、公允性。

▶ 1. 账项基础审计

账项基础审计是审计技术发展的第一阶段，它是指顺着或逆着会计报表的生成过程，通过对会计账簿和凭证进行详细审阅，对会计账表之间的钩稽关系进行逐一核实，来检查是否存在会计舞弊行为或技术性措施。在进行财务报表审计，特别是专门的舞弊审计时，采用这种技术有利于做出可靠的审计结论。

▶ 2. 系统基础审计

系统基础审计是审计技术发展的第二阶段，它建立在健全的内部控制系统可以提高会计信息质量的基础上。即首先进行内部控制系统的测试和评价，当评价结果表明被审单位的内部控制系统健全且运行有效、值得信赖时，可以在随后对报表项目的实质性测试工作中仅抽取小部分样本进行审查；相反，则需扩大实质性测试的范围。这样能够提高审计的效率，有利于保证抽样审计的质量。

▶ 3. 风险基础审计

风险基础审计是审计技术的最新发展阶段。采用这种审计技术时，审计人员一般从对被审单位委托审计的动机、经营环境、财务状况等方面进行全面的风险评估出发，利用审计风险模型，规划审计工作，积极运用分析性复核，力争将审计风险控制在可以接受的水平上。

除上述分类外，审计还可按执行地点分为报送审计和就地审计。前者是指审计机构对被审单位依法定期报送的计划、预算和会计报表及有关账证等资料进行的审计，主要适用于国家审计机关对规模较小的事业单位进行的财务审计；后者是指审计机构委派审计人员到被审单位进行现场审计，以全面调查和掌握被审单位的情况，做出准确的审计结论。

三、西方注册会计师审计的起源与发展

注册会计师审计起源于意大利合伙企业制度，形成于英国股份制企业制度，发展和完善于美国发达的资本市场，是伴随着商品经济的发展而产生和发展起来的。

(一) 注册会计师审计的起源

注册会计师审计起源于16世纪的意大利。当时地中海沿岸的商业城市已经比较繁荣，为适应筹集大量资金的需要，合伙制企业便应运而生。合伙经营方式不仅提出了会计主体的概念，促进了复式簿记在意大利的产生和发展，也产生了对注册会计师审计的最初需求。尽管当时合伙制企业的合伙人都是出资者，但是有的合伙人参与企业的经营管理，有的合伙人则不参与，所有权与经营权开始分离。这样，那些参与经营管理的合伙人有责任向不参与经营管理的合伙人证明合伙契约得到了认真履行，利润的计算与分配是正确、合理的，以保障全体合伙人的权利，进而保证合伙企业有足够的资金来源，使企业得以持续经营下去。在客观上产生了一个与任何一方均无利益关系的第三者能对合伙企业进行监督、检查的需求，人们开始聘请会计专家来担任查账和公证的工作。这样，在16世纪意大利的商业城市中出现了一批具有良好的会计知识、专门从事查账和公证工作的专业人员，他们所进行的查账与公证，可以说是注册会计师审计的起源。

(二) 注册会计师审计的形成

注册会计师审计虽然起源于意大利，但它对后来注册会计师审计事业的发展影响不大。英国在创立和传播注册会计师审计职业的过程中发挥了重要作用。18世纪下半叶，英国的资本主义经济得到了迅速发展，生产的社会化程度大大提高，企业的所有权与经营权进一步分离。企业主希望有外部的会计师来检查他们所雇用的管理人员是否存在贪污、盗窃和其他舞弊行为，于是英国出现了第一批以查账为职业的独立会计师。他们受企业主委托，对企业会计账目进行逐笔检查，目的是查错防弊，检查结果也只向企业主报告。因为是否聘请独立会计师进行查账由企业主自行决定，所以此时的独立审计尚为任意审计。股份有限公司的兴起，使公司的所有权与经营权进一步分离，绝大多数股已完全脱离经营管理，他们出于自身的利益，非常关心公司的经营成果，以便做出是否继续持有公司股票的决定。证券市场上潜在的投资人同样十分关心公司的经营情况，以便决定是否购买公司

的股票。同时，由于金融资本对产业资本的逐步渗透，增加了债权人的风险，他们也非常重视公司的生产经营情况，以便做出是否继续贷款或者是否索偿债务的决定，而公司财务状况和经营成果，只能通过公司提供的财务报表来反映。因此，在客观上产生了由独立会计师对公司财务报表进行审计，以保证财务报表真实可靠的需求。

值得一提的是，注册会计师产生的“催产剂”是英国的“南海公司事件”，英国议会聘请会计师查尔斯·斯内尔(Charles Snell)对“南海公司”进行审计。斯内尔以“会计师”名义出具了“查账报告书”，从而宣告了独立会计师——注册会计师的诞生。

为了监督经营者的经营管理，防止其徇私舞弊，保护投资者、债权人利益，避免“南海公司事件”重演，英国政府于1844年颁布了《公司法》，规定股份公司必须设监察人，负责审查公司账目。

(三)注册会计师审计的发展

1887年，美国公共会计师协会(The American Association of Public Accountants)成立，1916年该协会改组为美国注册会计师协会，后来成为世界上最大的注册会计师职业团体。注册会计师审计逐步渗透到社会经济领域的不同层面。更为重要的是，在20世纪初期，由于金融资本对产业资本更为广泛的渗透，企业同银行利益关系更加紧密，银行逐渐把企业资产负债表作为了解企业信用的主要依据，于是在美国产生了帮助贷款人及其他债权人了解企业信用的资产负债表审计，即美国式注册会计师审计。审计方法也逐步从单纯的详细审计过渡到初期的抽样审计。审计的主要目的是通过对资产负债表数据的检查，判断企业信用状况；审计方法从详细审计初步转向抽样审计；审计报告使用人除企业股东外，扩大到了债权人。

1929—1933年，资本主义世界经历了历史上最严重的经济危机，大批企业相继倒闭，投资者和债权人蒙受了巨大的经济损失。这在客观上促使企业利益相关者从只关心企业财务状况转变到更加关心企业盈利水平，产生了对企业利润表进行审计的客观要求。美国1933年《证券法》规定，在证券交易所上市的企业的财务报表必须接受注册会计师审计，向社会公众公布注册会计师出具的审计报告。因此，审计报告使用人也扩大到整个社会公众。在这一时期，注册会计师审计的主要特点是：审计对象转为以资产负债表和利润表为中心的全部财务报表及相关财务资料；审计的主要目的是对财务报表发表审计意见，以确定财务报表的可信性，查错防弊转为次要目的；审计的范围已扩大到测试相关的内部控制，并以控制测试为基础进行抽样审计；审计报告使用人扩大到股东、债权人、证券交易机构、税务、金融机构及潜在投资者；审计准则开始拟订，审计工作向标准化、规范化过渡；注册会计师资格考试制度广泛推行，注册会计师专业素质普遍提高。

第二次世界大战以后，经济发达国家通过各种渠道推动本国的企业向海外拓展，跨国公司得到空前发展。国际资本的流动带动了注册会计师审计的跨国界发展，形成了一批国际会计师事务所。随着会计师事务所规模的扩大，形成了“八大”国际会计师事务所，20世纪80年代末合并为“六大”，之后又合并成为“五大”。2001年，美国出现了安然公司会计造假丑闻。安然公司在清盘时，不得不对其编造的财务报表进行修正，将近三年来的利润额削减20%，约5.86亿美元。安然公司作为美国的能源巨头，在追求高速增长的狂热中利用会计准则的不完善，进行表外融资的游戏，并通过关联交易操纵利润。出具审计报告的安达信会计师事务所，因涉嫌舞弊和销毁证据受到美国司法部门的调查，之后宣布关闭，世界各地的安达信成员所也纷纷与其他国际会计师事务所合并。因此，时至今日，尚有“四大”国际会计师事务所，即普华永道、安永、毕马威、德勤。与此同时，审计技术也在不断发展：抽样审计方法得到普遍运用，风险导向审计方法得到推广，计算机辅助审计技术得到广泛采用。

(四) 注册会计师审计发展历程的启示

从注册会计师审计的起源和发展历程可以看出注册会计师审计的产生和发展有其历史必然性。

(1) 注册会计师审计是商品经济发展到一定阶段的产物，其产生的直接原因是财产所有权与经营权的分离。特别是公司逐渐成为商品社会的重要经济组织后，由于所有者主要根据经营者提交的财务报表了解企业的经营情况。因此，需要有一个来自企业外部的持独立、客观、公正立场的第三者对企业财务报表的公允性与合法性做出判断，注册会计师审计便应运而生。

(2) 注册会计师审计随着商品经济的发展而发展。商品经济的发展，促使注册会计师审计由初期的详细审计发展为资产负债表审计，进而发展为财务报表审计；审计目标也由查错防弊发展到对财务报表发表审计意见；注册会计师审计的职责逐步从主要对企业所有者负责演变为对整个社会负责。

(3) 注册会计师审计具有独立、客观、公正的特征。这种特征，一方面保证了注册会计师审计具有鉴证职能；另一方面也使其在社会上享有较高的权威性。目前，注册会计师职业在经济发达国家备受重视，注册会计师审计已成为经济发达国家维护市场经济秩序的重要手段。这是经济商品化程度不断提高所形成的必然趋势。

四、中国注册会计师审计的演进与发展

(一) 中国注册会计师审计的演进

中国注册会计师审计的历史比西方国家要短得多。我国的注册会计师审计始于辛亥革命之后，1918 年 9 月，北洋政府农商部颁布了我国第一部注册会计师法规——《会计师暂行章程》，并于同年批准著名会计学家谢霖先生为中国的第一位注册会计师，谢霖先生创办的中国第一家会计师事务所——“正则会计师事务所”也获准成立。1930 年，国民政府颁布了《会计师条例》，确立了会计师的法律地位，之后，上海、天津、广州等地也相继成立了多家会计师事务所。1925 年，在上海成立了“全国会计师公会”。1933 年，成立了“全国会计师协会”。至 1947 年，全国已拥有注册会计师 2619 人，并建立了一批会计师事务所。但是在半殖民地、半封建的旧中国，注册会计师职业未能得到很大的发展，注册会计师审计也未能充分发挥应有的作用。会计师事务所主要集中在上海、天津、广州等沿海城市，注册会计师业务主要是为企业设计会计制度、代理申报纳税、培训会计人才和提供其他会计咨询服务。

在新中国成立初期，注册会计师审计在经济恢复工作中发挥了积极作用。当时由于不法资本家囤积居奇、投机倒把、偷税漏税造成了极为险恶的财政状况，负责财经工作的陈云同志大胆聘用注册会计师，依法对工商企业查账，这在当时对平抑物价、保证国家税收、争取国家财政经济状况好转做出了突出贡献。

(二) 中国注册会计师审计的发展

党的十一届三中全会以后，我国实行“对外开放、对内搞活”的方针，把工作重点转移

到社会主义现代化建设上来，商品经济得到迅速发展，为注册会计师制度的恢复重建创造了客观条件。随着外商来华投资日益增多，1980年12月14日，财政部颁布了《中华人民共和国中外合资经营企业所得税法实施细则》，规定外资企业财务报表要由注册会计师进行审计，这为恢复我国注册会计师制度提供了法律依据。1980年12月23日，财政部发布《关于成立会计顾问处的暂行规定》，标志着我国注册会计师职业开始复苏。1981年1月1日，"上海会计师事务所"宣告成立，成为新中国第一家由财政部批准独立承办注册会计师业务的会计师事务所。

我国注册会计师制度恢复后，注册会计师的服务对象主要是三资企业。这一时期的涉外经济法规对注册会计师业务做了明确规定。1984年9月25日，财政部印发《关于成立会计咨询机构问题的通知》，明确了注册会计师应该办理的业务。1985年1月实施的《中华人民共和国会计法》规定："经国务院财政部门批准组成会计师事务所，可以按照国家有关规定承办查账业务。"1986年7月3日，国务院颁布了《中华人民共和国注册会计师条例》，同年10月1日起实施。1988年11月15日，财政部领导下的中国注册会计师协会正式成立。1993年10月31日，八届全国人大常委会四次会议审议通过了《中华人民共和国注册会计师法》，自1994年1月1日起实施，在国家法律、法规的规范下，我国注册会计师行业得到了快速发展，为改革开放、国有企业转换经营机制和社会主义市场经济体制的建立及有序运行发挥了积极的作用。

1996年10月4日，中国注册会计师协会加入亚太会计师联合会，并于1997年4月亚太会计师联合会第四十八次理事会上当选为理事。1997年5月8日，国际会计师联合会(IFAC)全票通过，接纳中国注册会计师协会为正式会员。按照国际会计师联合会章程的规定，中国注册会计师协会同时成为国际会计准则委员会的正式成员。

五、审计方法

一百多年来，虽然审计的根本目标没有发生重大变化，但审计环境却发生了很大的变化。注册会计师为了实现审计目标，一直随着审计环境的变化调整着审计方法。审计方法从账项基础审计到制度基础审计再发展到风险导向审计，都是注册会计师为了适应审计环境的变化而做出的调整。

注册会计师审计产生的历史背景
——英国南海股份公司审计案例

18世纪初，随着大英帝国殖民主义的扩张，海外贸易有了很大发展。英国政府在银行家的建议下，将发行中奖债券所募集到的资金于1710年创立了南海股份有限公司，从事盈利前景诱人的殖民地贸易。南海公司经过了10年的惨淡经营，1719年政府允许中奖债券的70%(约1000万英镑)与南海公司股票可进行转换。当年年底，一方面政府扫除了殖民地贸易的障碍；另一方面，公司的董事们开始对外散布利好消息，并预测在1720年的圣诞节，公司可能要按面值的60%支付股利。1719年中期，南海公司股价为114英镑，1720年3月，股价劲升至300英镑。1720年7月，公司老板布伦特实施以数倍于面额的价格发行可分期付款的新股，同时又将获取的现金转贷给购买股票的公众，此时南海的股价扶摇直上，股价高达 1050 英镑，一场投机浪潮席卷全国。其实，1720 年 6 月英国国会已通过了《泡沫经济取缔法》，许多公司被解散，公众的怀疑逐渐扩展到南海公司，继股价高达 1050 英镑后，外国投资者首先开始抛售南海的股票。1720 年 9 月 28 日公司股票下跌到 190 英镑，1720 年 12 月公司股票下跌到 124 英镑，1720 年底，政府对公司财产清查，其资本已所剩无几，1720 年政府逮捕了布伦特。"南海公司"倒闭的消息传来，犹如晴天霹雳，惊呆了正陶醉在黄金美梦中的债权人和投资者。迫于舆论的压力，1720 年 9 月，英国议会组织了一个由 13 人参加的特别委员会，对"南海泡沫"事件进行秘密查证。在调查过程中，特别委员会发现该公司的会计记录严重失实，明显存在蓄意篡改数据的舞弊行为，于是特邀了一名叫查尔斯·斯内尔的资深会计师，对南海公司的分公司"索布里奇商社"的会计账目进行检查。查尔斯·斯内尔通过对南海公司账目的查询、审核，于 1721 年提交了一份对索布里奇商社的会计账簿进行检查的意见。在该份报告中，查尔斯指出了公司存在舞弊行为、会计记录严重不实等问题，但没有对公司为何编制这种虚假的会计记录表明自己的看法。直到 1828 年，英国政府在充分认识到股份有限公司利弊的基础上，通过设立民间审计的方式，将股份公司中因所有权与经营权分离所产生的不足予以制约，完善了这一现代化的企业制度。据此，英国政府撤销了《泡沫公司取缔法》，重新恢复了股份公司这一现代企业制度的形式。

第二节　中国注册会计师执业准则

中国注册会计师执业准则由中国注册会计师鉴证业务基本准则和以基本准则为基础制定的中国注册会计师审计准则、中国注册会计师审阅准则、中国注册会计师其他鉴证业务准则组成。

一、鉴证业务的定义、要素和目标

(一) 鉴证业务的定义

鉴证业务是指注册会计师对鉴证对象信息提出结论，以增强除责任方之外的预期使用者对鉴证对象信息信任程度的业务。鉴证业务基本准则是鉴证业务准则概念框架，旨在规范注册会计师执行鉴证业务，明确鉴证业务的目标和要素，确定审计准则、审阅准则、其他鉴证业务准则适用的鉴证业务类型。鉴证对象信息是按照标准对鉴证对象进行评价和计量的结果。如责任方按照会计准则和相关会计制度(标准)对其财务状况、经营成果和现金流量(鉴证对象)进行确认、计量和列报而形成的财务报表(鉴证对象信息)。

鉴证业务包括历史财务信息审计业务、历史财务信息审阅业务和其他鉴证业务。注册会计师执行历史财务信息审计业务、历史财务信息审阅业务和其他鉴证业务时，应当遵守鉴证业务基本准则以及依据该准则制定的审计准则、审阅准则和其他鉴证业务准则。

(二) 业务要素

鉴证业务要素，是指鉴证业务的三方关系、鉴证对象、标准、证据和鉴证报告。

▶ 1. 三方关系

三方关系分别是注册会计师、责任方和预期使用者。注册会计师对由责任方负责的鉴证对象或鉴证对象信息提出结论，以增强除责任方之外的预期使用者对鉴证对象信息的信任程度。

▶ 2. 鉴证对象

鉴证对象具有多种不同的表现形式，如财务或非财务的业绩或状况、物理特征、系统与过程、行为等。不同的鉴证对象具有不同特征。

▶ 3. 标准

标准即用来对鉴证对象进行评价或计致的基准，当涉及列报时还包括列报的基准。标准可以是正式的规定，如编制财务报表所使用的会计准则和相关会计制度；也可以是某些非正式的规定，如单位内部制定的行为准则或确定的绩效水平。

▶ 4. 证据

获取充分、适当的证据是注册会计师提出鉴证结论的基础。

▶ 5. 鉴证报告

注册会计师应当针对鉴证对象信息（或鉴证对象）在所有重大方面是否符合适当的标准，以书面报告的形式发表能够提供一定保证程度的结论。

（三）基于责任方认定的业务和直接报告业务

鉴证业务分为基于责任方认定的业务和直接报告业务。在基于责任方认定的业务中，责任方对鉴证对象进行评价或计量，鉴证对象信息以责任方认定的形式为预期使用者获取。如在财务报表审计中，被审计单位管理层（责任方）对财务状况、经营成果和现金流量（鉴证对象）进行确认、计量和列报（评价或计量）而形成的财务报表（鉴证对象信息）即为责任方的认定，该财务报表可为预期使用者获取，注册会计师针对财务报表出具审计报告。这种业务属于基于责任方认定的业务。

在直接报告业务中，注册会计师直接对鉴证对象进行评价或计量，或者从责任方获取对鉴证对象评价或计量的认定，而该认定无法为预期使用者获取，预期使用者只能通过阅读鉴证报告获取鉴证对象信息。如在内部控制鉴证业务中，注册会计师可能无法从管理层（责任方）获取其对内部控制有效性的评价报告（责任方认定），或虽然注册会计师能够获取该报告，但预期使用者无法获取该报告，注册会计师直接对内部控制的有效性（鉴证对象）进行评价并出具鉴证报告，预期使用者只能通过阅读该鉴证报告获得内部控制有效性的信息（鉴证对象信息）。这种业务属于直接报告业务。

（四）鉴证业务的目标

鉴证业务的保证程度分为合理保证和有限保证。合理保证的保证水平要高于有限保证的保证水平。

由于注册会计师并非是所有方面的专家，鉴证业务涉及的特殊知识和技能可能会超出注册会计师的能力，此时，注册会计师可以考虑利用专家的工作。

例如，当鉴证对象是信息技术系统的运营情况时，注册会计师可以利用信息技术专家的工作；当鉴证对象是法律法规的遵循情况时，注册会计师可以利用法律专家的工作。

在初步了解业务环境后，只有认为符合独立性和专业胜任能力等相关职业道德规范的要求，并且拟承接的业务具备下列所有特征时，注册会计师才能将其作为鉴证业务予以承接。

(1) 鉴证对象适当。

(2) 使用的标准适当且预期使用者能够获取该标准。

(3) 注册会计师能够获取充分、适当的证据以支持其结论。

(4) 注册会计师的结论以书面报告形式表述，且表述形式与所提供的保证程度相适应。

(5) 该业务具有合理的目的。

如果鉴证业务的工作范围受到重大限制，或者委托人试图将注册会计师的名字和鉴证对象不适当地联系在一起，则该项业务可能不具有合理的目的。

当拟承接的业务不具备上述鉴证业务的所有特征，不能将其作为鉴证业务予以承接时，注册会计师可以提请委托人将其作为非鉴证业务(如商定程序、代编财务信息、管理咨询、税务咨询等相关服务业务)，以满足预期使用者的需要。

二、鉴证业务的基本原则

(一) 总体要求

注册会计师应当以职业怀疑态度来计划和执行鉴证业务，获取有关鉴证对象信息是否不存在重大错报的充分、适当的证据。在计划和执行鉴证业务时，注册会计师保持职业怀疑态度十分必要。例如，它有助于降低注册会计师忽视异常情况的风险，有助于降低注册会计师在确定鉴证程序的性质、时间、范围及评价由此得出的结论时采用错误假设的风险，有助于避免注册会计师根据有限的测试范围过度推断总体实际情况的风险。

注册会计师应当及时对制订的计划、实施的程序、获取的相关证据以及得出的结论做出记录。在计划和执行鉴证业务尤其在确定证据收集程序的性质、时间和范围时，应当考虑重要性、鉴证业务风险以及可获取证据的数量和质量。

(二) 职业怀疑态度

职业怀疑态度是指注册会计师以质疑的思维方式评价所获取证据的有效性，并对相互矛盾的证据，以及引起对文件记录或责任方提供的信息的可靠性产生怀疑的证据保持警觉。

职业怀疑态度代表的是注册会计师执业时的一种精神状态，它有助于降低注册会计师在执业过程中可能遇到的风险。这些风险通常包括：忽略了可疑的情况；在决定证据收集程序的性质、时间和范围时使用了不恰当的假设；对证据进行了不恰当的评价等。

(三) 证据的充分性和适当性

▶ 1. 证据的充分性

证据的充分性是对证据数量的衡量，主要与注册会计师确定的样本量有关。所需证据的数量受鉴证对象信息重大错报风险的影响，即风险越大，可能需要的证据数量越多；所需证据的数量也受证据质量的影响，即证据质最越高，可能需要的证据数量越少。

▶ 2. 证据的适当性

证据的适当性是对证据质量的衡量，即证据的相关性和可靠性。

在考虑证据的相关性时，注册会计师应当能够认识到以下几点。

(1) 特定的程序可能只为某些认定提供相关的证据，而与其他认定无关。

(2) 针对同一项认定，可以从不同来源获取证据或获取不同性质的证据。

(3) 只与特定认定相关的证据并不能替代与其他认定相关的证据。

证据的可靠性受其来源和性质的影响，并取决于获取证据的具体环境。

尽管证据的充分性和适当性相关，但如果证据的质量存在缺陷，注册会计师仅靠获取更多的证据可能无法弥补其质量上的缺陷。

第三节 注册会计师职业道德规范

一、职业道德规范的含义

道德是一定社会为了调整人与人之间以及个人和社会之间的关系所提倡的行为规范的总和，它通过各种形式的教育和社会舆论的力量，使人们具有善和恶、荣誉和耻辱、正义和非正义等概念，并逐渐形成一定的习惯和传统，以指导或控制自己的行为。职业道德是某一职业组织以公约、守则等形式公布的，其会员自愿接受的职业行为标准。所谓注册会计师职业道德，是指注册会计师职业品德、职业纪律、专业胜任能力及职业责任等的总称。

注册会计师的职业性质决定了其对社会公众应承担的责任。注册会计师行业之所以在现代社会中产生和发展，是因为注册会计师能够站在独立的立场对被审单位管理层编制的财务报表进行审计，并提出客观、公正的审计意见，作为会计信息外部使用人进行决策的依据。所谓会计信息外部使用人，包括现有和潜在的投资人、债权人以及政府有关部门等所有与企业有关并关心企业的人士，可泛指为社会公众。社会公众在很大程度上依赖管理层编制的财务报表和注册会计师发表的审计意见，并以此作为决策的基础。注册会计师尽管接受被审计单位的委托并向其收取费用，但从本质上讲，服务的对象却是社会公众，这就决定了注册会计师从诞生的那一天起就承担了对社会公众的责任。

为使注册会计师切实地担负起神圣的职责，为社会公众提供高质量的、可信赖的专业服务，在社会公众中树立良好的职业形象和职业信誉，就必须大力加强对注册会计师的职业道德教育，强化道德意识，提高道德水准。注册会计师的道德水平如何是关系到整个行业能否生存和发展的大事，尤其在我国，注册会计师事业恢复与重建的历史只有 20 多年，注册会计师普遍树立起强烈的风险意识、责任意识和道德意识，在推进社会主义市场经济建设中，更有其深刻的现实意义和深远的历史意义。

二、注册会计师职业道德规范

从世界各国来看，凡是建立注册会计师制度的国家都制定了相应的注册会计师职业道德规范，以及注册会计师应达到的道德水准。

(一) 国际会计师联合会职业道德规范

国际会计师联合会为了协调国际间职业道德规范，制定和颁布了《职业会计师道德守则》。该守则包括以下三部分。

第一部分适用于所有职业会计师。职业会计师是指国际会计师联合会的成员组织的会员，不论其是在执行公共业务(包括个人执业者、合伙所或公司)，还是在工业部门、商业部门、政府部门或教育部门工作。适用于所有职业会计师的职业道德规范包括公正性和客观性、道德冲突的解决、专业胜任能力、保密、税务服务、跨国活动、宣传等。

第二部分适用于执行公共业务的职业会计师。执行公共业务的职业会计师，是指向客户提供专业服务的合伙人或类似职业的人员、执业机构的雇员，不论其专业服务类别(如审计、税务或咨询)，以及在执业机构中负有管理职责的职业会计师。适用于执行公共业务的职业会计师的职业道德规范包括鉴证业务的独立性、专业胜任能力以及与利用非会计师有关的责任、收费与佣金、与公共会计师不相容的活动、客户的资金、与其他执行公共业务的职业会计师的关系、广告与招揽。

第三部分适用于受雇的职业会计师，适当时也可适用于执行公共业务的职业会计师。受雇的职业会计师，是指受雇于工业、商业、公共或教育部门的职业会计师。适用于受雇的职业会计师的职业道德规范包括忠诚的冲突、对同行的支持、专业胜任能力、信息的表述等。

(二) 美国注册会计师协会职业道德规范

美国注册会计师协会专门设立了职业道德部，负责职业道德规范的制定和发布。美国注册会计师协会的职业道德规范由职业道德原则、行为规则、行为规则解释和道德裁决四部分组成。

▶ 1. 职业道德原则

职业道德原则是对注册会计师应当具备的品质做出的一般性规定，包括责任、公众利益、正直、客观和独立、应有的谨慎、服务的范围和性质。职业道德原则表明了注册会计师承担的责任，也反映了职业道德的基本信条。这些原则要求，即使牺牲个人利益也要履行职业责任，坚持正确的行为。

▶ 2. 行为规则

美国注册会计师协会的章程要求，会员应当遵守《职业道德守则》中的规则，并对偏离规则的行为做出合理的解释。如果说职业道德原则是注册会计师的理想行为。行为规则就是注册会计师行为的最低标准，具有强制性。

▶ 3. 行为规则解释

由于经常有会员就某一具体规则提出问题，因而有必要对行为规则做出公开解释。美国注册会计师协会职业道德部成立了一个主要由执行公共业务的执业人员组成的委员会，由委员会对行为规则做出解释。在解释最终定稿之前，要向职业界征求意见。虽然解释不具有强制性，但会员要在纪律检查听证会上证明背离解释的正当理由。

▶ 4. 道德裁决

道德裁决是美国注册会计师协会职业道德部执行委员会根据一些具体的实际情况做出的解释，也是行为规则及其解释在具体情况和案件中的应用。同行为规则解释一样，道德裁决也不具有强制性但要求会员说明任何背离的理由。

(三) 中国注册会计师职业道德规范

中国注册会计师协会自 1988 年成立以来，一直非常重视注册会计师职业道德规范建设。1992 年，发布了《中国注册会计师职业道德守则(试行)》；1996 年 12 月 26 日，经财政部批准，发布了《中国注册会计师职业道德基本准则》；2002 年 6 月 25 日，为解决注册会计师职业中违反职业道德的现象，发布了《中国注册会计师职业道德规范指导意见》，于 2002 年 7 月 1 日起施行。

《中国注册会计师职业道德规范指导意见》分为两个层次，一是基本原则；二是具体要求。基本原则包括注册会计师履行社会责任，恪守独立、客观、公正的原则，保持应有的职业谨慎，保持和提高专业胜任能力，遵守审计准则等职业规范，履行对客户的责任以及对同行的责任等。具体要求包括独立性、专业胜任能力、保密、收费与佣金、与执行鉴证业务不相容的工作、接任前任注册会计师的审计业务，以及广告、业务招揽和宣传等。

三、注册会计师职业道德基本原则

注册会计师为实现执业目标，必须遵守一系列前提或基本原则。这些基本原则如下。

▶ 1. 独立性

独立性，是指实质上的独立和形式上的独立。实质上的独立，是指注册会计师在发表意见时其专业判断不受影响，公正执业，保持客观和专业怀疑；形式上的独立，即注册会计师必须在第三者面前呈现一种独立于委托单位的身份。具体是审计人员必须与被审计单位没有任何特殊的利益关系，如不得在客户中有直接经济利益、不得与客户存在近亲关系等。

▶ 2. 客观

注册会计师应当力求公平，不因成见或偏见、利益冲突和他人影响而损害其客观性。注册会计师在许多领域提供专业服务，在不同情况下均应表现出其客观性。

▶ 3. 公正

注册会计师在提供专业服务时，应当坦率、诚实，保证公正。公正不仅仅指注册会计师提供专业服务时，应保持应有的职业关注、专业胜任能力和勤勉，并且随着业务、法规和技术的不断发展应使自己的专业知识和技能保持在一定水平之上，以确保客户能够享受到高水平的专业服务。

▶ 4. 保密

注册会计师能否与客户维持正常的关系，有赖于双方能否自愿而又充分进行沟通和交流，不掩盖任何重要的事实和情况。只有这样，注册会计师才能有效地完成工作。因此，注册会计师在签订业务约定书时，应当书面承诺对在执行业务过程中获知的客户信息保密。这里所说的客户信息，通常是指商业秘密。因此，注册会计师应使客户相信自己，不会向其他人员做未经授权的披露。

第四节 注册会计师的法律责任

一、注册会计师法律责任的成因

现代社会注册会计师的法律责任正在逐步扩展，特别是在西方国家，进入 20 世纪 80

年代后，无论是法院的判例解释，还是注册会计师职业团体的态度，较之以往的情形都发生了很大变化。注册会计师法律责任的表现形式为越来越多的注册会计师被就执业不当提出诉讼，并要求得到法律上的赔偿。

法律责任的出现，经常是因为注册会计师在执业时没有保持应有的职业谨慎，并因此导致了对其他人权利的损害。应有的职业谨慎，指的是注册会计师应当具备足够的专业知识和业务能力，按照执业准则的要求执业。在职业谨慎方面出现问题就构成了过失。

从目前情形看，注册会计师涉及法律诉讼的数目和金额都呈上升趋势，除了法律因素外，还有以下原因。

(1) 财务报表使用者对注册会计师的责任日趋了解。

(2) 政府监管部门保护投资者的意识日益加强，监管措施日益完善，处罚力度日益增大。

(3) 由于审计环境发生很大变化。企业规模扩大，业务全球化以及企业经营的错综复杂性，使会计业务更加复杂，审计风险变大。

(4) “深口袋”理论的盛行。社会日益赞同受害的一方向有能力提供赔偿的一方提起诉讼，而不论错在哪一方。

(5) 注册会计师败诉的案例日益增多。民事法庭在审理起诉会计师事务所的案件中，会计师事务所败诉的案例日益增多。

(6) 许多会计师事务所宁愿在庭外和解法律问题，以避免高昂的法律费用和公开的负面影响，而不愿通过司法程序来解决这些问题。

(7) 法庭在理解专业性事项方面存在困难。

二、经营失败、审计失败和审计风险

▶ 1. 经营失败

经营失败，是指企业由于经济或经营条件的变化，如经济衰退、不当的管理决策或出现意料之外的行业竞争等，而无法满足投资者的预期。经营失败的极端情况是申请破产。被审计单位在经营失败时，也可能会连累注册会计师。

很多会计和法律专业人员认为，财务报表使用者控告会计师事务所的主要原因之一，是不理解经营失败和审计失败之间的差别。众所周知，资本投入或借给企业后就面临某种程度的经营风险。

▶ 2. 审计失败

审计失败则是指注册会计师由于没有遵守审计准则的要求而发表了错误的审计意见。例如，注册会计师可能指派了不合格的助理人员去执行审计任务，未能发现应当发现的财务报表中存在的重大错报。

▶ 3. 审计风险

审计风险是指财务报表中存在重大错报，而注册会计师发表不恰当审计意见的可能性。由于审计中的固有限制影响注册会计师发现重大错报的能力，注册会计师不能对财务报表整体不存在重大错报获取绝对保证。特别是，如果被审计单位管理层精心策划和掩盖舞弊行为，注册会计师尽管完全按照审计准则执业，有时还是不能发现某项重大舞弊行为。

在绝大多数情况下，注册会计师未能发现重大错报并出具了错误的审计意见时，就可能产生注册会计师是否恪守应有的职业谨慎的法律问题。如果注册会计师在审计过程中没有尽到应有的职业谨慎，就属于审计失败。在这种情况下，法律通常允许因注册会计师未尽到应有的职业谨慎而遭受损失的各方，获得由审计失败导致的部分或全部损失的补偿。但是，由于审计业务的复杂性，判断注册会计师未能尽到应有的谨慎也是一件困难的工作。

三、对注册会计师责任的认定

(一) 违约

所谓违约，是指合同的一方或几方未能达到合同条款的要求。当违约给他人造成损失时，注册会计师应负违约责任。

(二) 过失

所谓过失，是指在一定条件下，缺少应具有的合理的谨慎。评价注册会计师的过失，是以其他合格注册会计师在相同条件下可做到的谨慎为标准的。当过失给他人造成损失时，注册会计师应负过失责任。通常将过失按其程度不同分为普通过失和重大过失。

▶ 1. 普通过失

普通过失(也有的称“一般过失”)通常是指没有保持职业上应有的合理的谨慎；对注册会计师则是指没有完全遵循专业准则的要求。

▶ 2. 重大过失

重大过失是指连起码的职业谨慎都不保持，对业务或事务不加考虑，满不在乎；对注册会计师而言，则是指根本没有遵循专业准则或没有按专业准则的基本要求执行审计。

(三)欺诈

我国《最高人民法院关于贯彻执行〈中华人民共和国民法通则〉若干问题的意见(试行)》中定义欺诈为一方当事人故意告知对方虚假情况，或者故意隐瞒真实情况，诱使对方做出错误意思表示。欺诈是注册会计师主观“故意”行为，是以欺骗或坑害他人为目的的一种故意的错误行为。注册会计师执行鉴证业务时的欺诈行为主要是舞弊，出具错误的审计报告。我国现行法律中主要用“弄虚作假”、“虚假陈述”、“故意提供”等词，并未直接使用“欺诈”这个词。

四、注册会计师承担法律责任的种类

随着社会主义市场经济体制在我国的建立和发展，注册会计师在社会经济生活中的地位越来越重要，发挥的作用越来越大。注册会计师如果工作失误或犯有欺诈行为，将会给委托人或依赖审定财务报表的第三者造成重大损失，严重的甚至导致经济秩序的紊乱。

注册会计师因违约、过失或欺诈给被审计单位或其他利害关系人造成损失的。按照有关法律和规定，可能被判负行政责任、民事责任或刑事责任。这三种责任可单处，也可并处。行政处罚对注册会计师个人来说，包括警告、暂停执业、吊销注册会计师证书；对会计师事务所而言，包括警告、没收违法所得、罚款、暂停执业、撤销等。民事责任主要是指赔偿受害人损失。刑事责任主要是指按有关法律程序判处一定的徒刑。一般来说，因违约和过失可能使注册会计师负行政责任和民事责任，因欺诈可能会使注册会计师负民事责任和刑事责任。

五、注册会计师避免法律诉讼的具体措施

注册会计师避免法律诉讼的具体措施可以概括为以下几点。

▶ 1. 严格遵循职业道德和专业标准的要求

注册会计师是否应承担法律责任，关键在于注册会计师是否有过失或欺诈行为。而判别注册会计师是否具有过失的关键在于注册会计师是否按照专业标准的要求执业。因此，保持良好的职业道德，严格遵循专业标准的要求执行业务、出具报告，对于避免法律诉讼具有无比的重要性。

▶ 2. 建立、健全会计师事务所质量控制制度

会计师事务所不同于一般的公司、企业，质量管理是会计师事务所各项管理工作的核心和关键。如果一个会计师事务所质量管理不严，很有可能因某一个人或一个部门的原因导致整个会计师事务所遭受灭顶之灾。

▶ 3. 与委托人签订业务约定书

《注册会计师法》第十六条规定，注册会计师承办业务，会计师事务所应与委托人签订委托合同(即业务约定书)。业务约定书具有法律效力它是确定注册会计师和委托人责任的一个重要文件。接受委托之前，一定要采取必要的措施对被审计单位的历史情况有所了解，评价它的品格，弄清委托的真正目的，尤其是在执行特殊目的的审计业务时更应如此。

▶ 4. 深入了解被审计单位的业务

会计是经济活动的综合反映，不熟悉被审计单位的经济业务和生产经营实务，仅局限于有关的会计资料，就可能发现不了某些错误。

▶ 5. 提取风险基金或购买责任保险

在西方国家投保充分的责任保险是会计师事务所一项极为重要的保护措施，尽管保险不能免除可能受到的法律诉讼，但能防止或减少诉讼失败时会计师事务所发生的财务损失。我国《注册会计师法》也规定了会计师事务所应当按规定建立职业风险基金，办理职业保险。

本章小结

审计是由独立的人员对特定经济实体的可计量的信息及所反映的经济活动，客观地收集和评价证据，以确定并报告这些信息与既定标准符合程度的一个系统过程。

认证服务又称“可信性保证服务”，是为决策者提供的、旨在改善信息质量或内容的独立的专业服务。

思考与练习

一、思考题

1. 如何理解注册会计师审计产生的动因？

2. 如何理解注册会计师的职业道德和法律责任？

二、单选题

1. 审计按(　　)分类，可分为政府审计、民间审计和内部审计。

A. 审计主体　　B. 审计内容　　C. 审计目的　　D. 审计实施时间

2. 从实质内容看，审计对象就是(　　)。

A. 被审计单位的会计资料　　B. 被审计单位的内部控制

C. 被审计单位的相关资料　　D. 被审计单位的经济活动

3. 在我国审计组织体系中，实行受托有偿审计的是(　　)。

A. 政府审计　　B. 单位内部审计　　C. 部门内部审计　　D. 民间审计

4. 各级审计机关根据需要，在重点地区、部门和企业派出审计机构或审计人员所进行的审计，称为(　　)。

A. 委托审计　　B. 授权审计　　C. 就地审计　　D. 派出审计

5.《中华人民共和国审计法》在全国实施的时间是(　　)。

A. 1994 年 1 月 1 日　　B. 1995 年 1 月 1 日

C. 1996 年 1 月 1 日　　D. 1997 年 1 月 1 日

E. 2014 年 12 月

6.《中华人民共和国注册会计师法》实施时间是(　　)。

A. 1986 年 7 月　　B. 1993 年 10 月

C. 1994 年 1 月 1 日　　D. 1995 年 1 月 1 日

E. 1997 年 1 月 1 日

三、判断题

1. 一般来说，我国的内部审计和注册会计师审计都是通过接受委托进行的，所以不具有强制性。(　　)

2. 保持第三者的独立地位是民间审计最突出的个性，是辨别民间审计与政府审计、内部审计、之间关系的关键。(　　)

3. 审计标准是对审计对象进行判别的依据，审计准则是对审计工作本身进行约束的规范。(　　)

4. 注册会计师可以对被审计单位未来事项的可实现程度做出有限保证。(　　)

5. 风险管理审计是内部审计的核心内容。(　　)

6. 定期审计是指被审计单位的会计年度结束时或结束后进行的审计。(　　)

7. 制度基础审计是风险导向审计的重要组成部分。(　　)

8. 审计责任不能代替会计责任，但可以减轻会计责任。(　　)

四、案例思考

1. 查尔斯·斯内尔是否属于世界上第一位民间审计人员？他所撰写的查账报告，是否为世界上第一份民间审计报告？

2. 试结合该案例说明近代民间审计产生的客观基础。

3. 注册会计师是否有责任揭示被审计单位财务报表中的舞弊或违法行为？

第二章 Chapter 2 审计计划、审计重要性与审计风险

学习重点

1. 通过本章的学习，应掌握审计计划的内容、分类及编制。
2. 掌握审计重要性的基本概念及运用。
3. 掌握审计风险的基本概念及在整个审计体系中的作用和运用。

引导案例

计划审计工作——未雨绸缪应对财务舞弊

2009年12月14日，中国证监会行政处罚决定书50号和51号认定：金荔科技农业股份有限公司(简称“金荔科技”)存在涉嫌违反证券法律法规行为，为其提供2006年年报审计业务的万隆会计师事务所有限公司(简称：万隆所)出具了含有虚假内容的审计报告。

(1) 2006年12月，金荔科技在没有签订偿债协议、资产权属不清的情况下，对以资抵债事项进行账务处理，将抵债资产作为金荔科技资产进行核算。万隆所在知悉2006年追回的资产已被冻结、存在权属不清的情况下，未采取相应的审计措施对上述资产实施进一步的审计程序；在上述资产不具备确认为资产条件、以资抵债属于虚假清欠的情况下，确认为资产，致使对固定资产和无形资产虚增79 059 574.12元。

(2) 金荔科技2006年未对其广州分公司的账面固定资产计提折旧、未对无形资产和长期待摊费用进行摊销。万隆所在计算出固定资产折旧和无形资产摊销后，仍未在其出具的审计差异汇总表及财务报告中予以调整，导致2006年年度报告中损益表少计费用22 274 855.74元，虚增利润22 274 855.74元。

(3) 金荔科技2006年伪造《居间合同》、本票等文本，虚构收取中介佣金3500万元用于归还秦皇岛路建工程机械有限公司欠款，导致2006年年度报告中损益表虚增收入3500万元，虚增利润3311万元。万隆所在知悉金荔科技管理层存在改善财务业绩、歪曲财务报表的压力，将审计风险评估为高水平，确认接近资产负债表日所取得的3500万元佣金收入为主要的审计风险，将公司管理层诚信和管理能力评估为低水平，在3500万元佣金收入所涉及的账务处理极其复杂的情况下，未针对金荔科技与秦皇岛路建工程机械有限公司、上海天地源企业有限公司、上海奉志实业有限公司的资金往来关系真实性向这3家公司进行函证，未就上海天地源企业有限公司开立的本票真实性函证出票行为，也未对金科德盛新技术有限公司和张家界金荔科技杜仲业发展有限公司注册资金来源实施审计。万隆所在未获得充分、适当的审计证据的情况下审计确认该笔重大收入。

证监会认为，万隆所在对金荔科技进行2006年年度报告审计时，没有制定具体审计计划，没有安排项目组讨论，存在审计内部控制上的重大遗漏。根据《中国注册会计师审计准则第1201号——计划审计工作》规定，具体审计计划应包括计划实施的风险评估程序的性质、时间和范围，针对审计认定层次的重大错报风险计划实施的进一步审计程序的性质、时间和范围，针对审计业务需要实施的其他审计程序等。尽管万隆所编制了《金荔科技前期调查报告及其风险初步评估报告》，但是中国证监会认为万隆所风险初步评估报告未包括以上内容。另外，万隆所对金荔科技2006年度会计报表审计建立在金荔科技完成资产置换，实现重组的基础上。在审计报告日前，金荔科技没有完成资产置换，业务环境已发生变化的情况下，万隆所没有修改其审计策略，在审计过程中忽略了对风险的再评估。

凡事预则立，不预则废。计划审计工作对于注册会计师顺利完成审计工作和控制审计风险具有非常重要的意义。

第一节 审计计划

一、审计计划含义

审计计划，是指注册会计师为了完成审计业务，达到预期审计目的，在具体执行审计程序前编制的工作计划。

审计计划包括总体审计计划和具体审计计划，总体审计计划是对审计的预期范围和实施方式所做的安排，是审计人员从接受审计委托到出具审计报告整个过程基本工作内容的综合计划。注册会计师应以总体审计计划为基础，就有关项目的审计目标、审计程序和执行人及执行日期做出更加详细的安排，编制具体审计计划。具体审计计划是依据总体审计计划制定的，对实施总体审计计划所要求的审计程序的性质、时间和范围所做的详细规划与说明。审计计划应当贯彻于审计全过程。注册会计师整个审计过程中，应当按照审计计划执行审计业务。

二、审计计划编制程序

1. 编制审计计划应当考虑的因素

编制审计计划应当考虑以下因素。

(1) 委托目的、审计范围及审计责任。

(2) 被审计单位的经营规模及其业务复杂程度。

(3) 被审计单位以前年度的审计情况。

(4) 被审计单位在审计年度内经营环境、内部管理的变化及其对审计的影响。

(5) 被审计单位的持续经营能力。

(6) 经济形势及行业政策的变化对被审计单位的影响。

(7) 关联方及其交易。

(8) 国家新近颁发的有关法规对审计工作产生的影响。

(9) 被审计单位会计政策及其变更。

(10) 对专家、内部审计人员及其他审计人员工作的利用。

(11) 审计小组成员的业务能力、审计经历和对被审计单位情况的了解程度。

2. 对被审计单位的了解

在编制审计计划中，注册会计师应当了解被审计单位的以下情况，以确定可能影响会计报表的重要事项。

(1) 年度会计报表。

(2) 合同、协议、章程、营业执照。

(3) 重要会计记录。

(4) 相关内部控制制度。

(5) 财务会计机构及工作组织。

(6) 厂房、设备及办公场所。

(7) 宏观经济形势及其对所在行业的影响。

(8) 其他与编制审计计划相关的重要情况。如在编制审计计划前，注册会计师应当查阅上一年度审计档案，关注以下事项，并考虑其对本期审计工作的影响：上一年度的审计意见类型；上一年度的审计计划及审计总结；上一年度的重要审计调整事项；上一年度的或有损失；上一年度的管理建议要点；上一年度的其他有关重要事项。如首次接受委托，注册会计师应当考虑是否向前任注册会计师查询审计工作底稿。

同时在编制审计计划时，注册会计师应对审计重要性、审计风险进行适当评估。注册会计师应当视审计情况的变化及时对审计计划进行修改、补充。审计计划的修改、补充意见，应经会计师事务所的有关业务负责人同意，并记录于审计工作底稿。审计计划是审计工作底稿的一部分。

三、审计计划的内容与编制

1. 总体审计计划的基本内容

总体审计计划的基本内容应当包括以下方面。

(1) 被审计单位的基本情况。

(2) 审计目的、审计范围及审计策略。

(3) 重要会计问题及重点审计领域。

(4) 审计工作进度及时间、费用预算。

(5) 审计小组组成及人员分工。

(6) 审计重要性的确定及审计风险的评估。

(7) 对专家、内部审计人员及其他审计人员工作的利用。

(8) 其他有关内容。

▶ 2. 具体审计计划的基本内容

具体审计计划应当包括各具体审计项目的以下基本内容：审计目标；审计程序；执行人及执行日期；审计工作底稿的索引号；其他有关内容等。具体审计计划的制定，可以通过编制审计程序表完成。而审计计划的繁简程度取决于被审计单位的经营规模和预定审计工作的复杂程度。

▶ 3. 审计计划的审核

对于总体审计计划，应审核以下主要事项：审计目的、审计范围及重点审计领域的确定是否恰当；时间预算是否合理；审计小组成员的选派与分工是否恰当；对被审计单位的内部控制制度的信赖程度是否恰当；对审计重要性的确定及审计风险的评估是否恰当；对专家、内部审计人员及其他审计人员工作的利用是否恰当。

对于具体审计计划，应审核以下主要事项：审计程序能否达到审计目标；审计程序是否适合各审计项目的具体情况；重点审计领域中各审计项目的审计程序是否恰当；重点审计程序的制定是否恰当。

对审计计划的审核和批准意见应记录于审计工作底稿。

第二节 审计重要性

一、审计重要性的概念

(一) 审计重要性的定义

“重要性”既是会计中的一个重要概念，也是审计中的一个重要概念。各国现有的审计重要性准则对重要性的定义大都沿用会计准则。国际会计准则委员会(IASB)对重要性的定义是：“如果信息的错报或漏报会影响使用者根据会计报表采取的经济决策，信息就具有重要性。”美国财务会计准则委员会(FASB)对重要性的定义是：“一项会计信息的错报或漏报是重要的，指在特定环境下，一个理性的人依赖该信息所做的决策可能因为这一错报或漏报得以变化或修正。”英国会计准则委员会(ASB)对重要性的定义是：“错报或漏报可能影响到会计报表使用者的决策即为重要性。重要性可能在整个会计报表范围内、单个会计报表或会计报表的单个项目中加以考虑。”由此看来，各国对重要性的认识基本是一致的，即信息的错报或漏报可能影响到会计报表使用者的决策是重要的。

在我国，会计准则也要求企业会计核算必须遵循重要性原则，但并未对重要性做出明确的定义，仅仅规定，对于重要的经济业务应单独反映，对不重要的经济业务，可以合并反映。在会计实务中，重要性原则的运用随处可见。根据《中国注册会计师审计准则第1221号——重要性》，如果一项错报单独或连同其他错报可能影响财务报表使用者依据财务报表作出的经济决策，则该项错报是重大的，即重要性指被审计单位会计报表中错报或漏报的严重程度，这一程度在特定环境下可能影响会计报表使用者的判断或决策。而《中华人民共和国审计署令第5号——审计机关审计重要性与审计风险评价准则》中所称重要性是指被审计单位财政收支、财务收支及相关会计信息错弊的严重程度，该错弊未被揭露足以影响信息使用者的判断或决策以及审计目标的实现。理解这一概念，必须注意以下几点。

(1) 重要性概念是对“错报或漏报”严重程度的界定。即严重的错报或漏报为重要，否则为不重要。

(2) 重要性概念是针对会计报表而言，是指“会计报表”中的错报或漏报的严重性。判断一项业务的错报或漏报是否重要，需依据其对会计报表项目影响及对会计报表整体理解的影响而定。

(3) 重要性概念必须从会计报表使用者的角度来考虑。如一项错报或漏报足以改变或影响报告使用者的判断或决策，则该项错报或漏报就是重要的，否则就是不重要。当然，会计报表使用者是指具有一定的理解能力并能够理性地做出判断或决策的使用者。

(4) 重要性的判断离不开特定的环境。不同企业面临不同的环境，因而判断重要性的标准也有所不同；同一企业，不同时间的会计报表，其重要性判断标准也可能有所变化；同一企业，同一时间的不同会计报表，其重要性也有所不同。

(5) 对重要性的评估需要运用专业判断。因为重要性是站在会计报表使用者角度考虑的，且对会计报表使用者判断或决策的影响是一种可能，而非实际结果，影响重要性的因素也多种多样，所以，尽管不同审计人员对重要性的各种因素的判断存在差异，但审计人员还需要运用专业判断来评估重要性。

(6) 重要性和可容忍误差之间的关系密切。审计人员应根据编制审计计划时对审计重要性的评估，确定实质性测试的可容忍误差。实际上，账户层次的重要性水平就是实质性测试的可容忍误差。

(二) 运用重要性原则的目的

《中国注册会计师审计准则第 1221 号——计划和执行审计工作时的重要性》规定审计人员在会计报表审计中应当运用重要性原则，合理确定重要性水平。这是基于两方面考虑：一是为了提高审计效率。由于社会经济环境的发展变化，企业规模的扩大，企业组织机构日趋复杂，详细审计已经不可能，在抽样审计下，审计人员不得不涉及重要性原则。二是为了保证审计质量。审计人员对未查部分是否正确要承担一定风险，而风险的大小与重要性的判断有关，因此，审计人员为保证审计质量，必须对重要性做出恰当的判断。

(三) 运用重要性的情形

审计人员在审计过程中需要运用重要性原则的情形有两方面：一是在确定审计程序的性质、时间和范围时运用。这时重要性被看作是审计所允许的可能或潜在的未发现错报或漏报的限度，即审计人员在运用审计程序以检查会计报表的错报或漏报时所允许的误差范围。二是在评价审计结果时运用。这时重要性被看作是会计报表某一方面错报或漏报或汇总的错报或漏报是否影响到会计报表使用者判断或决策的标志。

二、审计重要性水平的确定

(一) 确定审计重要性水平应考虑的因素

审计人员对重要性水平做出初步判断时，应当综合考虑以下主要因素。

▶ 1. 以往审计经验

以往审计中所运用的重要性水平，如果较为适当，可以作为本年度确定重要性水平的重要依据，审计人员可以依据这一重要性水平，考虑被审计单位经营环境和经营业务的变化，对其加以修正。

▶ 2. 国家有关法律法规对财务会计的要求

一般来说，审计人员执行会计报表审计时，应当谨慎判断重要性水平，因为有关法规对企业会计报表的编制可能存在特别的要求。如果企业存在可由管理当局自主决定处理的会计事项，审计人员应从严确定重要性水平。

▶ 3. 被审计单位的经营规模及业务性质

规模不同的企业，其重要性水平也有所不同。规模大的企业，其重要性水平的绝对值一般比规模小的企业要大，但其相对值要比规模小的企业小。另外，不同行业的企业，其会计核算的工作组织以及所遵循的会计规范均存在较大的差异。因此，企业所处行业的性质对重要性水平也有较大的影响。

▶ 4. 被审计单位的内部控制与审计风险的评估结果

如果内部控制较为健全，可信赖程度高，可以将重要性水平定得高一些，以节约审计成本。由于重要性水平与审计风险之间成反向关系，如果审计风险评估为高水平，则意味着重要性水平应该较低，以收集较多的审计证据，降低审计风险。

▶ 5. 会计报表各项目的重要程度及其相互关系

会计报表项目的重要程度是存在差别的，会计报表使用者对某些会计报表项目要比另外的一些报表项目更为关心。一般而言，会计报表使用者十分关心流动性较高的项目，因此，审计人员应当从严制定重要性水平。同时，各项目之间是相互联系的，其重要性水平相互之间也就存在内在联系，审计人员应当予以考虑。

▶ 6. 会计报表各项目的金额及其波动幅度

会计报表项目的金额及其波动幅度可能成为会计报表使用者做出反应的信号，因此，审计人员在确定重要性水平时，应当深入研究这些金额及其波动幅度。

▶ 7. 错报或漏报的金额和性质

一般来说，金额大的错报或漏报比金额小的错报或漏报更重要。但在某些情况下，一项错报或漏报从量的方面看并不重要，从其性质方面考虑，却可能很重要。如涉及舞弊的错报或漏报比相同金额的笔误更重要，相同金额的现金错报或漏报比固定资产错报或漏报更重要。与此同时，一笔小金额的错报或漏报无论从性质上，还是从数量上都是不重要，但其累计值可能会对会计报表产生重大影响，审计人员对此应予以关注。

（二）会计报表层次重要性水平的确定

▶ 1. 判断基础和计算方法

会计报表层次重要性水平是根据被审计单位实际情况合理选定判断基础，然后乘以固定或变动的比率，并结合专业判断加以确定的。其中，判断基础是会计报表层次重要性水平相对应的基础数据，是重要性水平的计算依据。判断基础通常包括资产总额、净资产、营业收入、净利润等，审计人员应当合理选用。当被审计单位净利润接近于零时，不应将净利润作为重要性水平的判断基础；当被审计单位净利润波动幅度较大时，不应将当年的净利润作为重要性水平的判断基础，而应选择近几年的平均净利润；当被审计单位属于劳动密集型企业时，不应将资产总额、净资产作为重要性水平的判断基础。

重要性水平的计算方法有固定比率法和变动比率法两种。

(1) 固定比率法。固定比例法的基本原理是：在选定判断基础后，乘上一个固定百分比，求出会计报表的重要性水平，然后再运用职业判断或授权审计机关进行适当调整。目前，除澳大利亚外，其他国家的会计准则和审计准则都没有做出规定，也无法做出规定。以下是实务中用来判断重要性水平的一些参考数值：净利润的5%～10%(净利润较小时用10%，较大时用5%)、资产总额的0.5%～1%、净资产的1%、营业收入的0.5%～1%。

根据谨慎性原则，重要性水平取上述判断基础和比率所获单个值中的最小值。

(2) 变动比率法。变动比例法的基本原理是：规模越大的企业，允许的错报或漏报的金额比率就越小，一般是根据资产总额或营业收入两者中较大的一项确定一个变动百分比。

例如，某企业资产总额与营业收入中较大的一项为60 000 000元，则会计报表层次的重要性为60 000 000×1.5%=900 000元。

上述计算重要性水平的变动比率是有关审计部门根据审计经验总结得出的，是审计人员在一定时期、一定环境下，依据以前确定审计重要性水平的经验数据积累而定的。同时，相关数据也不是一成不变的，通常应随着外界情况的变化，每隔一段时间进行适当的修订。

▶ 2. 会计报表层次重要性水平的选取

如果同一期间各会计报表的重要性水平不同，审计人员应当取其最低者作为会计报表的重要性水平。审计人员应当对每一张会计报表确定一个重要性水平，但由于会计报表彼此之间相互关联，并且许多审计程序经常涉及两个以上会计报表。因此，在编制审计计划时，应使用被认为对任何一张会计报表都重要的最小的错报或漏报总体水平。也就是说，审计人员应当选择最低的重要性水平作为会计报表层次的重要性水平，以确保选取的重要性水平适合于每一张会计报表的审计。

▶ 3. 会计报表尚未编制完成时重要性水平的确定

在编制审计计划时，如果被审计单位尚未完成会计报表的编制(如在资产负债表日之前判断重要性水平)，审计人员应当根据期中会计报表推算出年度会计报表，或者根据被审计单位经营环境和经营情况变动对上年度会计报表做出必要修正，以确定会计报表层次的重要性水平。

(三) 交易或账户层次的重要性水平的确定

审计人员在确定账户或交易的审计程序之前，可将会计报表层次的重要性水平分配至各账户或交易，也可单独确定账户或交易的重要性水平。之所以要确定交易或账户层次的重要性水平，是因为证据是针对每笔交易、每笔账户收集的，而不是针对整个会计报表而收集的。对于账户或交易层次的重要性水平，既可以采用分配的方法，也可以采用不分配的方法。无论采用分配的方法，还是采用不分配的方法，对于重要的账户或交易以及出现错报或漏报可能性较大的账户或交易，审计人员应当从严制定重要性水平，相反，则可以将重要性水平确定得高一点，以节约审计成本。

▶ 1. 分配法

分配法是指将会计报表层次的重要性水平数分配到各个会计账户的方法。一般的做法是选择资产负债表有关账户作为分配的基础，而不是利润表有关账户。这是因为采取复式记账，利润表中的错误大都对资产负债表有相同的影响。分配法还可以分为平均分配法和不平均分配法。

平均分配法是指会计报表层次的重要性水平数额在各个会计账户之间按照同一比例平均分配。

不平均分配法是指根据各个会计报表账户发生错报或漏报可能性大小将会计报表层次的重要性水平数额按照不同比例在各个会计账户之间不平均分配。无论采用平均分配法还是不平均分配方法，各账户或交易层次的重要性水平之和应当等于会计报表层次的重要性水平。

▶ 2. 不分配法

不分配法是指会计报表层次的重要性水平数额不分配到会计账户层次，而是采用其他方法，在会计报表层次重要性水平的基础上确定账户层次的重要性水平数额。采用不分配法时，确定账户层次重要性的方法很多，这里介绍两种方法。

(1) 百分比法，即根据各个会计账户发生错报或漏报的可能性大小，按照会计报表层次重要性水平的一定百分比确定账户层次的重要性水平。例如，某会计报表层次重要性水平数额为100万元，账户层次的重要性水平确定为100万元的20%～50%，那么审计人员审计时发现某个账户的错报或漏报数额超过这一水平，就要依据重要性原则的要求，考虑具体处理这一错报或漏报数额。

(2) 比例法，即根据各个账户发生错报或漏报的可能性大小，按照会计报表层次重要性水平的比例确定账户层次的重要性水平。例如，某审计机关规定，各账户或交易的重要性水平为会计报表层次重要性的1/6～1/3，假设会计报表层次重要性水平为100万元，其中应收账款的重要性水平为这一金额的1/4，存货为1/5，审计人员审计时，如果发现应收账款账户的错报或漏报数额超过25万元，存货错报或漏报数额超过20万元，就要依据重要性原则的要求，考虑具体处理这一错报或漏报数额。

通过上述比较可见，不分配法随意性更大一些，主要靠审计人员的经验判断，方法灵活多样，针对性强。在确定了会计报表层次重要性水平以后，平均分配法可以按照会计报表层次的百分比将重要性水平数额平均分配到各账户中，但没有考虑到各个账户发生错报或漏报的可能性不同。另外，分配法和不分配法还有一个最大不同：分配法下账户层次重要性水平数额合计应等于会计报表层次重要性水平；而在不分配法下前者不必与后者相同。

下面举例说明账户层次的重要性水平的确定方法。

例如，XYZ股份有限公司2003年末资产总额10 037.6万元，该年度利润表列示的营业收入总额为7930万元，要求确定审计重要性水平。

首先选择资产总额或营业收入总额两者中较大一项作为确定重要性水平的基础，我们用变动比率法的变动百分比1%计算，以资产总额及营业收入总额为判断基础，得出绝对数额为100万元作为会计报表层次的重要性水平。账户层次的重要性水平，运用两种分配法来确定，如表2-1所示。

表 2-1　XYZ 股份公司账户层次重要性水平　　单位：万元

资产负债表账户	资产数额	重要性水平（平均分配法）		重要性水平（不平均分配法）	
		百分比	数额	百分比	数额
资产总额	10 037.6				
报表层次重要性水平		1	100	1	100
账户层次重要性水平		1	100	1	100
货币资金	52.6	1	0.5	0.19	0.1
应收账款	204.1	1	2.0	0.24	0.5
其他应收款	563.6	1	5.6	0.18	1.0
预付账款	54.5	1	0.5	1.28	0.7
存货	1432.2	1	14.3	0.2	3.0
待摊费用	204.5	1	2.0	1	2.5
长期投资	504.5	1	5.0	2	10.0
固定资产净值	6464.8	1	64.6	1.18	76.3
在建工程	543.6	1	5.4	1	5.4
长期待摊费用	12.4	1	0.1	4	0.5

该公司账户重要性水平的确定，如果采用平均分配法很简单。即用1%分别乘以各个账户的数额来确定各账户层次的重要性水平。

如果采用不平均分配法或不分配法，确定各个账户的重要性水平主要依赖审计人员的专业判断，判断的原则是：审计人员根据以往的审计经验，结合本次审计的控制测试结果，深入细致地分析各个账户发生错报或漏报的可能性大小，以评估审计重点。越是审计重点，重要性水平越低，即重要性水平的百分比和绝对数额越低。一般地说，流动性越强的资产项目发生的错报或漏报的可能性越大，而长期投资、固定资产、无形资产这几个账户平时很少变动，除非在发生新业务、有增减变动的情况下可能发生错报或漏报。假设本次审计中，审计人员的专业判断如表 2-1 所示。

三、评价审计结果时对审计重要性的考虑

▶ 1. 评价审计结果时所运用的重要性水平

(1) 评价审计结果时所运用的重要性水平，可能不同于编制审计计划时所确定的重要性水平。这可能是因为环境的变化，或者是审计人员对被审计单位了解程度的增加。例如，审计人员在会计期间结束前编制审计计划，只能根据预测的财务状况和经营成果来确定重要性水平。如果实际的财务状况和经营成果大不相同，则审计人员所评估的重要性水平也必须加以改变。此外，审计人员在编制审计计划时，可能有意地规定重要性水平低于将用于评价审计结果的重要性水平，这样通常可以减少未被发现的错报或漏报的可能性，并且能给审计人员提供一个安全边际。

(2) 如果评价审计结果时的重要性水平大大低于编制审计计划时的重要性水平，审计人员应当重新评估所执行的审计程序是否充分。因为，原来较高的重要性水平，意味着较低的审计风险，所执行的审计程序和所收集的审计证据相对较少，而现在，评价审计结果时所运用的审计重要性水平比原来有所下降，则审计风险相应增加，这就要求执行更多的审计程序，收集更多的审计证据。

▶ 2. 错报或漏报的汇总

审计人员在评价审计结果时，应当汇总已发现但尚未调整的错报或漏报，以考虑其金额与性质是否对会计报表的反映发生重大影响。在汇总尚未调整的错报或漏报时，应当包括已发现的和推断的错报或漏报，并考虑期后事项和或有事项是否已进行适当处理。其中，推断的错报或漏报，即通过审计抽样或执行分析性复核程序所估计的未调整的错报或漏报。必须指出的是，审计人员在汇总时，也可能包括前期尚未调整的错报或漏报。一般而言，如果前期尚未调整的错报或漏报尚未消除，且导致本期会计报表严重失实，审计人员在汇总时，就应当将其包括进去。

▶ 3. 汇总数超过重要性水平的处理

如果尚未调整的错报或漏报的汇总数超过重要性水平，审计人员应当考虑扩大实质性测试范围或提请被审计单位调整会计报表。即当汇总数超过重要性水平时，为降低审计风险，审计人员应当考虑采用两种措施：一是扩大实质性测试范围，以进一步确认汇总数是否重要；二是提请被审计单位调整会计报表，以使汇总数低于重要性水平。

如果被审计单位拒绝调整会计报表或扩大实质性测试范围后，尚未调整的错报或漏报的汇总数仍超过重要性水平，审计人员应当发表保留意见或否定意见。这意味着，当被审计单位拒绝调整会计报表，或仅部分调整会计报表，使尚未调整的错报或漏报的汇总数并未得到实质性的减少，或者当审计人员扩大实质性测试范围后，尚未调整的错报或漏报的汇总数仍然超过会计报表层次的重要性水平时，审计人员就应当考虑其发表的审计报告的类型。

▶ 4. 汇总数接近重要性水平的处理

如果尚未调整的错报或漏报的汇总数接近重要性水平，由于被审计单位会计报表的错报或漏报，除了已发现的之外还可能存在其他的错报或漏报，所以汇总的错报或漏报数连同尚未发现的错报或漏报可能超过重要性水平，这样审计风险就会加大，为降低审计风险，审计人员应当实施追加审计程序，或提请被审计单位进一步调整会计报表。

审计风险评估与重要性水平案例

王美丽是一名审计专业的在校大学生，这学期刚刚学习了《审计学》课程，期末考试也取得了良好的成绩，但是对风险导向审计模式理解不透彻，尤其是对风险评估和重要性水平的理解，好像只是概念上有所领悟，而且感觉很抽象。实际工作中到底是如何应用呢？她越想越觉得一头雾水。为此，王美丽利用假期的时间，随同身为注册会计师的姑姑一起，参与了对 A 集团的合并报表审计工作。

A 集团系中央直属管理的国有重要骨干企业集团之一，主营业务为大型发电设备的制造、安装和成套设备出口，从水电、煤电、气电、核电、新能源产品、环保产品、舰船驱动、电力驱动与控制保护到现代制造服务业，各类重大电力项目都有涉足，兼营房地产业务，集团拥有H股上市公司一家。审计目的是对A集团2013年度合并会计报表进行审计，出具审计报告。

王美丽注意到，审计人员在判断重要性水平时，参考基础是资产总额、收入总额、净利润，并分别按资产总额的0.5%、收入总额的1%和净利润的5%计算，并按其中的低者确定。计算结果如表2-2所示。

表2-2　重要性水平测算表　　单位：万元

	资产总额	收入总额	净利润	重要性水平
2013年合并报表	3 610 000	1 846 410	43 000	
测算结果	18 050	18 464.10	2150	2150

经过上述计算，将报表层重要性水平初步确定为2150万元。

这时，姑姑细心地为她讲解了确定重要性水平的注意事项：如果被审计单位净利润接近于零时，不应将净利润作为重要性水平的判断基础；被审计单位净利润波幅较大时，不应将当年的净利润作为重要性水平的判断基础，而应选择连续几年(如三年)的平均数作为判断基础。重要性水平应分配至账户或交易层次，在分配时应从各账户或各类交易的性质、各账户或各类交易重要性水平与会计报表层次重要性水平的关系、一些账户比其他账户有更大的错报或漏报的可能性、较小金额错报的累计结果等方面进行综合考虑。

在审计风险评估方面，审计人员主要从以下两个方面进行了分析。

一是确定重大错报风险。公司的生产经营状况受国家产业政策的影响重大，由于属于生产大型电力设备的专业公司，企业规模大，产品转型速度慢，一旦国家开始限制电力设施的建设，经营状况可能会快速恶化。在目前国家大力发展电力基础设施建设的前提下，订单量充足，经济效益良好。但由于订货量大，在一定程度上已超出公司现有的生产能力，可能会出现产品不能按时交货的风险；由于产品的生产周期长，生产成本受原材料等的价格波动影响大，成本管理的难度大，可能会影响预期经营目标的实现，在各级管理层面临绩效考核压力的前提下，可能会发生主观调整会计报表情况；由于目前经济效益良好，可能会为以后年度业绩考虑而推迟确认应当确认的收入，使财务报表出现重大错报。根据公司目前良好的经营态势和拥有相对充沛的资金，可能会存在违规对外担保和从事高风险业务的行为。因此，审计人员认为以上行为都会导致财务报表出现重大错报。

二是确定检查风险。A集团纳入审计范围的各公司主要经营活动为大型工业设备生产和房地产开发，经营规模大、业务量多，在收入、成本的确认和计量方面存在一定的复杂性，对审计人员专业素质要求高，加大了检查风险。

基于以上分析，将本次审计的风险水平确定为中等水平。

经过近10天的审计，王美丽对判断重要性水平和审计风险评估有了感性认识，为进一步学习审计专业课打下了良好的基础。

第三节 审计风险

一、审计风险含义及其在审计理论体系中的地位

20 世纪 80 年代以来，西方审计职业界面临日益严峻的经营风险，使审计风险一词的使用频率相当高，近几年来我国也发生了数起审计人员违规的典型案例。然而事实上，对于审计风险的定义，不同的人由于所站的角度不一样，结论也不相同。因此，大到各国的审计准则，小至各种有关审计风险研究的论文，都对审计风险有各自不同的理解。在这种背景下，甚至很多审计人员对审计风险的概念和理论也不完全清楚，更说不上深入的理解了。因此，有必要比较深入地探讨审计风险的含义，以期提高审计风险这一概念的透明度。

（一）审计风险含义的界定

美国注册会计师协会认为：审计风险是审计人员对于存在重大错报的财务报表未能适当地发表意见的风险。

《国际审计准则》则认为：审计风险是指审计人员对实质上误报的财务资料可能提供不适当意见的那种风险。例如，审计人员可能在无意识的情况下对实质上错报的财务报表提供无保留意见。

阿伦斯和洛贝克认为：审计风险是在财务报表事实上有重大错误时，审计人员认为财务报表公允表示，并因此提出无保留意见的风险。

我国注册会计师协会在 2006 年底公布了《中国注册会计师执业准则》，在《中国注册会计师鉴证业务基本准则》对鉴证业务风险的定义是指在鉴证对象信息存在重大错报的情况下，注册会计师提出不恰当结论的可能性。鉴证业务风险通常体现为重大错报风险和检查风险。重大错报风险是指鉴证对象信息在鉴证前存在重大错报的可能性。《中国注册会计师审计准则第 1101 号——注册会计师的总体目标和审计工作的基本要求》中对审计风险的定义为：审计风险是指被审计单位的财政收支、财务收支存在重大错弊而审计人员没有发现，做出不恰当审计结论的可能性。

上述有关审计风险的概念，有一个共同的特点，即都认为审计风险是指财务报表没有公允地揭示而审计人员却发表不恰当的审计意见，认为已经公允地揭示的风险。其实，这种定义方法只是为了给实务中的具体操作提供可行的指南，而不是从一般的理论意义上探讨。事实上，审计风险本身具有更广泛的含义。这里将从三个层次上来说明。

▶ 1. 未能觉察出重大错误或舞弊的风险：最狭义的审计风险

一般来说，审计人员对审计风险的理解就是如此，包括国际审计准则和国内审计准则在内的许多国家的审计准则都做了这类审计风险的规定。这是因为在审计实践中大量产生的是这一类审计风险，因而成为研究的重点。从最狭义的角度来理解审计风险，审计风险是指审计人员在审计过程中采用了并没有意识到的不恰当的审计程序和审计方法，或错误地估计和判断了审计事项，以致发表了与事实相悖的审计报告，使重大错误或舞弊行为未能揭示出来，而受到有关关系人指控并遭受某种损失的可能性。

从最狭义的角度来理解审计风险，为审计人员分析和寻找审计活动可能招致的风险及

其直接因素开辟了蹊径，在实务中使审计人员比较容易寻找到对付的办法，这也是大多数审计人员这样理解审计风险的原因。但是，我们认为上述关于审计风险的定义并没有完全表达审计活动的风险，仅是针对把错误判断为正确、财务报表存在重大差错而发表了无保留意见而言的。事实上，在对审计结果的可能性进行考察时，其结果不仅存在把错误判断为正确的情况，而且存在把正确判断为错误的情况，因而审计风险的含义应有更广泛的内容。

▶ 2. 发表了一个不适当的意见的风险：狭义的审计风险

审计风险，从狭义上理解，应当包括财务报表没有公允揭示而审计人员认为已公允揭示的风险，和财务报表总体上已公允揭示而审计人员却认为未公允揭示的风险。由于审计人员的意见或结论是建立在一种职业审查和专业判断上，因而总存在偏离客观事实、甚至与客观事实相反的可能性，也就是说审计结论在一定程度上具有不确定性。这种不确定性有时给利用审计服务的各方带来损失，导致审计人员需要对后果承担责任，这种可能性就构成了审计风险。

审计风险作为审计活动的产物，是一种“主观”与“客观”的偏离。这种偏离具有两种可能性：一是把客观上是正确的东西判断为错误的，给予否定，也就是误拒风险（α 风险）；二是把客观上是错误的东西判断为正确的，加以肯定，这是误受风险（β 风险）。在审计活动中，α 风险发生的可能性不大。这是因为，审计人员为避免错误否认会计报表的公允性，会同被审计单位进行沟通，扩大审计测试的范围，增加审计证据，从而获得正确的审计意见和结论。这种做法带来的无非是审计成本的增加及审计效率的降低，不会带来真正的风险。因而，从理论上的探讨来说，α 风险也是审计风险的内容之一，仅是因为不太可能发生，所以在实务中可以不予考虑。

▶ 3. 审计职业风险：广义的审计风险

美国学者海尼在论述风险时，认为风险是损失的可能性，这是从最广泛的意义理解风险。推而广之，审计风险也可以理解为审计主体损失的可能性。很显然，这个审计风险的含义已不局限于审计人员判断失误的风险，而是扩展到被审计单位和环境因素造成的审计人员受到损失或不利的可能性。它包括了狭义的审计风险和经营风险。经营风险是指，虽然审计人员为某一被审计单位提供的审计报告正确无误，但企业由于经济上或经营上的原因，如决策失误或竞争失败等，导致营业失败或陷入困境而产生的对审计人员或组织不利影响的可能性。它是一种由于被审计单位关系而受到伤害的风险。当某一公司破产或无力偿还债务时，报表使用者通常会指责审计失误，特别是在最近提出的审计意见说明财务报告公允表达时，更是如此。使用者在被审计单位发生经营失败时指责审计失误，部分原因是他们不清楚审计人员的作用，对审计人员抱有过高的期望，无法分清审计功能与营业风险之间的差别；另一部分原因是遭受损失的人们由于对其经济利益的关注而对审计人员提出过高要求，一旦受损就希望得到补偿，而不问错在何方。这就是通常所说的“深口袋”责任概念。上述因素，使即便不是审计过程中发生的失误行为，亦对审计构成了风险，因而我们认为，必须把经营风险列入审计风险的范畴。这既是审计风险模型要加入固有风险要素的主要理由之一，也是审计职业界面临诉讼“爆炸”的重要原因。

综上所述，对审计风险的解释有三个层次。我们认为，完整的审计风险概念应从广义上去理解，即不仅包括审计过程的缺陷导致审计结果与实际不符而产生损失或责任的风险，而且包括营业失败可能导致被审计单位无力偿债或倒闭所可能对审计人员或审计组织产生伤害的经营风险。我们认为，从广义上理解审计风险，能够更好地理解和使用审计风险模型。这是因为现代审计中，一般在审计风险、固有风险评价的过程中考虑了经营风险，将审计风险的含义界定为广义的审计风险更与审计风险模型相匹配，有利于审计风险模型在审计实务中的应用。

(二) 审计风险的特征

事物的特征是事物的基础或根本的象征、标志，是一种事物区别于其他事物的性质。只有把握住事物的特征，才能对其特殊性、内在规律性有较好的认识，才能对其有更深入的理解。因此，我们在探讨了审计风险的含义之后，进一步讨论审计风险的基本特征。审计风险既具备风险的一般特征，又具有自身的特点。具体地说，包括如下几个方面。

▶ 1. 审计风险存在的客观性

与人类生存面临的风险一样，审计风险是客观存在的，不以人类的意志为转移的。人类不能完全消除它，只能通过各种手段降低审计风险及其可能的损失。审计风险存在的客观性是由审计工作的判断性质决定的，只要有判断，就会有判断正确和错误的问题，就有风险。而且，现代审计的一个显著特征，就是采用抽样审计的方法，即根据总体中的一部分样本的特性来推断总体的特征，而样本的特性与总体的特性总会存有一定误差。这种误差虽然可以利用数理统计的方法加以控制，但一般难以消除。因此，不论是统计抽样还是判断抽样，根据样本审查结果来推断总体，就会产生一定程度的误差，即审计人员要承担一定程度的做出错误审计结论的风险。更何况，主观判断法作为现代审计中一种重要的方法，在审计过程中得到广泛的使用，难免会出现审计人员的判断与客观实际不一致的情况，因此，风险总是存在于审计活动过程中。只是这些风险有时并未产生灾难性后果，或对审计人员并未构成实质性的损失而已。

▶ 2. 审计风险的潜在性

审计风险的潜在性特征与风险的定义是一致的，即它只是一种可能性，潜在地存在于审计工作中。审计风险由潜在的可能转化为现实的损失需要有一定的条件。也就是说，如果审计人员在审计过程中判断失误而没有被追究责任，那么即使审计人员的行为偏离了审计准则的规定，出现了判断错误，也仅仅是潜在的风险。只有在公众要求审计人员对其工作失误和判断错误负责任，对造成的损失进行赔偿时，潜在的审计风险才转化为现实的损失。所以说，审计风险只是一种可能的风险，它对审计人员构成某种损失有一个显化的过程，这一过程的长短因审计风险的内容、审计的法律环境、经济环境以及被审计单位、社会公众对审计风险的认识程度而异。

▶ 3. 审计风险形成的全过程、多因素性

审计风险普遍地存在于审计过程的每一个环节。审计过程中任何一个环节的疏忽大意都可能导致或增加最终的审计风险，审计风险贯穿于审计全过程的始终。例如，审计人员选择被审计单位时存在聘约风险；制定审计计划时有计划不充分的风险；搜集证据有证据不够充分、适当的风险；审计过程中存在着审计方法使用不当的风险；编写审计报告时有审计意见不当的风险等。并且每一种风险都是多因素的集合，而不是单因素的作用。因此，对最终审计风险的控制，也就取决于对上述各种风险的控制。

▶ 4. 审计风险的可控性

审计风险虽然是由全过程多因素所致，但审计人员可以通过各种有效的手段来降低审计风险，把审计风险控制在一定的范围之内。审计人员要为其报告的正确性承担责任早已为人们所熟悉。随着科技的发展和高新技术企业的兴起以及受全球经济一体化的影响，作为社会经济细胞的企业，其经营不稳定性明显增强，经营风险加大了。然而，审计职业界并未被越来越多的审计风险捆住手脚，而是逐步由被动接受审计风险向主动控制审计风险的方向发展，审计模式也由制度基础审计发展到风险基础审计。由此可以看出，审计风险具有可控性。正确认识这一点有着重要意义，一方面说明没有必要因为风险的存在而不敢承接审计业务，只要把风险控制在可接受的水平之内，仍可对被审计单位进行审计；另一方面说明审计风险是可以通过努力使其降低的，从而有利于促进审计风险理论的深入研究。

(三) 审计风险是审计本质的核心

审计的本质是通过审计活动客观表现出来的，是人们的一种感性认识，是人们运用不同的社会科学和自然科学理论推理的结果。由于研究的视点、方法不一样，就会对审计本质产生不同的观点和看法。其中较有影响的有信息论、代理论、保险论。下面，我们分别简要地论述及评论这三种理论，以说明审计风险是审计本质的核心。

▶ 1. 信息论认为审计本质在于增进财务信息的价值

信息论认为股东之所以要求审计，是因为财务信息可用来决定企业的市场价值，投资者可以利用财务信息做处理性的决策。信息论的盛行与股份公司的兴起和发展是分不开的。股份公司的一个基本特征是经营权与所有权相分离，公司是全体股东共同所有，各股东根据所占股份多少分享盈利或分担亏损，公司的经营管理则由股东大会选举产生的公司董事会负责。公司董事会是公司的最高管理机构，它向股东代表大会承担受托管理公司的经济责任。在股份公司中，作为公司所有者的股东不直接参与公司经营管理的特点，要求公司管理部门有义务通过一定媒介向股东报告其履行经济责任的情况和业绩。这种媒体就是财务报表。由于公司管理部门与股东之间潜在的利害冲突，股东对公司管理部门提供的财务报表常常抱有怀疑，因此需要进行审查，以便证实其可靠性。受能力以及时间、空间等条件的限制，股东自身已无法胜任亲自的直接检查，于是就需要聘请具有专门技术的人员来检查，这种审计工作就自然而然地成了具有会计专长的审计人员提供专业服务的机会。

信息论视审计可提高财务信息的可信性，从而可增进财务信息的价值(指对投资人决策的正确程度)。这也是各国的法律和政治法规常常对财务信息进行独立审计作出规定的原因所在。但是，信息论对审计本质的看法，纯粹是一种逻辑的推理。它以企业的两权分离为前提，并假设投资者是利用财务信息作出适当的投资决策。如果这种假设不成立，那么对审计本质的认识也就是片面的。这项假设成立与否，可以从两个方面来看，一是研究现代企业赖以生存的资本市场实际如何运作；二是调查用户的信息需求实际又是什么。上述两项实证研究结论都表明，上述假设是不成立的，因此信息论对审计本质的解释是非理性的、有缺陷的。

▶ 2. 代理理论认为审计本质在于促进股东和企业管理人员的利益最大化

无论是公司法规定的企业组织，还是资本市场构成的个体，其采用的组织形式都是投资人的责任是有限的，并且不同权益所有人有着不同的权利。公司由一群可能未持有公司股票但却控制着公司财产和信息流的管理人员所管理。同时，股东责任有限的结果会使股东选择风险较高的项目，这些项目站在管理人员或债权人的立场上，他们可能不会选择。在这种环境下，投资者、债权人、管理人员之间必然存在着较多的利益冲突，资产所有人托付给管理者的资产是否安全，取决于管理人员的诚实和正直。股东作为投资者除了通过管理部门的报告外并无其他途径来考察管理部门的工作业绩之间的内在联系程度，也无法考察管理部门做了哪些工作导致这一盈亏情况。为此，股东们就考虑，如果将管理部门的报酬与其工作业绩相挂钩，那么就会激励管理部门将工作做好的积极性，但与此同时也可能会产生管理部门虚报业绩的情况。但如果管理部门的报酬是固定的，那么，管理部门虽然没有必要去歪曲报告，但工作积极性势必下降，这对股东的利益也不利。由此认为，如果用有刺激的报酬合同再加上对财务报表的独立审计，就会使股东利益达到最大化，这就产生了委托外部审计人员作为股东代理人对管理部门的财务报表进行审查的需求，这是审计代理理论的初解。而代理理论的进一步发展则表明，由于管理部门的报酬与其绩效相挂钩，投资人可通过减少报酬的方式，允许管理人员有偏离投资人利益的范围和自由。因此，为避免这种情况发生，精明的管理人员就会主动聘请审计人员对其财务报表的真实性进行鉴定，以向股东说明其作出的努力及其有效性。因此，可以看出，在代理理论中，对审计需求已不是财产所有者的单方需求，而已成为财产所有者和财产经营者的共同需求。代理理论对审计本质的这种解释是建立在管理人员的报酬与财务信息之间存在某种函数关系基础上。实证研究的结果亦检验了这种假设。因而，利用代理理论来解释审计的本质，较好地解释了许多法律法规未规定要审计的公司自愿接受审计的这一问题。

利用代理理论解释审计本质亦有致命的缺点。在一个完全自由的市场条件下，审计是根据市场的需求而非法律的规定提供鉴证的服务，在公司法中规定所有的公司都要接受审计就没有必要。但是完全自由的市场是无法建立的，市场或多或少都要受到政府的管制，而且审计在维护和建立市场秩序方面所起的作用亦达到了共识。因而各国公司法中大都规定公司必须接受审计，我国证券法和公司法也有类似规定。这并非管理人员愿意不愿意，而是强制性的问题。况且我国对1994—2006年间接受审计的137家涉嫌财务报表舞弊的上市公司的调查表明了一个总趋势：收入确认问题是我国财务报表舞弊的最大“重灾区”，而利用关联方交易和资产重组进行舞弊是我国的一大特色；审计人员发现在财务报表公开让公众使用之前，公司经常犯高报资产和收益的错误。因而，在市场竞争日趋激烈，企业陷入不稳定状态，风险和获利机会并存的情况下，管理人员自愿聘请外部审计的假设是否仍然成立就令人质疑了，因而代理理论对审计本质的理解也是有局限的。

▶ 3. 保险论认为审计本质在于分担风险

20世纪80年代以来，由于审计职业界所面临的经营风险日益严峻，人们对审计有一个普遍的倾向，就是认为审计是降低风险的活动，甚至认为审计是分担风险的一项服务。其据以立论的假设是，与股份公司利益相关的各集团和股东，为防止经理们舞弊而引起灾难性的损失，都愿意从自己将要得到的收入中支出一部分费用来聘请外部审计人员，这部分审计费用就称之为保险费用，同时把审计的效果视为保险价值，如果审计人员因失职而未觉察出财务报表不可靠，他们有责任赔偿因失职而造成的损失，从而实现分担风险的目的。在这一理论下，审计的本质被看作是一种保险行为，可减轻投资者和其他关联人的风险压力。

规定审计人员对财务报表可靠性所负责任的程度，不仅是审计职业的事，而且是整个社会的事。显而易见，对那些行为不当乃至行为不忠的审计人员来说，风险的存在无疑是一种重要的威慑力量。当然，审计人员不是财务报表准确性和企业财务状况健康性的保险人或担保人，要求审计人员对财务报表中的每一个错报事项负法律责任，也是不合情理的。如果要求达到这一水平，社会所支付的审计成本将超过其收益。更为重要的是，即使增加审计成本，也不一定能发现那些经过周密策划的欺诈行为，同样也不可能消除判断失误。但是，如果审计人员对欺诈和错误行为不承担足够的责任，人们将不会浪费时间和金钱从审计人员那里得到什么帮助。结论很简单，审计人员必须承受足够的风险，其取得的报酬、威信是风险承担的等价物。

我们倾向于用保险论来解释审计的本质。因为在保险论中，审计是分担社会风险的过程，审计的目的就是把风险降低到社会可接受的水平之下，审计过程就是收集证据以把风险降低到合理程度的过程。

审计的本质出现上述转变并非偶然，而是有着深刻的内在原因和广泛的社会基础，这种转变表明审计不断向更高层次发展。审计是社会经济权责结构发展的结果，是人的有意识的社会性行为，它必然要承担起一定的责任，并面临风险，以维护经济秩序的稳定和审计工作的有效，审计工作的社会化程度越高，其面临的风险越大，也就越能确定其在社会经济结构中的地位。

二、审计风险要素及其在审计实务中的评估

前面阐述了审计风险是审计本质的核心，在审计理论体系中处于核心地位这一问题，属于对审计风险的宏观理解和把握。下面将要讨论的是审计风险的构成要素及其评估，以便对审计风险有更细致的了解。同时，这一部分内容对提高我国的审计实务水平也具有重要的指导意义。

（一）审计风险构成要素

国际审计准则、美国的审计准则及我国的《中国注册会计师审计准则》，对审计风险的构成要素进行重新归类，即由重大错报风险和检查风险构成。为了进一步了解审计风险，必须清楚构成审计风险要素的含义及特点。

▶ 1. 重大错报风险含义

固有风险是指假定不存在相关内部控制时，某一账户或交易类别单独或连同其他账户、交易关别产生重大错报或漏报的可能性。即撇开被审单位内部控制制度的情况下，财务报表中存有重大差错和舞弊的潜在风险。固有风险是独立存在于审计过程中客观的风险。从理论上而言，某一审计期间，被审单位的固有风险处在确定的水平。但是一方面，固有风险受多种因素影响，审计人员难以全面考虑到；另一方面，即使知道有哪些因素影响固有风险，审计人员也不可能准确地知道固有风险的确定性水平是多少，而只能对其评估。这是因为影响因素与固有风险的关系很难用定量的形式来表述，绝大部分都是用定性的形式来表现。

固有风险有以下几个特点。

(1) 固有风险水平取决于财务报表对于业务处理中的差错和舞弊的敏感程度。不同的业务，固有风险水平也不相同。业务处理中的差错和舞弊越会引起报表失实，固有风险越

大；反之，差错和舞弊对财务报表失实影响越小，则固有风险越低。经济业务发生问题的可能性越大，固有风险水平就越高，经济业务发生问题的可能性越小，固有风险水平就越低。

(2) 固有风险独立于财务报表的审计而存在，审计人员无法改变固有风险的实际水平。它的产生取决于被审单位自身的生产经营特点、业务性质、工作人员的素质和品德等，与审计人员的工作无关。审计人员无法通过自己的工作来降低固有风险，而只能通过必要的审计程序来分析和判断固有风险的估计水平。所以，如果审计人员认为评估某项认定的固有风险所作出的努力，将超过使用较低的固有风险而导致审计程序减少所带来的好处，那么就应直接评估固有风险处于最高水平(即 100%)。

(3) 固有风险水平受被审单位内外部经营环境的变化而变化。我国审计准则要求审计人员对固有风险做出单独的评估，这是风险基础审计的一个重要思想。它要求审计人员尽最大努力去判断被审单位财务报表将发生哪些潜在的错报或漏报，错报或漏报的可能性有多大，以指出被审单位审计风险较高的区域。这样有利于审计人员在审计过程中合理分配审计力量，从而能够做到重点突出、节约审计成本、提高审计效率、控制审计风险的目的。

(4) 影响固有风险的因素主要有以下几点。

① 管理人员的品行和能力。

② 管理人员特别是财会人员的变动情况。

③ 管理人员遭受的异常压力。

④ 业务性质。

⑤ 影响被审计单位所在行业的环境因素。

⑥ 容易产生错报的会计报表项目。

⑦ 需要利用专家工作结果予以佐证的重要交易和事项的复杂程度。

⑧ 确定账户金额时，需要运用估计和判断的程度。

⑨ 容易受损失或被挪用的资产。

⑩ 会计期间内，尤其是临近会计期末发生的异常及复杂交易；及在正常的会计处理程序中容易被漏记的交易和事项。

固有风险是经济业务处理过程中本身内在的风险，是独立于会计报表审计而存在的。因此，固有风险与审计人员无关，与被审计单位所处环境有关，审计人员只能对其评价而无法降低。

2. 控制风险

控制风险是指某一户或交易类别单独或连同其他账户、交易类别产生错报或漏报，而未能被内部控制防止、发现或纠正的可能性。所以，有效的内部控制将降低控制风险，而无效的内部控制将增加控制风险。由于内部控制制度不能完全保证可防止或发现所有的重大错报或漏报，因此，控制风险绝对不可能为零。同固有风险一样，控制风险与审计人员的工作无关，审计人员无法改变或降低控制风险的实际水平。审计人员的责任是评估控制风险水平，并通过对控制风险水平的评估来决定实质性测试程序的性质、时间和范围。

控制风险的大小受两方面因素的制约：一方面是内部控制的设计风险。如果内部控制设计不合理、不健全，那么即使其执行状况良好，也不能保证控制效果良好；另一方面是内部控制运行的风险。只有内部控制设计科学合理，而且得到了有效、一贯地执行时，才能将控制风险评估在较低水平。

▶ 3. 检查风险

检查风险，是指某一账户或交易类别单独或连同其他账户、交易类别产生重大错报或漏报，而未能被实质性测试发现的可能性。检查风险具有以下几个特点。

(1) 检查风险独立存在于审计过程中。

(2) 检查风险与会审计人员工作的有效性直接相关。检查风险是唯一能够通过审计人员的工作而加以控制的风险，这一点与固有风险和控制风险不同。

(3) 检查风险直接影响最终的审计风险。固有风险和控制风险对最终审计风险的影响是间接的，因为固有风险和控制风险所产生的后果最终可以通过审计人员的工作加以克服。然而，未能被实质性测试发现的错报和漏报，最终将存在子会计报表之中。正是由于检查风险是审计人员唯一可以控制的风险，而且和审计证据有直接关系(审计证据越多，检查风险水平就越低)，因而在审计过程中控制检查风险对于审计人员来说是非常关键的。

审计风险各要素特征可概括如下。

(1) 审计风险各要素相互独立。审计风险的各要素共同作用于审计风险，但各要素之间相互独立。因此，审计风险可以用审计风险各要素的乘积来表示。

(2) 审计风险各要素都不会等于零。审计风险的各要素都是客观存在的，如果任何一个要素等于零，那么审计风险也就不再存在。

(3) 审计风险各要素在时间上的排列是有序的。审计风险形成的逻辑过程为：经济活动可能出现重大的错报或漏报；它们可能没有被内部控制防止、发现和纠正；它们可能没有被审计人员检查到；它们最终进入可能导致审计人员发表不恰当的审计意见。因此，对于一个审计项目，审计人员往往先考虑固有风险，再考虑控制风险，然后根据固有风险和控制风险来考虑检查风险。

(4) 审计风险各要素所产生的后果不同。固有风险和控制风险与被审计单位有关，与审计人员无关。检查风险与审计人员有关而与被审计单位无关。审计人员根据固有风险和控制风险的水平来确定和控制检查风险。因此，固有风险和控制风险所造成的后果可以通过审计程序来弥补，而检查风险所造成的影响无法通过其他途径来予以补偿。

(5) 固有风险和控制风险与检查风险呈反方向关系。固有风险及控制风险的评估对检查风险有直接影响，固有风险和控制风险的水平越高，审计人员在审计测试时可接受的检查风险越小。

三、审计风险模型及其作用

(一) 审计风险模型

▶ 1. 三要素模型

固有风险、控制风险、检查风险以及审计风险之间的关系用下面的模型表示：

审计风险(AR)＝固有风险(IR)×控制风险(CR)×检查风险(DR)

上述模型也就是通常所指的审计风险模型，它是由美国注册会计师协会于 1983 年在其发布的第 47 号审计标准说明(SAS47)中提出来的，是风险基础审计的核心内容。

1) 审计风险模型中审计风险各要素之间的关系

由审计风险模型可以看出，在审计风险水平一定的情况下，某项认定的固有风险、控制风险的估计水平与审计人员对该认定所能接受的检查风险是反向关系。因此，固有风险和控制风险估计水平越低，检查风险可接受水平就越高。值得注意的是，固有风险和控制风险与被审计单位的环境、被审计单位职员的道德水平和业务能力有关，审计人员无法控制。但是，审计人员可以通过改变固有风险和控制风险的估计水平来间接改变可接受检查风险水平。风险要素的水平既可以用定量的形式（百分比）表示，也可以用定性的形式（高、中、低）表示。不管采用何种形式，审计人员必须明白审计风险模型所反映的意义及各风险要素之间的关系，以便在审计过程中有效地控制审计风险。

2）审计风险和审计证据之间的关系

审计风险的控制最终是通过收集充分、适当的审计证据实现的。因此，理解审计风险和审计证据之间的关系对控制审计风险具有直接的指导作用。审计风险和应收集的审计证据数量呈反向关系。审计人员若想以 95％的把握（相应 5％的审计风险）保证审计结论是合理的，比以 90％的把握保证审计结论是合理的所应收集的证据相应要多。

在审计风险一定的情况下，固有风险、控制风险和审计证据是同向关系。即这两个要素风险低，则所需要的审计证据就比较少，因为在这种情况下，检查风险比较高。必须注意的是，审计人员不应该把固有风险和控制风险水平评估的太低，以至于在一定的审计风险水平下，对某一账户的认定不需要执行任何实质性测试。尽管不必对某个账户的所有认定都执行实质性测试，但是对所有重要账户及重要的认定必须执行实质性测试。

检查风险水平和应收集的审计证据呈反向关系。即可接受的检查风险越低，所需要收集的审计证据就越多。检查风险和审计证据的这种关系是直接的，而审计风险、固有风险和控制风险与审计证据的关系是间接的，需要通过检查风险这一中间媒介体现出来，即固有风险、控制风险、审计风险和审计证据之间的关系是通过检查风险体现出来的。

▶ 2. 两要素模型

2003 年，国际审计准则提出了全新的审计风险模型：

$$审计风险=重大错报风险\times 检查风险$$

将固有风险和控制风险合并为综合风险，用重大错报风险进行表示，认为审计风险取决于重大错报风险和检查风险，注册会计师应当实施风险评估程序，评估重大报风险，并根据评估结果进一步设计和实施审计程序，以控制检查风险，将审计风险低到可接受的水平，因此新审计风险模型可以说是一种基于重大错报风险的审计风险型。基于重大错报风险的审计风险模型的提出使对审计风险模型的研究翻开了新的一页。

（二）审计风险模型的作用

▶ 1. 审计计划阶段

在审计计划阶段，审计人员可以根据审计风险模型确定检查风险的可接受水平，从而初步确定应收集的审计证据数量。

例如，审计人员将可接受的审计风险评估为 5％，固有风险及控制风险的估计水平分别为 70％和 60％，则此时可接受的检查风险水平计算如下。

$$检查风险=\frac{审计风险}{控制风险\times 固有风险}=11.9\%$$

审计人员只要根据 11.9％的检查风险水平收集相应的审计证据，并最终将检查风险水平控制在 11.9％以内，就实现了将审计风险控制在 5％以内的目标。

▶ 2. 审计终结阶段

在审计终结阶段，审计人员可以利用审计风险模型判断审计风险是否控制在可接受水平之内。如果审计风险小于可接受的水平，则在此审计风险水平下实现了审计目标；如果审计风险大于可接受的水平，则不能实现审计目标，此审计风险水平不可接受。审计人员可以通过以下两种方法来降低审计风险，使之处于可接受的风险水平之内：扩大控制测试范围，降低控制风险的估计水平；扩大实质性测试范围，降低检查风险水平。

▶ 3. 审计实施的过程中

审计风险模型的第三个作用，也是更普通的一方面，就是在实施审计的过程中，对审计证据进行计划、决策时必须时时注意各风险要素之间的关系以及风险要素和审计证据之间的关系。

三、审计风险的评估

传统的审计对审计风险缺乏必要的研究，在实务中也没有系统地应用风险概念，以致审计结束后，有关的审计判断和证据无法联系在一起，审计人员也不清楚审计结论的正确性如何。传统审计的经验从反面说明了审计风险模型的重要性。审计风险模型要能应用，需要解决的一个重要问题是风险如何来衡量。审计风险评估是在明确审计风险含义的基础上，对审计风险进行定量分析和描述，是对审计风险认识的深化，也为审计风险模型在实务中的应用奠定了基础。

若将审计风险模型应用于审计实务中，必须解决期望审计风险的确定及影响审计风险的三要素的评估问题。在对期望审计风险和固有风险进行评估时，其概率确定完全是主观的，也就是审计人员在对影响期望审计风险和固有风险的各种因素进行全面分析的基础上，确定一个非常主观的概率。控制风险概率的确定是建立在对内部控制调查了解的基础上，通过控制测试来确定的。检查风险的确定，是在期望审计风险水平、固有风险水平和控制风险水平都确定的情况下推算出来，并在审计实施过程中予以实现的。下面就期望审计风险水平的确定及审计风险构成要素的评估问题进行探讨。

（一）期望审计风险及其评估

▶ 1. 什么是期望审计风险

审计风险是客观存在的，完全消除审计风险是不可能的，也是不现实的，因而审计人员总要承担一定的风险。期望审计风险是指审计项目完成后，审计人员准备承担的风险，或称可接受的审计风险、终极审计风险。它们是审计风险在不同情况下的表现形式，在一个具体的审计过程中，这些不同的表现形式最终会得到统一。期望审计风险是审计人员在审计计划阶段预先确定的可容忍风险水平，审计人员以它为目标，据以制定具体的审计策略，尽力地把审计风险控制在期望水平以下。所以在实务中，审计风险模型是指期望审计风险模型。

▶ 2. 期望审计风险水平的评估

期望审计风险水平是审计风险模型中需要解决的首要问题，也是审计风险控制的目标。在审计计划阶段，审计人员必须根据所了解的被审计单位的有关情况，预先确定可容忍的审计风险水平，即期望审计风险水平，以此作为风险管理的目标，帮助审计人员制定具体的审计策略。

审计人员在评估期望审计风险时必须保持高度的职业谨慎，确保期望审计风险的评估合理，从而保证审计质量，降低审计风险。期望审计风险的评估结果既可以是量化形式，也可以是定性形式。目前，审计职业界仍未能对期望审计风险的确定提供专门的理论框架或者具体的依据和指南。一般地说，对期望审计风险的评估结果应介于0～100%之间。目前，许多审计机构的审计手册一般都把期望审计风险定为5%，其原因主要有以下两点。

(1) 经过统计测试得知，对于一个常规项目来说，总体中有95%的项目落在了标准差为1.96的范围之内，也就是说只有5%的可能出现偏差(落在区间之外)。

(2) 不可否认，这也是审计人员经过多年实践，凭经验判断的结果。

尽管5%的风险水平为审计职业界所接受，但我们认为，在特定情况下，为保护财务报表的使用者和审计人员，审计人员应当设法降低期望审计风险。我们通过研究大量的资料，认为有几种情况会影响经营风险，从而影响可接受的审计风险，其中以下两个方面尤其值得注意。

1) 外部使用者对财务报表的信赖程度

在外部使用者较大程度地依赖财务报表的情况下，审计人员若没有发现财务报表中的重大错误，就会给社会造成很大的影响。依赖财务报表的外部使用者越多，审计人员就越应谨慎确定审计风险水平。外部使用者对财务报表的依赖程度，可以从以下几个方面来判断。

(1) 被审计单位的规模。一般地说，被审计单位的经营规模越大，其财务报表的用途越广。被审计单位规模的大小可以根据其资产总额或收入总额的计算进行判断。

(2) 所有权分布。公开上市公司的报表，其使用者通常要多于非上市公司财务报表的使用者，并且由于上市公司所有权高度分散，信息使用者远离被审单位，因而上市公司财务报表是这些信息使用者唯一可以获得的重要信息。一旦失误，受到追诉的可能性就比较大。

(3) 负债的性质和数额。财务报表所列负债的数额较大时，使用财务报表的现有或潜在债权人就可能比债务少时要多。

2) 审计报告日后被审计单位陷入财务困境的可能性

审计完成后，若被审计单位被迫宣告破产或遭受更大损失，则审计人员或会计师事务所被起诉的可能性就随之增大。那些因被审计单位破产或股票价格下跌而遭受经济损失的人，会有一种指控审计人员的自然倾向。他们或许是确实认为审计人员的审计工作不当，或者是不管审计是否恰当，都想通过指控来补偿部分损失。因此，在审计人员认为被审计单位陷入财务困境的可能性较大时，就应降低期望审计风险的水平，以避免遭受法律诉讼的可能性。而且，即使遭到诉讼，审计人员也能够成功地为审计结果辩护。

(二) 重大错报风险的评估

注册会计师应当关注下列事项和情况可能表明被审计单位存在重大错报风险。

(1) 在经济不稳定的国家或地区开展业务。

(2) 在高度波动的市场开展业务。

(3) 在严厉、复杂的监管环境中开展业务。

(4) 持续经营和资产流动性出现问题，包括重要客户流失。

(5) 融资能力受到限制。

(6) 行业环境发生变化。

(7) 供应链发生变化。

(8) 开发新产品或提供新服务，或进入新的业务领域。

(9) 开辟新的经营场所。

(10) 发生重大收购、重组或其他非经常性事项。

(11) 拟出售分支机构或业务分部。

(12) 复杂的联营或合资。

(13) 运用表外融资、特殊目的实体以及其他复杂的融资协议。

(14) 重大的关联方交易。

(15) 缺乏具备胜任能力的会计人员。

(16) 关键人员变动。

(17) 内部控制薄弱。

(18) 信息技术战略与经营战略不协调。

(19) 信息技术环境发生变化。

(20) 安装新的与财务报告有关的重大信息技术系统。

(21) 经营活动或财务报告受到监管机构的调查。

(22) 以往存在重大错报或本期期末出现重大会计调整。

(23) 发生重大的非常规交易。

(24) 按照管理层特定意图记录的交易。

(25) 应用新颁布的会计准则或相关会计制度。

(26) 会计计量过程复杂。

(27) 事项或交易在计量时存在重大不确定性。

(28) 存在未决诉讼和或有负债。

(三) 检查风险的计量

重大错报风险独立于审计工作，审计人员无法改变其实际水平，只有通过审计程序改变其估计水平。而检查风险的实际水平随着审计人员对某项认定所执行的实质性测试的性质、时间和范围的改变而改变。

这里假定可接受审计风险水平为5%，根据重大错报风险的估计水平计算出检查风险的水平。

检查水平的高低决定了应收集证据的数量。检查风险水平较低时，审计人员就不愿意承担较大的证据不能发现错误的风险，这种情况下必须收集相当多的证据。一般认为，检查风险是审计风险的β风险(误受险)，它可转换为可靠性因子，利用审计风险模型计算出的检查风险可以用来确定实质性测试的规模。这样检查风险就把审计计划和审计实施过程联系在一起，使审计成为一个有机的整体。

银广夏案例

一、基本情况

广夏(银川)实业股份有限公司1993年11月26日经中国证监会批准向社会公开发行人民币普通股股票3000万股，1994年6月17日在深圳证券交易所上市交易。股票简称

“银广夏 A”，股票代码 000557。

根据中国证监会对其做出的处罚决定，其违规事实如下。

经查，银广夏自 1994 年至 2001 年期间累计虚构销售收入 104 962.60 万元，少计费用 4845.34 万元，导致虚增利润 77 156.70 万元。其中：1994 年虚增利润 1776.10 万元，由于银广夏主要控股子公司天津广夏 1994 年及以前年度的财务资料丢失，银广夏 1994 年度利润的真实性无法确定；1999 年虚增利润 17 781.86 万元，实际亏损 5003.20 万元；2000 年虚增利润 56 704.74 万元，实际亏损 14 940.10 万元；2001 年 1～6 月虚增利润 894 万元，实际亏损 2557.10 万元。

1. 银广夏 1994 年度财务报告披露虚假利润 1776.10 万元

(1) 银广夏控股子公司武汉世贸在 1999 年 3 月 3 日与购买方武汉商业发展股份有限公司(集团)签订解除 1994 年所售世贸大厦 23～25 层房产协议后，没有根据企业会计准则调减 2014 年销售收入，导致虚增销售收入 5664 万元，虚增利润 2690.40 万元。按银广夏与武汉世贸权益比例计算，银广夏虚增利润 1372.10 万元。

(2) 银广夏将 1995 年、1997 年配股资金 3000 万元投入广夏银川天然物产有限公司，以收取配股资金利息并冲减财务费用等手段，导致虚增利润 404 万元。

2. 银广夏 1999 年度财务报告披露虚假利润 17 781.86 万元

(1) 天津广夏 1999 年度采取伪造销售、采购合同和发票，伪造银行票据、海关出口报关单，伪造所得税免税文件等手段，导致银广夏虚增利润 15 981.88 万元。

(2) 芜湖广夏 1999 年度少转玻璃制品销售成本 268.23 万元，少计利息 33.44 万元，多提固定资产折旧 130 万元，多计书报费 56.04 万元，多计营销费 31.98 万元，上述合计净虚增利润 83.65 万元，致使银广夏虚增利润 35.98 万元。

(3) 银广夏用配股资金投入广夏银川天然物产有限公司和贺兰山葡萄酒公司，分别以收取配股资金利息并以此冲减财务费用等手段虚增利润 1764 万元。

3. 银广夏 2000 年度财务报告披露虚假利润 56 704.74 万元

(1) 天津广夏 2000 年度采取伪造销售、采购合同和发票，伪造银行票据、海关出口报关单等手段，致使银广夏虚增利润 52 287.38 万元。

(2) 芜湖广夏 2000 年度采用少计销售成本、少计管理费用、少计经营费用等手段，致使银广夏虚增利润 277.36 万元。

(3) 银广夏下属海韵文化公司在不具有电视片《中国博物馆》产权的情况下，虚构该片广告收入 3000 万元，致使银广夏虚增利润 2670 万元。

(4) 银广夏将 1999 年配股资金 10 455 万元以增资扩股方式投入贺兰山葡萄酒公司，以收取配股资金利息冲减财务费用等手段虚增利润 1470 万元。

4. 银广夏 2001 年 1～6 月份财务报告披露虚假利润 894 万元。

银广夏将 1999 年配股资金 10 455 万元以增资扩股方式投入贺兰山葡萄酒公司，收取配股资金利息 894 万元并以此冲减财务费用，银广夏虚增利润 894 万元。

银广夏上述行为，违反了 1993 年修订的《会计法》第十条及 1999 年修订的《会计法》等十三条的规定，构成《证券法》第一百七十七条、《股票条例》第七十四条所规定的虚假陈述行为。

5. 隐瞒重大事项，披露虚假信息

(1) 隐瞒下属公司的设立、关停情况。1997年3月17日，银广夏董事局作出对深圳广夏软盘配件有限公司、深圳广夏微型软盘有限公司，深圳广夏录像器材有限公司报停和注销的决定，但公司未按有关规定进行披露，并在1999年至2001年中报中继续虚假披露。

1997年3月18日，银广夏在未履行资产收购相关程序情况下，非法收购大股东深圳广夏文化实业有限公司资产——已关停的深圳广夏软盘配件公司。对此重大事项公司未按有关规定进行披露。

(2) 银广夏1999年、2000年年报均披露1999年配股资金30 388.96万元已全部投入承诺的配股资金项目。经查，配股承诺投资项目的投入为17 816.88万元，其余配股资金被银广夏董事局及其控股子公司占用及借款，其中支付董事局经费1200万元。

(3) 银广夏在2000年年报中披露，以价值4351万元的超临界萃取设备为投资，对芜湖广夏华东玻璃制品股份公司进行增资扩股，并在此基础上设立了芜湖广夏生物技术股份公司，公司注册资本7535万元，其中：银广夏出资3337.59万元，持股44.29%；天津广夏出资2637.25万元，持股35%。经查，芜湖广夏华东玻璃制品股份公司是在2001年3月6日才更名为芜湖广夏生物技术股份公司，注册资本仍为3184万元，股东构成及其持股比例也未发生变化，银广夏持股比例为30%，天津广夏并未出资。

银广夏上述隐瞒重大事实，虚假披露信息行为，构成《证券法》第一百七十七条、《股票条例》第七十四条所规定的虚假陈述行为。

二、处罚结果

对银广夏处以罚款60万元，并责令其改正；鉴于银广夏的部分责任人员已移送司法机关追究其刑事责任，待司法机关查清此案后，再对银广夏的有关责任人员予以行政处罚。

三、案例启示

1. 事务所上规模、上水平，谨慎选择合作伙伴至关重要。2000年底，原深圳中天会计师事务所和天勤会计师事务所合并成立了中天勤会计师事务所。合并后事务所的从业人员达到300多人，注册会计师接近100人，具有证券期货相关业务资格的注册会计师40多人，年业务收入达4000多万元，其规模跃居国内事务所前列。中天勤会计师事务所共有60多家上市公司业务，银广夏即是其中的一家。银广夏是原深圳中天会计师事务所承接的业务，合并以后转为中天勤会计师事务所的业务，由合并后的中天勤所统一对外承担责任。银广夏案件发生后，整个中天勤事务所被撤销。由此可见，事务所上规模是件好事，但在选择合作伙伴时，事务所应当格外慎重，更多关注合作伙伴的执业质量和风险因素，而不仅仅是人员数量和业务收入等硬指标。一些事务所在寻找合作伙伴时过于轻率，在合并后疏于管理，甚至明合实分，各自为政，从而埋下了风险的隐患。

上规模的本意在于促使国内的事务所通过上规模、上水平发展壮大，形成我们国内的“五大”、“六大”，以增加国内会计师事务所的竞争力。但是，仅仅在人员数量、业务收入等方面上规模没有什么太大的意义，重要的是事务所的品牌、质量和服务，执业水平要跟上去，否则还没有来得及与“四大”抗衡，就因为自己出了问题而倒下了，被摘了牌，出了局，抗衡岂不是成了一句空话？因此，上规模更要上水平，做大更要做强。

2. 真正理解并切实遵循注册会计师执业准则

2001年8月18日至9月3日，中注协对中天勤事务所审计银广夏1999年度和2000年度会计报表进行了专项调查。调查表明，签字注册会计师严重违反《注册会计师法》、《中国注册会计师独立审计准则》和《中国注册会计师职业道德基本准则》的规定，存在重大过失，未发现银广夏会计报表中的重大虚假问题，出具了不实的审计报告。签字注册会计师根本没有履行必要的审计程序，未按照独立审计准则执业，而非履行了必要的审计程序却没有发现银广夏管理层舞弊行为。

在实施函证时，注册会计师应当对被函证者的选择、询证函的编制和寄发以及回函保持控制，这是作为注册会计师应当熟知的常识。而中天勤事务所的签字注册会计师在对天津广夏应收账款进行函证时，将所有询证函交由公司发出，未要求公司的债务人将回函直接寄达会计师事务所，而是由公司交给签字注册会计师。如果签字注册会计师按照执业准则去实施函证程序，银广夏管理层的舞弊行为是不难发现的。同时，注册会计师没有恰当地实施必要的分析性程序，对于公司业务收入的异常变动没有引起注册会计师的充分关注，没有将其作为重要的审计领域来设计和实施审计程序，找出支持这一异常变动的合理解释，反而简单地轻信公司管理当局的解释，被公司的表面现象所迷惑。而且，如果事务所严格履行了三级复核制度，也应当会发现一些问题或迹象。

在实务中，确实有一些事务所缺乏应有的质量控制机制，三级复核流于形式，搞部门承包，过于重视经济利益，而忽视了对质量的监督和控制，缺乏应有的职业谨慎态度，没有严格按照独立审计准则执行业务。一些事务所和注册会计师以审计收费低、成本高、时间紧和执业环境差等为借口，没有切实遵循独立审计准则的规定。在实际工作中，还有一种倾向认为，只要按照审计准则的条文去做，就是遵循了独立审计准则，就不会出现问题，其实这是一种认识上的偏差。注册会计师执业准则中多次提到注册会计师要以应有的职业谨慎态度执行审计业务、发表审计意见，在承接和执行审计业务时应当考虑自身的专业胜任能力，可以说这两条贯穿于独立审计准则的始终，是注册会计师审计的精髓。只有坚持了这两条，才是真正遵循了审计准则。注册会计师作为向社会提供专业服务的专业人员，首先应当具有一定的专业胜任能力，才能去承接业务和执行业务。如果业务的范围超出了注册会计师的专业胜任能力，注册会计师应当拒绝接受委托，或者利用专家的工作。同时，在执业过程中，还应当保持应有的执业谨慎和怀疑态度，对于发现的问题不能轻易放过，或者轻信公司管理当局的解释。这样才能避免不必要的审计风险，或者将审计风险降低到一个可接受的水平。

在目前企业内部控制普遍相对薄弱的大环境下，注册会计师过于依赖企业的内部控制，风险较大，尤其是在公司管理当局舞弊导致内部控制失效的情况下，注册会计师发现问题将更加困难。因此，注册会计师应当加强对企业基本情况和管理当局品德的了解和评价，注重审计风险的分析和控制，将有限的审计资源倾向于高风险的审计领域，既可降低审计风险，也可提高审计效率。而在新颁布实施的注册会计师执业准则中已经多处体现了这一风险审计理念。因此，只有真正理解执业准则的实质，才能做到切实遵循执业准则。

3. 保持独立性

独立性是注册会计师的灵魂，是保证注册会计师客观、公正地发表审计意见的重要前提和基础。注册会计师不但要在形式上与被审计单位保持独立，不存在任何经济利益冲突和其他利害关系，更重要的是要在实质上保持客观公正，不受其他单位、人员或因素的影响，独立地发表审计意见。独立性的丧失，将大大降低所提供审计服务的可信性，从而难以得到投资者的信任。在银广夏案件中，签字的注册会计师不但出具审计报告，而且同时担任上市公司的财务顾问，存在严重的独立性冲突。作为财务顾问，注册会计师要对上市公司重要会计政策的选择和重要会计估计得以确定以及会计账务的处理提供建议，出谋划策，而作为审计的注册会计师则需要对这些选择和处理的合法性和适当性发表意见，实际上是对自身所做工作进行评价，起码在形式上就丧失了独立性。

本章小结

审计计划，是指注册会计师为了完成审计业务，达到预期审计目的，在具体执行审计程序前编制的工作计划。

鉴证业务风险通常体现为重大错报风险和检查风险。重大错报风险是指鉴证对象信息在鉴证前存在重大错报的可能性。

思考与练习

一、思考题

1. 编制审计计划时需要考虑哪些因素？

2. 审计重要性是如何确认的？在审计计划、执行、报告阶段分别如何考虑重要性水平？

3. 审计风险由哪些要素构成，它们之间的关系如何？在审计的不同段对审计风险是如何考虑的？

二、计算与分析题

审计人员利用审计风险模型确定计划可接受的检查风险水平，进而确定所需要的证据数量水平。几种风险状况如表 2-3 所示。

表 2-3　几种风险状况

风　　险	A	B	C	D
期望审计风险	1%	5%	5%	10%
评估的重大错报风险	25%	20%	40%	20%
计划的检查风险水平				

要求：1. 运用审计风险模型确定各种情况下计划的检查风险水平。

2. 说明计划检查风险水平与审计证据数量水平的关系，并将这四种情况所需的审计证据数量从多到少的顺序予以排列。

3 第三章 Chapter 3 审计证据和审计工作底稿

学习重点

1. 审计证据的含义、特征、分类、获取的审计程序和方法。
2. 审计工作底稿的分类、编制和复核。
3. 审计档案的管理。

引导案例

审计证据不足引发的官司

2014 年 12 月 31 日，助理人员小张经注册会计师王玲的安排，前去广生公司验证存货的账面余额。在盘点前，小张在过道上听几个工人在议论，得知存货中可能存在不少无法出售的变质产品。对此，小张对存货进行实地盘点，并比较库存量和最近销量。盘点结果表明，存货数量合理，收发较为有序。由于该产品技术含量较高，小张无法辨别出存货中是否有变质产品，于是，他不得不询问该公司的存货部高级主管。高级主管的答复是，该产品绝无质量问题。

小张在盘点工作结束后，开始编制工作底稿。在备注中，小张将听说有变质产品的情况填入其中，并建议在下一阶段的审计程序中，应特别注意是否存在变质产品。王玲在复核工作底稿时，再一次向小张详细了解存货盘点情况，特别是有关变质产品的情况。对此，还特别对当时议论此事的工人进行询问。但这些工人却矢口否认此事。于是，王玲与存货部高级主管商讨后，得出结论，认为“存货价值公允且均可出售”。底稿复核后，王玲在备注栏后填写了“变质产品问题经核实尚无证据，但下次审计时应加以考虑。”由于广生公司总经理抱怨王玲前几次出具了保留意见的审计报告，使得他们贷款遇到了不少麻烦。审计结束后，注册会计师王玲对该年的财务报表出具了无保留意见的审计报告。

两个月后，广生公司资金周转不灵，主要是存货中存在大量变质产品无法出售，致使到期的银行贷款无法偿还。银行拟向会计师事务所索赔(因为会计师事务所承担连带责任)，认为注册会计师在审核存货时，具有重大过失。债权人在法庭上出示了王玲的工作底稿，认为注册会计师明知存货高估，但迫于总经理的压力，没有解释财务报表中存在的问题，因此，应该承担银行的贷款损失。

第一节 审计证据

审计证据是审计理论的重要组成部分，也是审计实务的核心工作。审计凭证据“说话”，收集和评价审计证据是注册会计师得出审计结论、支撑审计意见的基础。因此，注册会计师应当获取充分、适当的审计证据。

一、审计证据的概念、种类与特征

（一）审计证据的概念

审计证据，是指注册会计师为了得出审计结论、形成审计意见而使用的所有信息，包括财务报表依据的会计记录含有的信息和其他信息。

依据会计记录编制财务报表是被审计单位管理层的责任，注册会计师应当测试会计记录以获取审计证据。这些会计记录一般包括对初始分录的记录和支持性记录，如支票、电子资金转账记录、发票、合同、总账、明细账、记账凭证和未在记账凭证中反映的对财务报表的其他调整，以及支持成本分配、计算、调节和披露的手工计算表和电子数据表。这些会计记录是编制财务报表的基础，构成注册会计师执行财务报表审计业务所需获取的审计证据的重要部分。

可用作审计证据的其他信息包括注册会计师从被审计单位内部或外部获取的会计记录以外的信息，如被审计单位会议记录、内部控制手册、询证函的回函、分析师的报告、与竞争者的比较数据等；通过询问、观察和检查等审计程序获取的信息，如通过检查存货获取存货存在性的证据等；以及自身编制或获取的可以通过合理推断得出结论的信息，如注册会计师编制的各种计算表、分析表等。

财务报表依据的会计记录中包含的信息和其他信息共同构成了审计证据，两者缺一不可。如果没有前者，审计工作将无法进行；如果没有后者，可能无法识别重大错报风险。只有将两者结合在一起，才能将审计风险降至可接受的低水平，为注册会计师发表审计意见提供合理基础。

（二）审计证据的分类

对审计证据进行分类，有许多不同的分类标准。

▶ 1. 按外形特征不同分类

1）实物证据

实物证据是指注册会计师通过实际观察或实地清点等方法取得的、用以确定实物资产是否确实存在的证据。例如，盘点库存的现金、有价证券可以验证其实有数额，观察或盘点存货和固定资产可以验证其存在性。

对实物进行盘点后，通常要根据盘点记录编制盘点表，如库存现金盘点表、存货盘点表等，这些盘点表虽然以书面形式表现出来，但却属于实物证据。

实物证据通常是最可靠、证明力最强的证据，可以有效的证实资产的状态、数量、特征等，但不能证实被审计单位对其拥有所有权，一般也不能确定实物资产的质量好坏和价值情况。

想一想：

实务证据证明力强，最能证明资产是否真实存在，但当审查日和实际盘点日不在一个日期时，如何处理？

2）书面证据

书面证据是指注册会计师所获取的各种以书面文件为形式的证据。它包括与审计有关的会计证据，如原始凭证、会计记录(记账凭证、会计账簿、各种计算书和明细表)及其相关的非会计证据，如管理当局声明书、各种会议记录、合同、通知书、报告书、函件等。书面证据是审计证据中最大量、最基本的证据，是审计证据的主体，所以也称为基本证据。

书面证据的可靠性取决于以下两个因素。

(1) 证据本身是否易于涂改或伪造。对于容易被涂改或伪造的书面证据，其可靠性差，注册会计师在执行审计的过程中要特别注意。

(2) 书面证据的来源。通常来自于企业外部的书面证据比来自于企业内部的书面证据可靠程度高。

3）口头证据

口头证据是指被审计单位职员或其他有关人员对注册会计师的提问作口头答复所形成的证据。比如注册会计师询问实物资产、文件、会计记录等的存放地点，采用特殊会计政策和方法的理由，内部控制制度的设计和执行情况，收回逾期应收账款的可能性，某类业务的经办人及基本情况等问题所得到的口头答复，都是口头证据。

注册会计师应将各种重要的口头证据形成书面记录，并注明何人、何时、在何种情况下所作的口头陈述，必要时还应获得被询问人的签名确认，所以口头证据通常以书面记录形式表现，但是不能认为它是一种书面证据，因为口头证据实质上是被询问人所作的口头答复，只不过是以书面形式记录下来。

口头证据常常带有被询问者个人的观点、情感、倾向性等，没有实物形态，没有载体，又出自不同人之口，所以可靠性较差，证明力较弱，注册会计师在使用这类证据时要特别谨慎。但如果对同一事项，不同的人的口头证据能够相互印证或一致时，这类口头证据则具有较高的证明力。通常口头证据本身不足以证明事情的真相，但注册会计师往往可以通过口头证据挖掘出一些重要线索，从而有利于对某些需要审核的情况做进一步的调查，以搜集到更为可靠的证据。例如，注册会计师在判断坏账损失是否合理时，可以询问应收账款负责人对收回逾期应收账款的可能性的意见，看其是否与审计人员自行估计的数额基本一致。如果基本一致则说明说明坏账损失较为合理，如出入很大，则需进一步对应收账款进行详细分析。

4）环境证据

环境证据是指对被审计单位产生影响的各种环境事实。它主要包括被审计单位的如下情况：内部控制、会计机构和人员素质、其他组织机构及管理人员素质、经营情况及发展趋势、发展战略与经营方针、当地经济发展情况、所在行业经营及发展情况等。环境证据一般不属于基本证据，但它可以帮助注册会计师了解被审计单位及其经济活动所处的环境，把握其经营业务的总体情况，分析其相关经济业务的合理性，便于掌握审计线索和审计重点，是注册会计师进行判断必须掌握的资料。

知识拓展：

客户的经营情况不佳，可能影响到管理层的诚信，进而影响会计报表的可靠性。评估客户的经济情况，有赖于审计人员对客户的经营及其所处行业的了解。

经济情况包括内在及外在两个因素，内在因素包括财务结构与经营绩效，外在因素包括经济景气及竞争情况。

了解这些因素，有助于审计人员评估客户财务报告有无重大错报风险或舞弊的可能性，判断在审计过程可能接审计风险的程度。

2. 按来源不同分类

1）内部证据

内部证据是指由被审计单位内部编制并提供的审计证据，如各种会计记录、管理当局声明书等。内部证据由被审计单位自己制作、处理和保存，客观性较差，容易被审计单位歪曲，所以可靠性和证明力相对较低。

2）外部证据

外部证据是指来源于外部单位，未经过被审计单位就直接被审计人员获取的证据，如从被审计单位的客户处收到的应收账款询证函的回函，律师声明书等。这类证据的可靠性和证明力较强。

3）亲历证据

亲历证据是指由注册会计师亲自获得的证据，如通过亲自监盘或清点后所编制的盘点表、通过现场观察或调查所获得的环境证据、实质性测试时编制的各种明细表等。亲历证据可信程度高，证明力较强。

3. 按重要性不同分类

1）基本证据

基本证据是指对审计事项的某一审计目标有重要的、直接证明作用的审计证据。如证明账簿登记的正确性，其基本证据应是据以登记账簿的记账凭证；证明资产负债表各项数字的真实、正确性，其基本证据应是据以编表的各账户的余额。可见基本证据与所要证实的目标有极其密切的关系。

2）辅助证据

辅助证据也称佐证或旁证证据，指能支持基本证据证明力的证据。例如，证明账簿登记正确性的基本证据是记账凭证，而记账凭证所附的原始凭证是支持记账凭证证明力的必要补充。因此，在证实被审计事项时，要取得充分、可靠的证据，单靠基本证据是不够的，因为基本证据虽然重要，却未必可靠。如记账凭证在编制时常歪曲原始凭证所反映的经济业务，此时还应收集验证经济业务真实情况的更多的辅助证据。

4. 按照逻辑分类

1）正面证据

正面证据是直接证明审计客户某项陈述的证据。例如，采用询证方法，要求审计客户的债权人就审计客户报表在某一特定时点所列示的债权余额是否正确作出回函，这种回函就是正面证据。正面证据的可靠程度较高，因此，注册会计师应主要收集正面证据。

2）反面证据

反面证据是指经过合理查找后，未发现与审计客户的陈述相矛盾的证据。例如，当采用询证方法要求审计客户的债权人就审计客户报表在某一特定时点所列示的债权余额正确时予以回函，如果未收到回函，即意味着审计客户报表的该项认定是正确的，或者说是从反面证明了此项认定。需要注意的是，反面证据的可靠程度低于正面证据，因为可能存在着其他原因使注册会计师未发现与审计客户陈述相矛盾的证据，但是反面证据对实现具体审计目标中完整性目标有重要意义，且获取这类证据的成本有时会低于证明同一命题的正面证据。

▶ 5. 按照证明力不同分类

1）充分证明力

如果某一审计证据无须其他佐证证据就足以支持审计结论，那么可以说该证据具有充分证明力。有充分证明力的证据必须是客观、充足而有力的证据，如监盘获得的实物证据就对证明实物资产的数量具有充分证明力。

2）部分证明力

如果某一证据需要附有其他作证证据才足以支持审计结论，那么该证据具有部分证明力。大多数的审计证据都属于这种类型，例如询问获得的审计证据还需要经过验证或测试予以证实。

3）无证明力

某些证据尽管引导注册会计师获取更可靠的信息，但其本身没有证明力。例如，被审计单位管理当局作出的管理层声明，在没有得到证实前几乎不具有任何证明力。

▶ 6. 按照是否需要加工分类

1）自然证据

自然证据是指注册会计师在其审计过程中随时可以获得的，不需要加工就能证明被审计事项真相的证据。例如，证明现金日记账记录是否正确，注册会计师收集的据以登记现金日记账的记账凭证及所附的原始凭证就是自然证据。

2）加工证据

加工证据是指注册会计师在其审计过程中，将收集到的自然证据记录、整理所形成的系统的、完整的证明被审计事项真相的证据。例如，证明现金账实是否相符，注册会计师根据实点库存现金、已付款未入账的支出凭证、已收款未入账的收入凭证、现金日记账账面余额等归类编制而成的现金盘点表，就是加工证据。

（三）审计证据的特性

审计证据的特性是指审计证据的充分性和适当性。注册会计师应当保持职业怀疑态度，运用职业判断，评价审计证据的充分性和适当性。

▶ 1. 审计证据的充分性

审计证据的充分性是对审计证据数量的衡量，主要与注册会计师确定的样本量有关。例如，对某个审计项目实施某一选定的审计程序，从200个样本中获得的证据要比从100个样本中获得的证据更充分。

注册会计师需要获取的审计证据的数量受错报风险的影响。错报风险越大，需要的审计证据可能越多。具体来说，在可接受的审计风险水平一定的情况下，重大错报风险越大，注册会计师就应实施越多的测试工作，将检查风险降至可接受水平，以将审计风险控制在可接受的低水平范围内。

例如，注册会计师对某电脑公司进行审计，经过分析认为，受被审计单位行业性质的影响，存货陈旧的可能性相当高，存货计价的错报可能性就比较大。为此，注册会计师在审计中，就要选取更多的存货样本进行测试，以确定存货陈旧的程度，从而确认存货的价值是否被高估。

审计证据的充分性要求审计证据数量要足够使得注册会计师形成审计意见即可，并非越多越好，即充分性是对注册会计师形成审计意见所应当获取的审计证据的最低数量要求。

▶ 2. 审计证据的适当性

审计证据的适当性是对审计证据质量的衡量，即审计证据在支持各类交易、账户余额、列报(包括披露)的相关认定，或发现其中存在错报方面具有相关性和可靠性。也就是说，审计证据应当与审计目标相关联，并能如实地反映客观事实。相关性和可靠性是审计证据适当性的核心内容，只有相关且可靠的审计证据才是高质量的。

1）审计证据的相关性

审计证据的相关性是指审计证据必须与注册会计师的审计目标相关。注册会计师只有获取与审计目标相关联的审计证据，才能据以证明或否定被审计单位在会计报表中认定的相关事项。例如，注册会计师在审计过程中怀疑被审计单位发出存货却没有给顾客开票，需要确认销售是否完整。注册会计师应当从发货单中选取样本，追查与每张发货单相应的销售发票副本，以确定是否每张发货单均已开具发票。如果注册会计师从销售发票副本中选取样本，并追查至与每张发票相应的发货单，由此所获得的证据与完整性目标就不相关。

在确定审计证据的相关性时，注册会计师应当考虑以下几点。

(1) 特定的审计程序可能只为某些认定提供相关的审计证据，而与其他认定无关。例如，检查期后应收账款收回的记录和文件可以提供有关存在和计价的审计证据，但是不一定与期末截止是否适当相关。

(2) 针对同一项认定可以从不同来源获取审计证据或获取不同性质的审计证据。例如，注册会计师可以分析应收账款的账龄和应收账款的期后收款情况，以获取与坏账准备计价有关的审计证据。

(3) 只与特定认定相关的审计证据并不能替代与其他认定相关的审计证据。例如，有关存货实物存在的审计证据并不能够替代与存货计价相关的审计证据。

2）审计证据的可靠性

审计证据的可靠性是指证据的可信程度。审计证据的可靠性受其来源和性质的影响，并取决于获取审计证据的具体环境。注册会计师在判断审计证据的可靠性时，通常会考虑下列原则。

(1) 从外部独立来源获取的审计证据比从其他来源获取的审计证据更可靠。从外部独立来源获取的审计证据由完全独立于被审计单位以外的机构或人士编制并提供，未经被审计单位有关职员之手，从而减少了伪造、更改凭证或业务记录的可能性，因而其证明力最强。此类证据如银行询证函回函、应收账款询证函回函、保险公司等机构出具的证明等。相反，从其他来源获取的审计证据，由于证据提供者与被审计单位存在经济或行政关系等原因，其可靠性应受到质疑。此类证据如被审计单位内部的会计记录、会议记录等。

(2) 内部控制有效时内部生成的审计证据比内部控制薄弱时内部生成的审计证据更可靠。如果被审计单位有着健全的内部控制且在日常管理中得到一贯地执行，会计记录的可信赖程度将会增加。如果被审计单位的内部控制薄弱，甚至不存在任何内部控制，被审计单位内部凭证记录的可靠性就大大降低。例如，如果与销售业务相关的内部控制有效，注册会计师就能从销售发票和发货单中取得比内部控制不健全时更加可靠的审计证据。

(3) 直接获取的审计证据比间接获取或推论得出的审计证据更可靠。例如，注册会计师观察某项控制的运行得到的证据比询问被审计单位某项内部控制的运行得到的证据更可靠。间接获取的证据有被涂改及伪造的可能性，降低了可信赖程度。推论得出的审计证据，其主观性较强，人为因素较多，可信赖程度也受到影响。

(4) 以文件、记录形式(无论是纸质、电子或其他介质)存在的审计证据比口头形式的审计证据更可靠。例如，会议的同步书面记录比对讨论事项事后的口头表述更可靠。口头证据本身并不足以证明事实的真相，仅仅提供一些重要线索，为进一步调查确认所用。如注册会计师在对应收账款进行账龄分析后，可以向应收账款负责人询问逾期应收账款收回的可能性。如果该负责人的意见与注册会计师自行估计的坏账损失基本一致，则这一口头证据就可成为证实注册会计师对有关坏账损失的判断的重要证据。但在一般情况下，口头证据往往需要得到其他相应证据的支持。

(5) 从原件获取的审计证据比从传真件或复印件获取的审计证据更可靠。注册会计师可审查原件是否有被涂改或伪造的迹象，排除伪证，提高证据的可信赖程度。而传真件或复印件容易是变造或伪造的结果，可靠性较低。

注册会计师在按照上述原则评价审计证据的可靠性时，还应当注意可能出现的重要例外情况。例如，审计证据虽是从独立的外部来源获得，但如果该证据是由不知情者或不具备资格者提供，审计证据也可能是不可靠的。同样，如果注册会计师不具备评价证据的专业能力，那么即使是直接获取的证据，也可能不可靠。例如，如果注册会计师无法区分人造玉石与天然玉石，那么他对天然玉石存货的检查就不可能提供有关天然玉石是否实际存在的可靠证据。

▶ 3. 审计证据充分性与适当性的关系

充分性和适当性是审计证据的两个重要特征，两者缺一不可，只有充分且适当的审计证据才是有证明力的。

注册会计师需要获取的审计证据的数量也受审计证据质量的影响。审计证据质量越高，需要的审计证据数量可能越少。也就是说，审计证据的适当性会影响审计证据的充分性。例如，被审计单位内部控制健全时生成的审计证据更可靠，注册会计师只需获取适量的审计证据，就可以为发表审计意见提供合理的基础。

需要注意的是，尽管审计证据的充分性和适当性相关，但如果审计证据的质量存在缺陷，那么注册会计师仅靠获取更多的审计证据可能无法弥补其质量上的缺陷。例如，注册会计师应当获取与销售收入完整性相关的证据，实际获取到的却是有关销售收入真实性的证据，审计证据与完整性目标不相关，即使获取的证据再多，也证明不了收入的完整性。同样地，如果注册会计师获取的证据不可靠，那么证据数量再多也难以起到证明作用。

一般而言，当审计证据的相关与可靠程度较高时，所需审计证据的数量较少；反之，所需审计证据的数量较多。

4. 评价充分性和适当性时的特殊考虑

1）对文件记录可靠性的考虑

审计工作通常不涉及鉴定文件记录的真伪，注册会计师也不是鉴定文件记录真伪的专家，但应当考虑用作审计证据的信息的可靠性，并考虑与这些信息生成与维护相关的控制的有效性。

如果在审计过程中识别出的情况使其认为文件记录可能是伪造的，或文件记录中的某些条款已发生变动，注册会计师应当做出进一步调查，包括直接向第三方询证，或考虑利用专家的工作以评价文件记录的真伪。例如，如发现某银行询证函回函有伪造或篡改的迹象，注册会计师应当做进一步的调查，并考虑是否存在舞弊的可能性。必要时，应当通过适当方式聘请专家予以鉴定。

2）使用被审计单位生成信息时的考虑

如果在实施审计程序时使用被审计单位生成的信息，注册会计师应当就这些信息的准确性和完整性获取审计证据。例如，在审计收入项目时，注册会计师应当考虑价格信息的准确性以及销售量数据的完整性和准确性。在某些情况下，注册会计师可能需要确定实施额外的审计程序，如利用计算机辅助审计技术来重新计算这些信息，测试与信息生成有关的控制等。

3）证据相互矛盾时的考虑

如果针对某项认定从不同来源获取的审计证据或获取的不同性质的审计证据能够相互印证，与该项认定相关的审计证据则具有更强的说服力。例如，注册会计师通过检查委托加工协议发现被审计单位有委托加工材料，且委托加工材料占存货比重较大，经发函询证后证实委托加工材料确实存在。委托加工协议和询证函回函这两个不同来源的审计证据互相印证，证明委托加工材料真实存在。

如果从不同来源获取的审计证据或获取的不同性质的审计证据不一致，表明某项审计证据可能不可靠，注册会计师应当追加必要的审计程序。在上例中，如果注册会计师发函询证后证实委托加工材料已加工完成并返回被审计单位。委托加工协议和询证函回函这两个不同来源的证据不一致，委托加工材料是否真实存在受到质疑。这时，注册会计师应追加审计程序，确认委托加工材料收回后是否未入库或被审计单位收回后予以销售而未入账。

4）获取审计证据时对成本的考虑

注册会计师可以考虑获取审计证据的成本与所获取信息的有用性之间的关系，但不应以获取审计证据的困难和成本为由减少不可替代的审计程序。

在保证获取充分、适当的审计证据的前提下，控制审计成本也是会计师事务所增强竞争能力和获利能力所必需的。但为了保证得出的审计结论、形成的审计意见是恰当的，注册会计师不应将获取审计证据的成本高低和难易程度作为减少不可替代的审计程序的理由。例如，在某些情况下，存货监盘是证实存货存在性认定的不可替代的审计程序，注册会计师在审计中不得以检查成本高和难以实施为由而不执行该程序。

二、注册会计师获取审计证据的审计程序

注册会计师应当通过实施下列审计程序，获取充分、适当的审计证据，得出合理的审计结论，作为形成审计意见的基础。

▶ 1. 风险评估程序

风险评估程序是指注册会计师实施必要的审计程序，了解被审计单位及其环境，包括内部控制，以评估会计报表层次和认定层次的重大错报风险。

注册会计师应当实施风险评估程序，以此作为评估财务报表层次和认定层次重大错报风险的基础。

风险评估程序本身并不足以为发表审计意见提供充分、适当的审计证据，注册会计师还应当实施进一步审计程序，包括实施控制测试(必要时或决定测试时)和实质性程序。

▶ 2. 控制测试(必要时或决定测试时)

控制测试是指注册会计师实施必要的审计程序以测试内部控制在防止或发现，并纠正认定层次重大错报方面的运行有效性。

当存在下列情形时，控制测试是必要的。

(1) 在评估认定层次重大错报时，预期控制的运行是有效的，注册会计师应当实施控制测试以支持评估结果。

(2) 仅实施实质性程序不足以提供充分、适当的审计证据时，注册会计师应当实施控制测试，以获取内部控制运行有效性的审计证据。

▶ 3. 实质性测试

实质性程序是指注册会计师实施必要的审计程序包括对各类交易、账户余额、列报与披露的细节测试及实质性分析程序以发现认定层次的重大错报。

注册会计师应当计划和实施实质性程序，以应对评估的重大错报风险。注册会计师对重大错报风险的评估是一种判断，并且内部控制存在固有局限性，无论评估的重大错报风险结果如何，注册会计师应当针对重大的各类交易、账户余额、列报与披露实施实质性程序，以获取充分、适当的审计证据。

审计程序的性质和实施时间可能受到财务数据和其他相关信息的生成和储存方式的影响，注册会计师应当提请被审计单位保存某些信息以供查阅，或在信息可获得时执行审计程序。

三、审计证据的获取方法

注册会计师可以采用下列审计程序获取审计证据。

▶ 1. 检查记录或文件

检查记录或文件是指注册会计师对被审计单位内部或外部生成的，以纸质、电子或其他介质形式存在的记录或文件进行检查。检查记录或文件可提供可靠程度不同的审计证据，审计证据的可靠性取决于记录或文件的来源和性质。

▶ 2. 检查有形资产

检查有形资产是指注册会计师对资产实物进行检查。检查有形资产可为其存在性提供可靠的审计证据，但不一定能够为权利和义务或计价认定提供可靠的审计证据。注册会计师检查实物资产时，应对其质量及所有权予以关注。

▶ 3. 观察

观察是指注册会计师察看相关人员正在从事的活动或执行的程序。观察提供的审计证据仅限于观察发生的时点，并且在相关人员已知被观察时，相关人员从事活动或执行程序可能与日常的做法不同，从而影响注册会计师对真实情况的了解。

▶ 4. 询问

询问是指注册会计师以书面或口头方式，向被审计单位内部或外部的知情人员获取财务信息和非财务信息，并对答复进行评价的过程。知情人员对询问的答复可能为注册会计师提供尚未获悉的信息或佐证证据，也可能提供与已获悉信息存在重大差异的信息，注册会计师应当根据询问结果考虑修改审计程序或实施追加的审计程序。

询问本身不足以发现认定层次存在的重大错报，也不足以测试内部控制运行的有效性，注册会计师还应当实施其他审计程序获取充分、适当的审计证据。

▶ 5. 函证

函证是指注册会计师为了获取影响财务报表或相关披露认定的项目的信息，通过直接来自第三方对有关信息和现存状况的声明，获取和评价审计证据的过程。当注册会计师不能通过函证获取必要的审计证据时，应实施替代审计程序。

▶ 6. 重新计算

重新计算是指注册会计师以人工方式或使用计算机辅助审计技术，对记录或文件中的数据计算准确性进行核对。

▶ 7. 重新执行

重新执行是指注册会计师以人工方式或使用计算机辅助审计技术，重新独立执行作为被审计单位内部控制组成部分的程序或控制。

▶ 8. 分析程序

分析程序是指注册会计师通过研究不同财务数据之间、非财务数据之间以及财务数据与非财务数据之间的内在关系，对财务信息做出评价。

分析程序还包括识别出的、与其他相关信息不一致或与预测数据严重偏离的波动和关系。对于异常变动项目，注册会计师应重新考虑其所采用的审计程序是否恰当。必要时，应当追加适当的审计程序。

在实施风险评估程序、控制测试或实质性程序时，注册会计师可根据需要单独或综合运用上述审计程序，以获取充分、适当的审计证据。

审计程序的性质和时间可能受财务数据和其他相关信息的生成和储存方式的影响，注册会计师应当提请被审计单位保存某些信息以供查阅，或在可获得该信息的期间执行审计程序。

某些会计数据和其他信息只能以电子形式存在，或只能在某一时点或某一期间得到，注册会计师应当考虑这些特点对审计程序的性质和时间的影响。当信息以电子形式存在时，注册会计师可以通过使用计算机辅助审计技术实施某些审计程序。

四、审计证据的获取与整理

对于已经获取的审计证据，注册会计师还需要进行整理和分析，以便形成恰当的审计意见，得出正确的审计结论。

整理与分析审计证据是注册会计师把收集到的分散的、个别的证据予以条理化、系统化，使之具有充分的证明力，以便形成恰当的审计意见和审计结论的过程。整理和分析审计证据的基本方法如下。

▶ 1. 分类

分类是指将审计证据按照证明力强弱，或与审计目标的关系进行归类整理。例如，审计证据按照证明力分类，可以划分为充分可靠、部分可靠、不可靠三个等级。

▶ 2. 计算

计算是指按照一定的方法对数据方面的审计证据进行计算，从而得出所需的新的证据的方法。

▶ 3. 比较

比较包括两方面的内容：一是将各种证据进行反复比较，从中分析出被审计单位经纪业务的变动趋势及其特征；二是将各种证据与审计目标进行比较，看其是否足以形成审计结论，是否需要获取新的证据。

▶ 4. 小结

小结是指在上述工作的基础上，对审计证据进行归纳总结，得出具有说服力的局部审计结论。

▶ 5. 综合

综合是将各类审计证据及其形成的局部审计结论进行综合分析，最终形成整体的审计意见。

【案例 3-1】

注册会计师在对 ABC 公司进行审计时，发现该公司的内部控制制度存在严重问题，试分析注册会计师能否依据下列证据。

（1）销售发票副本。

（2）实物证据。

（3）被审计单位管理当局声明。

（4）分析性程序。

【案例解析】

（1）销售发票副本可以作为证据，因为它是书面证据，也是内部证据，可以用来审阅销售收入的实现、销售款到账等方面的情况。

（2）实物证据也能作为证据，因为它可反映实物存在的真实性、数量和计价的正确性，实物证据可靠性强，具有较强的证明力。

（3）被审计单位管理当局声明不作为证据，因为被审计单位的声明属于可靠性较低的内部证据，它不可替代审计人员实施必要的审计程序，但它具有以下作用：①提醒被审计单位的管理人员，强调会计报表具有主要责任；②使得被审计单位在审计期间存在的问题予以书面化先列入审计工作的底稿中；③声明书可作为被审计单位管理当局未来意图的证据。

（4）分析性复核是归集审计证据的方法之一，它分析复核的内容可作为证据，因为分析性复核主要将被审计单位年度会计报表余额及某些比率与以前年度的同类指标、公布的同行业统计数据与预算进行比较，从中观察趋势，研究规律发展的客观问题，在审计计划阶段分析复核有助于注册会计师识别那些在以后审计过程中需要特别注意的重大事项。

所以，(1)(3)不可靠，(2)(4)可靠，因为它们属于内部证据，该公司内部控制不严，致使内部证据不可靠，从而影响内部证据的可靠程度。

第二节 审计工作底稿

一、审计工作底稿的含义与分类

(一) 审计工作底稿的含义

审计工作底稿，是指注册会计师对制定的审计计划、实施的审计程序、获取的相关审计证据，以及得出的审计结论做出的记录。审计工作底稿是审计证据的载体，是注册会计师在执行审计过程中形成的审计工作记录和获取的资料。它形成于审计过程，也反映整个审计过程。该定义包括如下含义。

▶ 1. 审计工作底稿是审计证据的载体

根据审计法和审计准则的相关规定，注册会计师应当将获取的审计证据的名称、来源、内容和时间等清晰、完整地记录在审计工作底稿中，审计证据经过整理、分析后、综合以后，附在相应的审计工作底稿之后。可见，审计证据是审计工作底稿的主要内容，审计工作底稿是审计证据的载体。

▶ 2. 审计工作底稿形成于审计过程

审计过程包括计划、实施和报告三个基本阶段。在审计过程中，注册会计师必须对所从事的所有审计工作事项作成相应的工作记录和获取有关的资料。注册会计师在审计过程中形成的全部工作记录和获取的全部审计资料，都属于审计工作底稿的范畴。

▶ 3. 审计工作底稿的形成有编制和获取两种

一方面，审计工作底稿由注册会计师根据所收集到的审计证据和做出的专业判断编制而成，由此形成审计工作记录；另一方面，也可以由注册会计师从被审计单位及其他方面获取。当然，对于获取的有关资料，注册会计师只有在经过亲自审核后，才能作为审计工作底稿。

▶ 4. 审计工作底稿的范围包括审计工作记录和审计资料两个部分

审计工作记录时注册会计师编制的审计过程的工作记录，从审计的三个基本阶段来看，包括从审计业务约定书和审计计划开始，到各审计项目的审计程序表和审定表，至审计报告书副本的一系列审计工作记录。审计资料是注册会计师在审计过程中获取的各种资料，包括相关的法律资料、被审计单位内部控制的资料，以及从被审计单位外部获取的函证材料等。

(二) 审计工作底稿的作用

审计工作底稿是注册会计师在审计过程中普遍使用的专业工具，在整个审计工作中具有非常重要的作用，这主要表现在以下几个方面：

▶ 1. 审计工作底稿是连接整个审计工作的纽带

审计项目小组一般由多人组成，项目小组内要进行合理的分工，不同的审计程序，不同会计账项的审计，往往有不同人员执行，而最终形成审计结论和发表审计意见时，则主要针对被审计单位的会计报表进行。因此，必须把不同人员的审计工作有机地连接起来，以便对整体会计报表发表意见，而这种连接必须借助于审计工作底稿。

▶ 2. 审计工作底稿能够提供充分、适当的记录，作为审计报告的基础

审计结论和审计意见是根据注册会计师获取的各种审计证据和一系列的专业判断形成的。而这些又都完整地记录在审计工作底稿中。因此，审计工作底稿成为形成审计结论和发表审计意见的直接依据。

▶ 3. 审计工作底稿能够提供证据

审计工作底稿能够提供证据，证明其按照中国注册会计师审计准则(以下简称审计准则)的规定执行了审计工作。

注册会计师依照审计准则实施了必要的审计程序，方可解脱或减轻其审计责任。注册会计师专业能力的大小、工作业绩的好坏，主要体现在对审计程序的选择、执行和有关的专业判断上，而注册会计师是否实施了必要的审计程序，审计程序的选择是否合理，专业判断是否准确，都必须通过审计工作底稿来体现和衡量。在会计师事务所因执业质量而涉及诉讼或有关监管机构进行执业质量检查时，审计工作底稿能够提供证据，证明会计师事务所是否按照审计准则的规定执行了审计工作。

▶ 4. 有助于提高审计工作的质量

及时编制审计工作底稿有助于提高审计工作的质量，便于在出具审计报告之前，对取得的审计证据和得出的审计结论进行有效复核和评价。如果时间拖延过久，注册会计师可能会遗忘某些事项，使得审计工作底稿的记录不能全面地反映注册会计师所执行的审计工作。一般情况下，在审计工作执行过程中编制的审计工作底稿比事后编制的审计工作底稿更准确。

▶ 5. 审计工作底稿对未来的审计业务具有参考和备查作用

审计业务有一定的连续性，同一被审计单位前后年度的审计业务具有众多联系和共同点。因此，当年度的审计工作底稿对以后年度的审计业务具有很大的参考或备查作用。

▶ 6. 审计工作底稿有利于对注册会计师的业务培训

一些典型的审计工作底稿是审计理论应用与审计实务的典范，经过整理后可以成为典型的审计案例。这些案例所提供的信息对于新的注册会计师来说特别重要，可以使他们从中了解到根据一定类型的信息可以预期取得哪些成果，并揭示证据的习惯性、有效性和重要性的含义，可以提高注册会计师的素质。

(三) 审计工作底稿的分类

▶ 1. 按照取得方式分类

按照取得方式不同，审计工作底稿可以分为自编的审计工作底稿和直接获取的审计工作底稿两大类。

1) 自编的审计工作底稿

自编的审计工作底稿是指注册会计师自己编制形成的审计工作底稿，如审计计划、审计日程表、内部控制制度评价表、各种明细表、试算表等。

2) 直接获取的审计工作底稿

直接获取的审计工作底稿是指注册会计师直接从被审计单位或其他有关单位取得的审

计工作底稿，或者是要求被审计单位有关人员代为编制的有关会计账项的明细分类或汇总底稿。这类底稿只有经过审核合格后才能作为审计工作底稿。

▶ 2. 按照性质作用分类

按照审计工作底稿的性质和作用不同，可以把审计工作底稿分为综合类、业务类和备查类三大类。

1）综合类工作底稿

综合类审计工作底稿是注册会计师在审计计划和审计报告阶段，为规划、控制和总结整个审计工作，发表审计意见，而形成的审计工作底稿。主要包括审计业务约定书、审计计划、审计报告书未定稿、审计总结及审计调整分路汇总表等综合性的审计工作记录。

2）业务类工作底稿

业务类的审计工作底稿是指注册会计师在审计实施阶段执行具体审计程序所编制和取得的工作底稿。主要包括注册会计师执行与被调查、符合性测试和实质性测试等审计程序时形成的工作底稿。这类底稿一般在外勤工作现场编制或取得。

3）备查类工作底稿

备查类工作底稿是指注册会计师在审计过程中形成的，对审计工作仅具备备查作用的审计工作底稿。主要包括与审计业务预定事项有关的重要法律文件、重要会议记录与纪要、重要经济合同与协议、企业营业执照、公司章程等原始资料的副本或复印件。审计人员在审计准备、实施和报告三个阶段均可形成备查类的审计工作底稿。

二、审计工作底稿的结构与内容

审计工作底稿可以以纸质、电子或其他介质形式存在。审计工作底稿通常包括总体审计策略、具体审计计划、分析表、问题备忘录、重大事项概要、询证函回函、管理层声明书、核对表、有关重大事项的往来信件(包括电子邮件)，以及对被审计单位文件记录的摘要或复印件等。

审计工作底稿通常不包括已被取代的审计工作底稿的草稿或财务报表的草稿、对不全面或初步思考的记录、存在印刷错误或其他错误而作废的文本，以及重复的文件记录等。

(一) 审计工作底稿的基本要素

审计工作底稿的形式各种各样，底稿中记录的内容也各不相同，但各种业务的审计工作底稿一般都包括下列基本要素。

▶ 1. 被审计单位名称

无论是注册会计师编制的还是由被审计单位或有关单位提交资料而获取的审计工作底稿，都应注明被审计单位名称。

▶ 2. 审计项目名称

例如，审查的某一会计报表项目，如销售收入；或某一业务循环，如销售及售款业务循环符合性测试。

▶ 3. 审计项目时点或期间

审计项目时点或期间，即资产负债表项目的时点或者损益表项目的期间。例如，在管理费用审计工作底稿中，应注名审查的管理费用是哪个时间范围内的。

▶ 4. 审计过程记录

审计过程记录主要包括实施审计程序的性质、时间和范围；审计测试评价的记录；审计方案及调整变更情况的记录；审计人员的判断、评价、处理意见和建议；审计组讨论的记录和审计复核记录；与管理层、治理层和其他人员对重大事项的讨论，包括讨论的内容、时间、地点和参与人员；有关重大事项的记录；其他与审计事项有关的记录和证明材料。

▶ 5. 审计标识及其说明

审计工作底稿中可使用各种审计标识，但应说明其含义，并保持前后一致。以下是注册会计师在审计工作底稿中列明标识并说明其含义的例子，供参考。在实务中，注册会计师也可以依据实际情况运用更多的审计标识。

Λ：纵加核对

<：横加核对

B：与上年结转数核对一致

T：与原始凭证核对一致

G：与总分类账核对一致

S：与明细账核对一致

T/B：与试算平衡表核对一致

C：已发询证函

C\：已收回询证函

▶ 6. 审计结论

注册会计师恰当地记录审计结论非常重要，注册会计师需要根据所实施的审计程序及获取的审计证据得出结论，并以此作为对财务报表形成审计意见的基础。在记录审计结论时需注意，在审计工作底稿中记录的审计程序和审计证据是否足以支持所得出的审计结论。

▶ 7. 索引号及页次

通常，审计工作底稿需要注明索引号及顺序编号，相关审计工作底稿之间需要保持清晰的钩稽关系。在实务中，注册会计师可以按照所记录的审计工作的内容层次进行编号。例如，固定资产汇总表的编号为C1，按类别列示的固定资产明细表的编号为C1-1，以及列示单个固定资产原值及累计折旧的明细表编号，包括房屋建筑物(编号为C1-1-1)、机器设备(编号为C1-1-2)、运输工具(编号为C1-1-3)及其他设备(编号为C1-1-4)。相互引用时，需要在审计工作底稿中交叉注明索引号。

▶ 8. 编制者姓名及编制日期

编写人应在底稿上签章以表示所负的审计责任，并注明编写底稿的时间。

▶ 9. 复核者姓名及复核日期

按审计工作底稿复核的规定，复核人对注册会计师编写的每份审计工作底稿进行复核后签章，以明确责任，并注明复核日期。

▶ 10. 其他应说明事项

略。

(二) 审计工作底稿的格式

审计工作底稿应有规范的格式，但不同性质的审计项目、被审计单位和审计事项对工作底稿的格式又有不同的要求，因而审计工作底稿的格式必须有一定的弹性。实务中应用的工作底稿格式主要有如下两类。

1. 通用格式工作底稿

通用格式的审计工作底稿是指不预先设计好特定的格式，审计人员可以根据审计事项的特点、被审计单位的实际情况，直接记录在空白表上，或自己在空白表上绘制所需要的表格后填写，如表 3-1 所示。

表 3-1　通用格式审计工作底稿

<table>
<tr><td colspan="2">审计工作底稿编号</td></tr>
<tr><td colspan="2"></td></tr>
<tr><td>审计人员</td><td>复核人员</td></tr>
</table>

2. 专用格式工作底稿

专用格式审计工作底稿是根据具体审计事项特点而专门设计的工作底稿，如业务循环内部控制测试记录表、科目审定表、财产物资监盘表、现金监盘表、银行存款余额调节表及询证函等. 如表 3-2 所示。

表 3-2　专用格式审计工作底稿

<table>
<tr><td colspan="2">客户 ____________
项目 调整分录汇总表
____
会计期间 ____________</td><td colspan="3">签名　　日期

编制人 ______ ______
复核人 ______ ______</td><td>索引号 ______
页　次 ______</td></tr>
<tr><td rowspan="2">序号</td><td rowspan="2">调整内容及项目</td><td rowspan="2">索引号</td><td colspan="2">调整金额</td><td rowspan="2">影响利润
+(一)</td></tr>
<tr><td>借方</td><td>贷方</td></tr>
<tr><td></td><td></td><td></td><td></td><td></td><td></td></tr>
<tr><td colspan="3">合　　计</td><td></td><td></td><td></td></tr>
</table>

通用格式和专用格式工作底稿各有优缺点。专用格式是根据具体审计事项特点设计，比较适用，而且许多需要写的文字都事先印好，使用起来效率比较高，但这种专用格式是按照常规程序设计的，内容比较完整，当被审计单位业务具有特殊性时就显得不太适用，或者业务量不大，能够使用的往往只是整张表格中的一小部分，显得十分多余和不适用。相反，通用格式则具有较大灵活性，可以根据需要编制，但自己设计的格式往往不如预先

设计的那样清晰，且制表填写的工作量也较大。

编制审计工作底稿的目的是要把审计过程和结果完整地记录下来，只要能达到目的，哪种格式都可以。实际工作中，审计人员可以根据具体情况选用。

知识拓展：

刚开始工作的审计人员，对于工作底稿里写注释，感觉是很困难的一件事。其实工作底稿的注释就是把你的思考过程和所做的工作表达出来。当然这种表达是有技巧的，不能写成流水账。要注意以下几点。

(1) 要写些背景，方便阅读者理解。

(2) 要写热点问题。

(3) 要写审计人员的对某些科目余额、业务的预期，如不符，又有哪些解释。

(4) 写审计人员的思考与所做的工作。

写工作底稿应该像散文写作一样，是"形散而神不散"、这样才能将审计思考很好地表达出来。

摘自金十七著《让数字说话》

三、审计工作底稿的复核与管理

(一) 审计工作底稿的复核

一张审计工作底稿往往由一名专业人员独立完成，编制者对有关资料的引用、对有关事项的判断、对会计数据的加计复算等都可能出现误差，因此，在审计各种底稿编制完成后，进行一定的复核显得十分必要。

▶ 1. 审计工作底稿复核的作用

(1) 减少或消除人为的审计误差，以降低审计风险，来提高审计质量。

(2) 及时发现和解决问题，保证审计计划顺利实施，并能够不断调整审计进度，节约审计时间，提高审计效率。

(3) 便于上级管理人员对注册会计师进行审计质量监控和工作业绩考评。

▶ 2. 审计工作底稿的复核内容和要求

审计工作底稿的复核内容通常包括以下内容。

(1) 所引用的材料是否真实可靠。

(2) 所获取的审计证据是否充分恰当。

(3) 所做的审计判断是否有理有据。

(4) 所形成的审计结论是否正确。

审计工作底稿复核的基本要求如下。

(1) 做好复核记录，对审计工作底稿中存在的问题和疑点，要明确指出，并以文字形式记录于审计工作底稿中。

(2) 书面表示复核意见。

(3) 符合人在起复核过审计工作底稿上签名和签署日期，这样有利于划清审计责任和上级符核人对下级符核人的监督。

(4) 督促编制人及时修改、完善审计工作底稿。

▶ 3. 审计工作底稿的复核制度

会计师事务所应当建立完善的审计工作底稿分级复核制度以保证对审计的质量控制。对审计工作底稿的复核分为两个层次：项目组内部复核和独立的项目质量控制复核。

1）项目组内部复核

项目组内部复核包括审计项目经理的现场复核和项目合伙人的复核两个层次。

（1）审计项目经理的现场复核。审计项目经理的现场复核属于第一层复核，也是全面复核，主要是评价已完成的审计工作、所获得的审计证据和审计工作底稿编制人员形成的审计结论，目的是及时发现和解决问题，争取审计工作的主动。

（2）项目合伙人的复核。项目合伙人的复核是对审计项目经理的复核的再监督，也是对重要审计事项的重点把关，通常在完成审计外勤工作时进行。项目合伙人的复核的主要内容有：复查计划制定的重要审计程序是否适当，是否得以较好实施，是否实现了审计目标；复查重点审计项目的审计证据是否充分、适当；复查审计范围是否充分；复查对建议调整到不符事项和未调整不符事项的处理是否恰当；复核审计工作底稿中重要的钩稽关系是否正确；检查审计工作中发现的问题及其对财务报表和审计报告的影响，审计项目组对这些问题的处理是否恰当；复核已审财务报表总体上是否合理、可信。

2）独立的项目质量控制复核

项目质量控制复核，是指会计师事务所挑选不参与该业务的人员，在出具报告前，对项目组作出的重大判断和在准备报告时形成的结论作出客观评价的过程，也称为独立复核。独立复核的复核人员应当考虑的主要事项如下。

（1）项目组就具体审计业务对会计师事务所独立性作出的评价。

（2）项目组在审计过程中识别的特别风险以及采取的应对措施，包括项目组对舞弊风险的评估及采取的应对措施。

（3）作出的判断，尤其是关于重要性和特别风险的判断。

（4）项目组是否已就存在的意见分歧、其他疑难问题或争议事项进行适当咨询，以及咨询得出的结论。

（5）项目组在审计中识别的已更正和未更正的错报的重要程度及处理情况。

（6）项目组拟与管理层、治理层以及其他方面沟通的事项。

（7）所复核的审计工作底稿是否反映了项目组针对重大判断执行的工作，是否支持得出的结论。

（8）项目组拟出具的审计报告的适当性。

（二）审计工作底稿的管理

▶ 1. 审计工作底稿的归档和保管

注册会计师应当按照会计师事务所质量控制政策和程序的规定，及时将审计工作底稿归整为最终审计档案。归档时，可以按照审计循环或会计报表项目，以及审计工作底稿的使用期限长短先行分类，再编上相应标识号和页次后，分别存档。审计工作底稿的归档期限为审计报告日后六十天内，整理为最终审计档案。如果注册会计师未能完成审计业务，审计工作底稿的归档期限为审计业务中止后的六十天内。

会计师事务所应当制定审计工作底稿的保管制度，对审计工作底稿进行妥善管理，使业务工作底稿保存期限符合准则的规定，以保证审计工作底稿的安全、完整。

会计师事务所应当自审计报告日起，对审计工作底稿至少保存十年。如果注册会计师未能完成审计业务，会计师事务所应当自审计业务中止日起，对审计工作底稿至少保存十年。

2. 审计档案

1）审计档案的分类和保管

审计工作底稿经过分类整理、汇集归档后，就形成了审计档案。审计档案的所有权归承接该项业务的会计师事务所。审计档案是会计师事务所审计工作的重要历史资料，应当妥善管理。

审计档案按其使用期限的长短和作用大小可以分为永久性档案和当期档案。

（1）永久性档案是指由那些记录内容相对稳定，具有长期使用价值，并对以后审计工作具有重要影响和直接作用的审计工作底稿所组成的审计档案。永久性档案主要由综合类工作底稿和备查类工作底稿组成。在这些工作底稿中，有些记录内容十分重要，诸如审计报告书副本等；有些记录内容则是可供以后年度直接使用，诸如重要的法律性文件、合同及协议等。因此，应把它们归入永久性档案管理。

对于永久性档案，应当永久保存。但是，如果一个会计师事务所终止了对一个单位的后续审计服务，那么，其永久性档案的保管年限与最近 1 年当期档案的保管年限相同。

（2）当期档案又称一般档案，是由那些记录内容在各年度之间经常发生变化，只供当期审计使用和下期审计参考的审计工作底稿所组成的审计档案。一般档案主要由业务类工作底稿组成，诸如控制测试工作底稿、具体会计账项实质性测试的工作底稿等。这些工作底稿所记录的内容在个年度之间是不同的，因此主要供当期审计使用。

对于当期档案，会计师事务所应当自审计报告签发之日起，至少保存 10 年。即使会计师事务所中止了对被审计单位的后续服务，其当期档案的保存年限也不得任意缩减。

2）审计档案的使用

由于审计工作底稿中往往涉及被审计单位大量的商业秘密，所以会计师事务所应建立严格的保密制度，做好保密工作，除自己合法使用外，不得对外公开和外借。但在下列情况下，外单位可以查阅审计工作底稿而不属于泄密行为。

（1）法院、检察院及其他有关部门依法进行查阅，并按有关规定办理必要的手续后，可查阅审计工作底稿。

（2）审计组织主管部门对执业情况进行检查时，可查阅审计工作底稿。

（3）其他审计组织因工作的需要，并经委托人的同意，办理了相关的手续后，可要求查阅审计工作底稿，具体包括：①被审计单位更换了会计师事务所，后任注册会计师可以调阅前任注册会计师的审计工作底稿；②记于合并会计报表审计业务的需要，母公司所聘任的注册会计师可以调阅子公司所聘任的注册会计师的审计工作底稿；③联合审计；④会计师事务所认为合理的其他情况。

拥有审计工作底稿的会计师事务所应当对要求查阅者提供适当的协助，并根据有关审计工作底稿的性质和内容，决定是否允许要求查阅者查阅、复印或摘录其审计工作底稿。审计工作底稿中的内容被查阅者引用后，因为查阅者的误用而造成的后果，与拥有审计工作底稿的会计师事务所无关。

3. 审计报告日后对审计工作底稿的变动

在审计报告日后，如果发现例外情况要求注册会计师实施新的或追加的审计程序，或导致注册会计师得出新的结论，注册会计师对以下情况应当进行记录。

（1）遇到的例外情况。

（2）实施的新的或追加的审计程序，获取的审计证据以及得出的结论。

（3）对审计工作底稿做出变动及其复核的时间和人员。

例外情况主要是指审计报告日后发现与已审计财务信息相关，且在审计报告日已经存在的事实，该事实如果被注册会计师在审计报告日前获知，可能影响审计报告。

本章小结

审计证据是注册会计师为了得出审计结论、形成审计意见而使用的所有信息，可以按其外形特征、来源及说服力等标志进行分类，充分和适当是审计证据的两大特征。注册会计师可以采用检查记录或文件、检查有形资产、观察、询问、函证、重新计算、重新执行、分析性程序等不同的审计程序来获取审计证据。

审计工作底稿是审计证据的载体，根据其性质和作用的不同可分为综合类、业务类、备查类三种。其格式、内容和范围都应按照准则的相关规定执行，并采用三级复核制度，审计工作底稿应按照规定进行归档形成审计档案并妥善保管。

思考与练习

一、思考题

1. 审计证据可以按照哪些标准进行分类？不同的分类标准可以分出哪些类别？
2. 审计证据的充分性和适当性体现在哪些方面？两者之间能否相互影响？
3. 收集审计证据的审计程序和方法有哪些？
4. 什么是审计工作底稿？它有何作用？
5. 什么是审计工作底稿的三级复核制？

二、单项选择题

1. 注册会计师执行会计报表审计业务获取的下列审计证据中，可靠性最强的是(　　)。

A. 购物发票　　B. 销货发票

C. 采购订货单副本　　D. 应收账款函证回函

2. 以下关于审计证据可靠性的表述不正确的是(　　)。

A. 从外部独立来源获取的审计证据比从其他来源获取的审计证据更可靠

B. 内部控制有效时内部生成的审计证据比内部控制薄弱时内部生成的审计证据更可靠

C. 注册会计师推理得出的审计证据比直接获取的审计证据可靠

D. 审计证据直接获取的审计证据比间接获取或推论得出的更可靠

3. 充分性和适当性是审计证据两个重要特征，下列关于审计证据的充分性和适当性表述不正确的有(　　)。

A. 充分性和适当性两者缺一不可，只有充分且适当的审计证据才是有证明力的

B. 审计证据质量越高，需要的审计证据数量可能越少

C. 如果审计证据的质量存在缺陷，仅靠获取更多的审计证据可能无法弥补其质量上的缺陷

D. 如果审计证据的质量存在缺陷，注册会计师必须收集更多数量的审计证据，否则无法形成审计意见

4. 审计工作底稿的归档期限是(　　)。

A. 审计报告日后三十天　　B. 审计报告日后六十天

C. 审计业务约定书后六十天　　D. 审计业务中止后九十天

5. 丙会计师事务所与D公司于2004年1月20日签订的2004年度财务报表审计业务约定，完成了审作工作后的审计档案，应当至少保存至(　　)。

A. 2006年　　B. 2009年　　C. 2014年　　D. 2015年

6. 注册会计师获取的下面书面证据中，证明力最弱的是(　　)。

A. 被审计单位的客户寄发给会计师事务所的函件

B. 由被审计单位保管的银行函件

C. 被审计单位的律师声明书

D. 被审计单位的管理层声明书

7. 为证实应收账款是否确实存在，下列各项书面审计证据中，可靠性最强的是(　　)。

A. 被审计单位应收账款账簿

B. 注册会计师向债务人函证的回函

C. 销货发票

D. 被审计单位提供的债务人的对账单

8. 会计师事务所接受委托对被审计单位审计所形成的审计工作底稿，其所有权归属于(　　)。

A. 被审计单位　　B. 委托人

C. 会计师事务所　　D. 负责审计的注册会计师

9. 实物证据对证明(　　)认定具有很强的说服力。

A. 存在　　B. 权利和义务　　C. 完整性　　D. 计价和分摊

10. 关于审计档案表述不恰当的是(　　)。

A. 对每项具体审计业务，注册会计师应当将审计工作底稿归整为审计档案

B. 永久性档案是指那些记录内容相对稳定，具有长期使用价值，并对以后审计工作具有重要影响和直接作用的审计档案

C. 当期档案是指那些记录内容经常变化，主要供当期审计使用的审计档案

D. 永久性档案需要永久保存，当期档案至少保存5年

三、多项选择题

1. 在对短期借款实施相关审计程序后，需对所取得的审计证据进行评价。以下有关

短期借款审计证据可靠性的论述中，正确的有(　　)。

A. 从第三方获取的有关短期借款的证据比直接从Q公司获得的相关证据更可靠

B. 短期借款的控制风险为低水平时产生的会计数据比控制风险为高水平时产生的会计数据更为可靠

C. 短期借款的控制风险为高水平时产生的会计数据比控制风险为低水平时产生的会计数据更为可靠

D. Q公司提供的短期借款合同尽管有借贷双方的签章，但如果没有其他证据佐证，也不可靠

2. 以下对审计证据的描述正确的有(　　)。

A. 财务报表依据的会计记录一般包括对初始分录的记录和支持性记录

B. 会计记录中含有的信息本身并不足以提供充分的审计证据作为对财务报表发表审计意见的基础，注册会计师还应当获取用作审计证据的其他信息

C. 可用作审计证据的其他信息包括注册会计师从被审计单位内部或外部获取的会计记录以外的信息

D. 财务报表依据的会计记录中包含的信息和其他信息共同构成了审计证据，两者缺一不可

3. 审计工作底稿通常包括(　　)。

A. 审计策略和具体审计计划

B. 分析表、问题备忘录、重大事项概要

C. 询证函回函、管理层声明书、核对表

D. 有关重大事项的往来信件

4. 下列审计工作底稿归档后属于当期档案的是(　　)。

A. 审计调整分录汇总表　　B. 企业营业执照

C. 公司章程　　D. 审计计划

5. 审计证据的适当性是指审计证据的(　　)。

A. 充分性　　B. 合法性　　C. 可靠性　　D. 相关性

6. 下列属于环境证据的是(　　)。

A. 被审计单位有关内部控制的情况

B. 被审计单位管理人员的素质

C. 被审计单位各种管理条件和管理水平

D. 被审计单位出具的管理层声明书

7. 审计证据按外形特征不同分类，可以分为(　　)。

A. 实物证据　　B. 口头证据　　C. 书面证据　　D. 环境证据

四、判断题

1. 充分性是对审计证据的数量要求，注册会计师为了获取充分的审计证据来支持自己将要发表的审计意见，收集的审计证据应该是越多越好。(　　)

2. 注册会计师往往可以通过口头证据挖掘出一些重要线索，从而有利于对某些需要审核的情况作进一步的调查，以搜集到更为可靠的证据。所以，口头证据属于基本证据。(　　)

3. 实物证据通常是最可靠、证明力最强的证据，所以它既能证明某项资产是否确实存在，也能证明该项资产的所有权归属。（ ）

4. 注册会计师需要将各种重要的口头证据形成书面记录，注明何人、何时、在何种情况下所作的口头陈述，必要时还应获得被询问人的签名确认，所以口头证据是一种书面证据。（ ）

5. 注册会计师收集到的任何审计证据都具有证明力。（ ）

6. 分析程序是指注册会计师通过研究不同财务数据之间、非财务数据之间以及财务数据与非财务数据之间的内在关系，对财务信息做出评价。（ ）

7. 注册会计师根据实点库存现金、已付款未入账的支出凭证、已收款未入账的收入凭证、现金日记账账面余额等归类编制而成的现金盘点表，属于加工证据。（ ）

五、分析题

1. 注册会计师在在执行审计工作时，可以用下列方法获取审计证据：

A. 检查记录或文件　B. 检查有形资产　C. 观察　D. 询问

E. 函证　F. 重新计算　G. 重新执行　H. 分析程序

2. 请确认以下各项审计工作属于获取审计证据的具体方法中的哪一种。

（1）与信用管理部门经理复核应收账款，以确认其可收回性。（ ）

（2）在打卡机旁看是否有员工重复打卡。（ ）

（3）与员工一起盘点存货项目并将金额记录在工作底稿中。（ ）

（4）从银行处获得书面证明证实客户的存款以及负债。（ ）

（5）测试存货列表中的存货成本以及数量，以检验其准确性。（ ）

（6）检查建筑物和设备火险的合同。（ ）

（7）计算销售成本占销售收入的比重，以确定毛利率的合理性。（ ）

六、案例分析

A 会计师事务所原负责审计档案管理的甲职员调离岗位，乙职员自 2007 年 2 月起继任。2007 年 6 月乙职员在清理审计档案时发现了 1993 年 2 月至 1995 年 2 月期间归档的审计 S 公司的一批审计档案，包括审计报告书副本、已审计财务报表以及相关审计测试工作底稿等。1995 年 2 月后 A 会计师事务所除在 2014 年 5 月向 S 公司提供一项内部控制设计服务外，未向其提供任何其他服务。乙职员请示销毁该批审计档案。

请问：A 会计师事务所的主任会计师能否批准乙职员关于销毁 S 公司审计档案的请示？为什么？

第四章 Chapter 4 内部控制

学习重点

1. 通过本章的学习，应掌握内部控制的含义与组成要素。
2. 了解内部控制设计和运行的原则及控制测试的设计和执行过程。

引导案例

内部控制制度严重缺失导致财务舞弊案例

一、案例背景

云南绿大地生物科技股份有限公司(简称：绿大地)成立于1996年6月，主营业务为绿化工程设计及施工，绿化苗木种植及销售。2001年3月以整体变更方式设立为股份有限公司，公司向社会公开发行股票。在2007年12月21日，绿大地在深圳证券交易所中小板挂牌上市，成为国内绿化苗木行业首家上市公司。

2011年3月17日，绿大地公司发布公告称，董事长何学葵因涉嫌欺诈发行股票罪被公安机关逮捕。4天后，中国证监会在其官网上表示，证监会在2010年3月就因绿大地涉嫌信息披露违规立案稽查，发现公司存在涉嫌虚增资产、虚增收入、现金流不实及屡次更换会计师事务所等财务造假行为。2013年2月7日，昆明市中级人民法院做出判决：绿大地犯欺诈发行股票罪、伪造金融票证罪、故意销毁会计凭证罪，判处罚金1040万元，同时判处公司原实际控制人何学葵十年有期徒刑，原财务总监、原财务顾问庞明星与原大客户中心也相应被判处有期徒刑和相应罚金。在绿大地欺诈发行股票案上诉截至期限之前，何学葵向云南省高级人民法院提起上诉。2014年4月，该上诉被省高级人民法院驳回，维持原判，至此，该欺诈发行股票案告一段落。

二、绿大地财务舞弊手段

归纳而言，绿大地财务舞弊手段主要有以下几个。

(1) 虚增资产。为了提高资产负债表中的资产总额，以达到其符合上市的目的，绿大地从其资产的单价入手，蓄意大幅度地提高了价格。比如存货(主要是各种苗木)，在当时，绿大地持有的苗木，在市场上的报价是60元，但是绿大地的账务中显示的却是300元。再比如虚增土地的价值，比如，广南一块价值600万元的林地，绿大地虚报成了一个亿，类似这种大幅度虚增资产的行为在绿大地的财务报表中数不胜数。

(2) 虚增收入和利润。从2004年至2007年6月30日，在筹备上市前三年，绿大地采用虚假苗木交易销售，编制虚假会计资料，然后通过绿大地控制的子公司将销售款转回，虚增营业收入2.96亿元。不仅是虚构交易，绿大地还"擅长"变更财务报告。从2009年10月到2010年4月，不到一年的时间里，绿大地在披露的各种报告中先后对净利润进行了五次更改。最后一次大修改发生在2010年4月28日，在年报出来前两天，绿大地竟然直接把净利润改成了亏损，在2010年4月30日绿大地的财务年报中显示亏损1.51个亿。从最初的预告中盈利1.04个亿到最终年报披露的亏损1.51个亿。

(3) 频繁更换会计师事务所。2008年10月，绿大地结束了与深圳鹏城会计师事务所长达七年的合作，换用了中和正信会计师事务所，截至2010年，绿大地3年时间就更换了3家会计师事务所，而且每次更换均发生在年报披露前夕，更令人质疑的是变更事务所的原因有些牵强。绿大地平均每年更换一次审计单位，且审计费用增长如此之快，这不免让人猜疑绿大地是否存在很多不可告人的秘密。

三、绿大地内部控制方面存在的缺陷

(一) 控制环境分析

控制环境是内部控制的基础，一般包括治理结构、机构设置及权责分配、内部审计、人力资源、企业文化等六方面。绿大地在公司治理结构、人力资源等方面均有不同程度的问题。具体表现为：绿大地自从2007年上市以来，高管频繁变动。从绿大地最初成立到绿大地造假事件案发，公司董事会的成员最终只剩下了董事长和其他两名股东，监事会则是全部洗底。在2010年这一年中公司三换财务总监。绿大地公司在公司治理方面最大的缺陷，就是董事长一权独大，完全没有得到约束。绿大地从成立到2009年，何学葵一直是身兼董事长和总经理二职，这已然违反了相容职位相分离的原则。这还不算完，2010年4月，何学葵又兼顾了董事长秘书一职。我们可以清楚地看到，何学葵身为董事长一职处在公司治理结构的最上方，没有制衡因素，她一手掌握了整个公司，权利集中于她一人且完全没有能够制衡她的势力。绿大地公司的监事会，其人事任免权实质上还是由董事长何学葵一手操控，可见，绿大地公司的监事会没有对公司董事、高管开展具体监督工作，也没有对公司的组织机构设置、职务分工的合理性和有效性进行控制。公司组织架构形同虚设，没有真正形成有效的治理结构。

(二) 风险评估方面

截至2011年第三季度，绿大地流动比率约为0.68，速动比率约为0.24。公司短期偿债能力不足，这不仅影响公司的信用，增加以后筹资的成本与难度，甚至会使公司陷入财务危机。另外，公司的现金流量状况也让人担忧。2011年第三季度经营活动现金净流量净额为－3448万元，现金及现金等价增加额为－3540万元，主营业务利润率为－12.47%。说明公司现有的主营业务不能给公司带来源源不断的现金流，公司资金紧张，融资渠道狭窄，存在资金链断裂的风险。另外，公司近年来经营业绩不佳，负面报道铺天盖地，公司高管频繁变换，这一系列事件的发生必然对公司员工的情绪产生影响，技术人员辞职的现象频频发生。

（三）控制活动分析

根据绿大地有关资料显示，从 2009 年到 2011 年，存货金额占流动资产的比率年年高居不下，2011 年 9 月 30 日存货占流动资产比率为 65.07%。存货积压导致资金流短缺，加上农产品容易受到异常天气的影响，可能造成滞销和苗木死亡的情况，给公司造成巨大的经济损失。由此可以看出公司没能对存货进行有效的管理和控制。绿大地 2009 年亏损 1.51 亿元，而公司认为亏损的主要原因是云南百年不遇的干旱天气。诚然，自然灾害是造成亏损的一个原因。但至少说明绿大地虽然在主要基地配备了灌溉设施，但对灌溉设施日后的检查、维修等工作没有给予足够的重视。这反映了绿大地没能对苗木基地进行有效的管理和控制。另外，虽然公司制定了《全面预算管理制度》，但公司各部门在预算管理中存在预算松弛，预算目标与实际发生费用出入较大，但公司未对形成差异的原因进行有效的分析，缺少预算偏差的纠正措施。这也说明预算管理制度未能真正实现对公司目标的控制。

（四）信息与沟通分析

由于绿大地所处行业的特殊性，要实施办公自动化系统管理尚存在一定的难度，造成各管理层，各部门以及员工与管理层之间信息传递不对称，日常数据的汇总统计不规范，说明公司的信息沟通系统存在较大隐患。

（五）内部监督分析

绿大地虽然是上市公司，但是它的管理模式却是家族式的管理模式，在其采购与销售、付款与收款等环节上就存在着舞弊的大机会。绿大地虽然设立了内部审计部门，但这只是个形式，并未真正的得到执行。企业的内部审计存在重大缺陷，内审部门形同虚设。

第一节　内部控制的含义与演进

内部控制思想产生于 18 世纪产业革命以后，它是企业大规模化和资本大众化的结果。到 20 世纪初，随着股份公司规模日益扩大，所有权与经营权进一步分离，实践中逐步出现了一些组织、调节、制约和监督经营生产经营活动的方法，为了纠错查弊，一些企业建立了简单的内部控制制度。最早涉及内部控制的职业文献是 1929 年美国注册会计师协会和联邦储备委员会(FRB)修订发布的《会计报表的验证》(*Verification of Financial Statements*)；而最早定义内部控制的是 1936 年发布的《独立公共会计师对会计报表的审查》，该文件将内部控制定义为“为了保护公司现金和其他资产的安全、检查账簿记录准确性而在公司内部采用的各种手段和方法。”20 世纪 50 年代以后，世界市场竞争的加剧，促使内部控制扩展到企业的各个领域，其内容也更加丰富。1963 年，美国审计程序委员会在其发布的“审计程序第 23 号文件”中对内部控制做了进一步的说明，并首次将内部控制划分为内部会计控制和内部管理控制。1944 年，美国管理会计师协会在《内部控制结构》中将内部控制定义为：“内部控制是这样一个控制系统，由管理者建立的，旨在以一种有序和有效的方式进行公司的业务，确保其与管理政策和规章的一致，保护资产，尽量确保记录的完整性和正确性。”COSO 委员会(Committee of Sponsoring Organizations of the Treadway Commission)1992 年提出并于 1994 年修改的《内部控制——整体框架》中对内部控制做了如下描述："内部控制是由一个企业董事会、管理人员和其他职员实施的一个过程，旨在为提高经营活动的效率与效果、确保财务报告的可靠性、促使与可适用的法律相符合提供一种合理的保证。"

一、内部控制演变的历程

任何事物都是在特定历史条件下，基于某种需要而产生，并遵循一定规律向前发展前进的。严格来说，人类自从有了群体活动，即有了一定意义上的控制。我国古代的御使制度，早期西方的议会制度，均属于控制制度的演变。现代意义上的内部控制是在长期的经营过程中，随着单位对内部加强管理和对外满足社会需要而逐渐产生并发展起来的自我检查、自我调整和自我制约的系统，其中凝聚着世界上古往今来的管理思想和实践经验。在不同的国家和地区，在不同的历史发展阶段，受当地或当时特定经营实践和管理制度的影响，内部控制的内容、形态和作用往往存在或多或少的差异。纵观内部控制理论产生和发展的漫长演进历程，可以将其划分为以下几个阶段。

(一) 内部牵制阶段

在 20 世纪 40 年代以前，通常使用的是"内部牵制"，这是内部控制的最初形式，主要是为保护财产的安全而设计的。R·H·蒙哥利马在 1912 年出版的《审计理论与实践》一书指出，所谓内部牵制是指一个人不能完全支配账户，另一个人也不能独立地加以控制的制度。也就是一名员工与另一名员工必须是相互控制、相互稽核的。内部牵制理论建立在两个基本假设之上：两个或两个以上的人或部门无意识地犯同样的错误的可能会很小；两个或两个以上的人或部门有意识的串通舞弊的可能性很小。内部牵制通常包括以下四个职能。

(1) 实物牵制。例如，把保险柜的钥匙交给两个以上的工作人员非同时使用这两把以上的钥匙，保险柜就打不开。

(2) 物理牵制。例如，银库的大门非正常程序操作就打不开，甚至会自动报警。

(3) 分权牵制。例如，把每项业务部门分别由不同的人或部门去处理，以预防错误或舞弊的发生。

(4) 簿记牵制。例如，定期将总账和明细账进行核对。

(二) 内部控制制度阶段

20 世纪 40 年代至 70 年代初，审计理论工作者、实务工作者和职业团体都把注意力转移到内部控制上。1949 年美国注册会计师协会所属的审计程序委员会拟订了题为《内部控制：协调制度要素以及对管理当局和独立公共职业会计师的重要性》的专题报告，首次阐述了内部控制的定义："内部控制包括组织机构的设计和企业内部采取的所有协调方法和措施，旨在保护资产检查会计信息的准确性和可靠性，提高经济效率，促进即定经济政策的贯彻执行。"此定义强调内部控制"制度"不局限于会计和财务部门直接有关的控制方面，而且包括预算控制、成本控制、定期报告、统计分析、培训计划、内部审计，以及属于其他领域的经营活动。

自 1949 年内部控制的定义公布以后，审计师一直对该定义不满意，认为该定义规定过于宽泛。鉴于审计师主要是对财务报表及其有关会计资料进行审计，因此，从承担为制定审计方案而对内部控制进行检查的责任角度考虑，1953 年，美国注册会计师协会所属的审计程序委员会颁布《审计程序说明第 19 号》，对内部控制定义做了正式修正，并将内部控制按其特点分为内部会计控制和内部管理控制两类，其中前者涉及与财产安全和会计记录的准确性、可靠性有直接联系的方法和程序，后者主要是与贯彻管理方针和提高管理效率有关的方法和程序。这一提法也是现在我们所熟知的内部控制“制度二分法”的由来。

(三) 内部控制结构阶段

进入 20 世纪 80 年代以来，内部控制的理论研究又有了新的发展，人们对内部控制的研究重点逐步从一般含义向具体内容深化。其标志是美国 AICPA 于 1988 年发布了第 55 号《审计准则说明书》(SAS55)。该说明书认为内部控制结构由下面三个要素组成。

(1) 控制环境，指对企业的建立和实施有重大影响的一组因素的统称，包括管理哲学和经营方式、组织结构、董事会、授权和分配责任的方式、管理控制方法、内部审计、人事政策与实物等。

(2) 会计系统，指公司为汇总、分析、分类、记录、报告业务处理的各种方法和记录程序，包括文件预先编号、业务复合、定期调节等。

(3) 控制程序，指为合理保证公司目标实现而建立的政策和程序，它包括适当授权、恰当的职责分离、充分的凭证和资产记录的实物控制、业务的独立检查等。会计系统是内部控制结构的关键因素，也是审计师要直接利用的因素。控制程序是保证内部控制结构有效运行的机制。内部控制概念特别强调了包括管理人员对内控的态度、认识和行为等控制环境的重要作用，认为这些环境因素是实现控制目标的环境保障，要求审计师在评估控制风险时除关注会计系统和控制程序外，应对企业面临的内外环境进行评价。

(四) 内部控制整体框架阶段

20 世纪 80 年代以来，虚假财务报表时有发生。为此，美国成立了“反虚假财务报告委员会(National Commission on Fraudulent Financial Reporting) ”，即 Treadway 委员会。随后，由美国注册会计师协会(AICPA)、国际注册内部审计师协会(IIA)、财务经理协会(FEI)、美国会计学会(AAA)、管理会计学会(IMA)等多个专业团体共同发起组成 Treadway 委员会发起委员会(Committee of Sponsoring Organization of The Treadway Commission，COSO)，专门致力于内部控制研究。COSO 于 1992 年发布题为《内部控制—整体框架》的研究报告。该报告堪称迄今为止对内部控制最为全面的论述，是内部控制发展史上的又一里程碑。

▶ 1. 内部控制整体框架的五要素

COSO 委员会指出，内部控制是由企业内部董事会、经理阶层和其他员工实施的，为营运的效率性、财务报告的可靠性、相关法律的遵循性等目标的达成而提供合理保证的过程。内部控制整体架构包括控制环境、风险评估、控制活动、监督、信息与沟通五个要素，如图 4-1 所示。

(1) 控制环境，包括单位的组织结构，董事会及其专门委员会(审计委员会和风险评估委员会)的关注和要求，管理部门的经营理念和风格，员工的正直、职业道德和进取心，对企业经营产生影响的外部因素。其中人的因素至关重要，不管是管理者还是员工，既是内部控制的执行者，又是控制环节的“被控制对象”，其观念、素质和责任意识等都影响着内部控制的效率和效果。

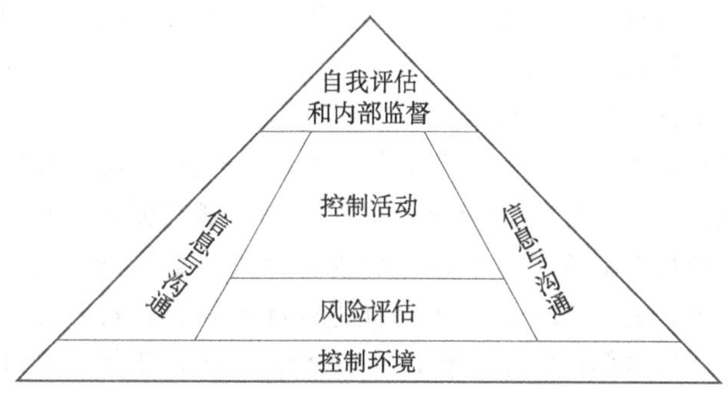

图 4-1 内部控制五要素

(2) 风险评估。新经济时代交易类型和工具日新月异，兼并收购、破产重组、关联方交易、电子商务、金融衍生产品等使人应接不暇。环境的变化使企业经营风险增大，企业必须设立可以辨认、分析和管理风险的机制，以确认公司的风险因素如资产风险、经营活动风险、内外环境风险、信息系统风险、合法性风险等，并确定风险因素的重要程度，评估各风险因素得分，确定高风险区域。

(3) 控制活动。控制活动使企业保证控制目标有效落实，包括经营活动的复查、业务活动的批准和授权、责任分离、保证对资产记录的接触和使用的安全、独立稽核等。

(4) 信息与沟通。以不同形式取得和传递信息，使员工懂得自己在控制系统中的作用、责任，更好地履行职责，形成有利的外部沟通环境。保持经营信息和控制信息畅通，以减少由于信息不对称导致的企业经管成本和社会监督成本的提高。

(5) 自我评估和内部监督。内部控制应是一种实时过程，与经营管理活动紧密结合，随时进行自我评估和内部监督。企业内部应由有关管理人员和职员定期、独立地自上而下对各部门的控制进行评估、内部监督。

内部控制各要素之间关系是能动的，不是单线的先后顺序关系，而是一个多维的反复过程。例如，风险评估不仅可能影响控制活动，而且可能同时警示信息与沟通需要加强，或对监测活动有什么新的要求。

COSO 报告是在美国金融风险加剧，财务欺诈抬头，社会各界对内部控制和独立审计师寄予厚望的“危难”时刻，由五个职业会计团体联合并潜心研究近几年左右的时间才诞生的。COSO 报告中蕴涵了许多崭新的理念和思想。这些理念和思想，不仅对过去，而且对现在甚至未来的企业管理、财会工作和独立审计都有着重要影响。

2. 内部控制整体框架的作用

内部控制整体框架主要有以下几个方面作用。

(1) 准确定位内部控制基本目标。COSO 报告指出内部控制本身不是目的，而是实现目标的手段。内部控制目标是帮助企业奔向经营目标、完成使命和减少经营过程中的风险。

(2) 提出三类目标、五项构成要素概念。COSO 把内部控制细分为经营效率与效果、财务报告可靠和遵纪守法三类子目标和控制环境、风险评估、控制活动、信息与沟通和监测活动五项构成要素。这些概念的提出，为评价内部控制系统提供了一套完整的标准，使 COSO 报告在理论和实际应用两个方面都较原来的内部控制学说有一个质的飞跃。

(3) 提出内部控制是“过程”，并由控制环境、风险评估、控制活动、信息与沟通和监测活动五项要素构成。五项控制要素不是内部控制过程中先后顺序上的一道道工序，而是一个多方向交叉的多维的反复的过程。COSO 报告突出了内部控制过程中的复杂性和各控制要素之间有机的多维的联系与影响。

(4) 强调“人”的重要性。COSO 报告指出人和环境是推动企业发展的引擎。内部控制是由人来设计和实施的，企业中的每位员工都受内部控制的影响，并通过自身的工作影响着他人的工作和整个内部控制系统。所以，要求所有员工都应清楚他们在企业、在内部控制系统中的位置和角色，并协调一致，才能推进内部控制的有效运转。

(5) 认识到董事会在内部控制中的作用。COSO 认为董事会与公司内部控制之间是有联系的，企业中一些行为需要董事会批准或授权。一个客观、能动和富有调查精神的董事会，能够及时发现并修正公司经理班子逾越内部控制的行为。

(6) 强调风险意识。风险影响着每个企业生存和发展的能力，也影响其在产业中的竞争力及在市场上的声誉和形象。COSO 报告指出，所有的企业，不论其规模、结构、性质或产业是什么，其组织的不同层级都会遭遇风险，管理阶层须密切注意各层级的风险，并采取必要的管理措施。

二、内部控制的最新发展——COSO 委员会的企业风险管理框架

在企业管理的各方面越来越关注环境变化所带来的风险时，内部控制与风险管理正逐渐走向融合。英国特恩布尔(Turnbull)报告在向公司董事会、管理层等提供内部控制的指导时，始终将内部控制与风险管理联系起来，并指出内部控制是进行风险管理的重要工具，对组织目标实现有着重要影响。内部控制是否有价值是由其帮助组织掌控风险的程度所决定的。在澳大利亚和新西兰的标准委员会 1999 年修改了风险管理标准之后，澳大利亚新南威尔士州财政部(NSW Treasury)发布了“风险管理及内部控制”的系列研究报告，在第一卷“完善的战略和指南”中指出，有效的内部控制是风险管理过程的一部分，是一种评估、限制、监督和控制影响组织目标实现的风险的复杂、系统的方法。IIA 2001 年准则中将控制定义为组织管理层、董事会及其他方面进行的、旨在加强风险管理、增大实现既定目标的可能性的行为。

从 2001 年开始，COSO 委员会成立了企业风险管理(ERM)框架项目咨询委员会，开始进行企业风险管理的研究。2003 年 7 月正式对外公布企业风险管理框架征求意见稿。企业风险管理是在 1992 年内部控制整体架构基础上的拓展。COSO 委员会在企业风险管理报告中是这样描述企业风险管理与内部控制整体架构的关系的：内部控制整体架构是包含在企业风险管理中的一体化的部分，企业风险管理扩大了内部控制整体架构的范围，以建立一个对风险更加关注的更强大的概念体系。因此，内部控制与风险管理之间的融合已是一种必然趋势，这种融合可以理解为风险管理包含了内部控制，也可以理解为企业风险管理框架就是现代内部控制的外在表现。

COSO 委员会对企业风险管理框架的定义是：“企业风险管理框架是一个在战略决策以及在整个企业中贯穿实施的过程，用于识别影响企业的潜在事件将风险控制在企业风险偏好的范围内，并为企业目标的实现提供合理的保证。上述过程受到企业的董事会、管理层及其他人员的影响”。

企业风险管理框架报告首先指出企业风险管理的最终目的。现代社会中各种企业面临着许多的不确定性，不确定性代表着无法确定是否发生及其相关后果的潜在事件，不确定

性来自于企业的战略选择，这种不确定性就是风险，包含正面和负面因素。企业风险管理能够为管理者提供一个有效的框架以处理不确定性及相关的(负面)风险和机会，从而提高企业创造价值的能力。因此，增加价值是企业风险管理的最终目的。

企业风险管理框架的要素在COSO委员会内部控制整体架构(简称IC-IF)基础上向风险管理领域拓展，包括内部环境、目标设定、事件识别、风险评估、风险回应、控制活动、监督及信息与沟通等8个基本要素，这些要素共同作用，构成了风险管理机制。在八个要素作用下，企业风险管理的运作可以归纳为以下几点。

(1) 在制定战略、经营、报告以及遵循性目标时考虑风险。

(2) 识别可能影响目标的潜在事件，包括可能产生负面影响的风险和正面影响的机会。

(3) 对风险进行较准确的评估，考虑单项风险及组合风险的影响程度及发生概率。

(4) 根据评估的风险水平，考虑相应的规避、降低、分享或者接受等方式进行风险回应，采取具体的控制活动把风险控制在可容忍的风险水平之内。

(5) 采取持续监督或独立评价的方式确保企业风险管理保持有效。上述过程是在企业内部环境中作用的，受其直接制约，其中企业的风险管理哲学、风险偏好和风险文化直接影响了企业风险管理的全过程。畅通的信息沟通能够保证企业风险管理在整个企业中自上而下有效运作。企业风险管理框架可参见图4-2。

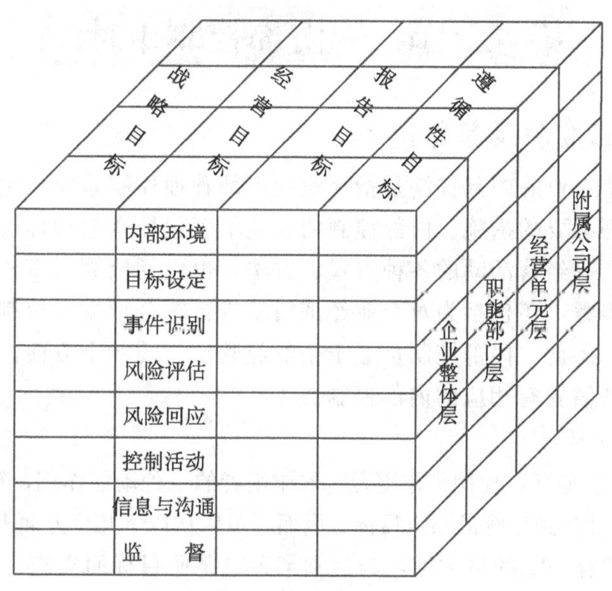

图4-2 企业风险管理框架

企业风险管理框架与内部控制整体架构相比，有如下几个变化。

(1) 目标的拓展。在图4-2中，企业风险管理提出了四种目标——战略、经营、报告和遵循性。经营与遵循性目标延续了内部控制整体架构的目标；在内部控制整体架构中，报告目标是和对外财务报告可靠性相关的，而在企业风险管理中报告目标得以扩大，包括企业所有对内和对外的报告，因此报告目标的范围从仅仅关注财务信息扩展到非财务信息；另外，企业风险管理还增加了战略目标，作为最高层次的目标，战略目标统领所有其他目标，这就使企业风险管理的应用深入了战略设定层次，与内部控制整体架构相比和公司治理层更加融合。

(2) 要素的增加。企业风险管理在延续内部控制整体架构要素基础上新增目标设定、事件识别和风险回应三个与风险紧密相关的要素，遵循了“目标—风险—控制”这样的逻辑顺序，充分体现对风险的关注。

(3) 对原有要素内容的充实与丰富。在内部环境要素中，企业风险管理更直接关注于企业的风险文化与风险偏好，这是企业高级管理层对待风险的态度以及进行风险管理的基础。虽然内部控制整体架构和企业风险管理中都包括风险评估要素，但企业风险管理倾向于更准确地进行风险评估，采用定性或定量的方法对事件发生的后果和可能性进行估计。企业风险管理指出控制活动是有助于确保管理层的风险回应措施得以执行的政策和程序，从而明确了控制活动的目的。企业风险管理扩大了信息与沟通要素，考虑了来自历史、现在和未来潜在的事件及沟通方式，并要求与企业信息系统整合。

(4) 更广泛、深入渗透到企业各层次管理活动中。在图 4-2 中，除了目标和要素两个维度之外，企业风险管理还包括第三个维度——企业管理的不同层次。企业风险管理框架是一个渗透到企业各种活动中的一系列行动，企业风险管理与组织经营管理活动是相互融合的，是为了基本的经营目的而存在的。

第二节 内部控制审计

一、了解内部控制及其作用

广义地讲，一个企业的内部控制是指企业的内部管理控制系统，包括为保证企业正常经营所采取的一系列必要的措施。内部控制的职能不仅包括企业管理层用来授权与指挥进行购货、销售、生产等经营活动的各种方式、方法，也包括核算、审核、分析各种信息资料及报告的程序与步骤，还包括为对企业经济活动进行综合计划、控制和评价而制定或设置的各项规章制度。因此，内部控制贯穿于企业经营活动的各个方面，只要存在企业经济活动和经营管理，就需要有相应的内部控制。

(一) 了解内部控制

根据控制论的一般原理，控制是作用者对被作用者的一种动能作用，被作用者按照作用者的这种作用而行动，并达到系统的预定目标。因而，可以从以下几个方面来理解内部控制。

(1) 内部控制具有一定的目的性，为达到某种或某些目标而实施。

(2) 内部控制是为达到某个或某些目标而进行的过程，且是一种动态的过程，是使企业的经营依循既定的目标前进的过程。它本身是一种手段而非一种目的。

(3) 内部控制不是某种事物或某种状况，而是散布在企业作业中的一连串行动，是企业经营的一部分，与经营过程结合在一起，使经营过程发挥其应有的功能，并监督着企业经营过程的持续进行。换言之，内部控制与企业经营活动相互交织，为企业基本的经营活动而存在。

(4) 内部控制深受企业内部和外部环境的影响，环境影响企业目标的控制和实施。

(5) 企业中的每一名员工既是控制的主体又是控制的客体，即对其负责的作业进行实施控制，又受到他人的控制与监督。

(6) 所有的内部控制都是针对"人"而建立和实施的，企业内部会形成一种控制精神和控制观念，直接影响到企业的控制效率和效果。

(二) 内部控制的作用

内部控制是企业提高经营效率，稳健发展的有效手段。企业规模越大，业务越复杂，其重要性就越为显著。建立健全的内部控制，并恰当运用它，有利于减少疏忽、错误与违纪违法行为，有利于激励进取，促进企业有效发展。

如果企业的管理者，要想获取良好的经济效益与工作效率，达到企业预期目标，则必须充分而有效地控制各种经营活动。内部控制健全、实施与否，是企业经营成败的一个关键。归纳起来，内部控制有以下作用。

▶ 1. 统合作用

内部控制涉及企业中所有机构和所有活动及具体环节，由点到线、由线到面、逐级结合、统驭整体。一个企业虽有不同的部分，但要达到经营目标，必须全面配合，发挥整体的作用。内部控制正是利用会计、统计、业务部门、审计等各部门的制度规划以有关报告等作为基本工具，以实现综合与控制的双重目的。因此，内部控制具有统合整体的作用。

▶ 2. 制约与激励作用

内部控制是对各种业务的执行是否符合企业利益及既定的规范标准予以监督评价，适当的控制，使企业各项经营按部就班，以期获得预期的效果。由此可见，内部控制对管理活动能发挥制约作用。严密的监督与考核，能真实反映工作实绩，可稳定员工的工作情绪，激发员工工作热情及潜能，提高工作效率。由此可见，内部控制也能发挥激励作用。

▶ 3. 促进作用

无论是管理还是控制，执行者必须依据企业既定计划或政策目标，依据一定的规律对全部活动加以注意，发挥所长，力避所短，了解组织职能与各部门的相互关系，公正地检查和合理地评估各项业务。即要重视制度设计、控制原则应用、了解业务部门的实际工作动态，及时发挥控制的影响力，促进管理目标如实达成。因此，内部控制具有促进作用。

二、设计与实施内部控制的基本原则

内部控制是企业运营管理的组成部分，其设计与实施需要遵循一些基本原则：

(1) 内部控制应涵盖企业内部的各项经济业务、各个部门和各个岗位，并针对业务处理中的关键控制点，将内部控制落实到政策、执行、监督、反馈等各个环节。

(2) 内部控制应该符合国家有关法律法规和本企业的实际情况，全体员工必须遵照执行，任何员工都没有超越内部控制的权利。

(3) 内部控制应当保证企业内部机构、岗位及其职责权限合理设置和分工，坚持不相容职务相互分离，确保不同机构和岗位之间权责分明、相互制约、相互监督。

(4) 内部控制应该正确处理成本与效益的关系，保证以合理的控制成本达到最佳的控制效果。从理论上遵照这一原则，就应该在内部控制成本和效益关系中找出内部控制的最佳点，如图 4-3 所示。

三、内部控制的局限性

任何事物都不是尽善尽美的，内部控制也一样存在固有的、不可避免的局限性，主要包括以下几点。

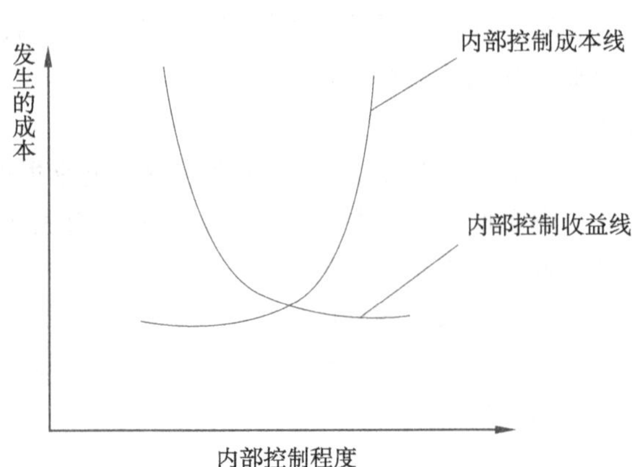

图 4-3 内部控制成本与效益的关系

(1) 如果企业内部控制的执行人员滥用职权、蓄意营私舞弊，即使有设计良好的内部控制，也不会发挥其应有的效能。内部控制作为企业管理的一个组成部分，它理所当然的要按照其管理人员的意图进行，尤其是企业负责人的决策更是决定作用。决策出了问题，贯彻决策人意图的内部控制也失去了应有的效能。

(2) 如果企业内部不相容职务的人员相互串通作弊，与此相关的内部控制就会失去作用。内部控制的制约机能，是担当不相容职务的人员相互验证、同件共证的结果。在实际工作中，如果处于不相容职务上的有关人员相互串通、相互勾结，就失去了内部控制中相互制约的基本功能，内部控制也就很难发挥作用。

(3) 如果企业内部行使控制职能的人员素质不适合岗位要求，也会影响内部控制功能的正常发挥。内部控制是由人建立的，也是由人来行使的，如果企业内部行使职能的人员在心理上、技能上和行为方式上未能达到实施内部控制的基本要求，对内部控制的措施和程序经常误解、误判，那么再好的内部控制也很难充分发挥作用。

(4) 企业内部的成本效益问题也会影响其效能。企业作为一个经济实体所关心的是经济效益。如果单纯从控制的角度来看，控制环节和控制措施越严密复杂，控制的效果也就越好。但由于控制环节越多、控制措施越复杂，相应的控制成本也就越高，同时也会影响企业生产经营活动的效率。因此在设计和实施内部控制时，企业必须考虑控制效果和控制成本之比。当控制成本大于可能产生的损失时，就没有必要设置控制环节和控制措施，这样某些小错弊的发生就得不到控制。

(5) 内部控制一般都是针对企业经常性业务设计的，因此可能会对不正常的或难以预料的错弊类型失去控制能力。企业处在经常变化的环境之中，为便于生存和保持竞争能力，势必要经常调整经营策略，或收购其他单位，或在异地开办分支机构，或增设分部、部门、生产线等，这就会导致原有的控制程序和新增的业务内容失去了控制作用，在变化过程中可能会发生差错和不合规行为。

总之，内部控制系统不是万能的保险系统，其作用只能是合理保证。正如 COSO 报告指出："不论设计及执行多么完善，内部控制都只能为管理阶层和董事会提供达成目标的合理保证。而目标达成的可能性，尚受内部控制的先天条件所限制。"美国注册会计师协会(AICPA)特别咨询委员会也提出："管理人员主观理解、经验，特殊行业、企业状况，管理当局的作风，成本-效益的判断以及其他因素都会影响内部控制技术的适当选择。"

郑百文内部控制失败案例

一、案例资料

“郑百文事件”引起人们普遍关注。郑百文曾有过辉煌历史：1988年在全国同行业率先进行股份制改革，成为全国商业批发行业龙头，1996年上市。上市申请文件中称，1986—1996年的10年间，销售收入增长45倍，利润增长36倍；1996年销售收入41亿元，名列全国同行业前茅。1997年其主营规模和资产收益率等在所有商业上市公司中排第一。然而神话很快破灭，1998年郑百文每股净亏2.54元，1999年亏掉9.8亿元，两年创沪深股市亏损之最。2000年，其有效资产不足6亿元，而亏损超过15亿元。新华社《假典型巨额亏空的背后》一文形象地描述了郑百文没落之路：“一边是越吹越大的数字，一边是越戴越多的桂冠；红极一时的背后掩藏着弄虚作假、胡作非为；一边是冠冕堂皇的理论，一边是移花接木的骗局；唬人一时的ST郑百文紧紧把银行牢牢套住；一边是越铺越大的摊子，一边是越堆越高的债务；高速膨胀下的失控加速了ST郑百文神话的破灭。”郑百文的由盛而衰，是典型的内部控制的失败史。正如有关专家指出：“‘郑百文事件’为上市公司敲响了警钟，公司上市并不意味着万事大吉，如果上市公司内部没有形成行之有效的监督机制，上市后必然会出现问题。”

二、案例分析

下面我们依据内部控制的若干要素，加以具体分析。

1. 控制环境失败

控制环境是内部控制的核心，决定其他控制要素能否发挥和如何发挥作用，直接影响控制目标的实现。

(1) 法人治理结构极不完善。现代企业制度要求企业建立规范的法人治理结构，股东大会、董事会、监事会、经理层互相监督、制约。郑百文第一大股东持股14.64%，前十大股东持股仅占26%，流通股高达54%，第一大股东郑州市国资局将所持国有股股权划归与郑百文同一法定代表人的郑州百文集团有限公司经管，外部力量对公司干涉极弱。郑百文却利用上市后经营自主权的扩大，大行违背经济规律甚至违法乱纪之道：上市募集的资金数以亿计地被公司领导以投资、合作为名拆借、挪用，总计10多家公司拆借的近2亿元资金至今有去无归，公司陷入多起追款讨债的官司中。1997年，郑百文董事会将创造规模效益作为公司的主要经营方针，开始庞大的扩张计划，在北京、上海、重庆、深圳等地先后建立自己的营销中心，并将1998年配股筹集的1亿元资金投入建设营销网络。据郑百文员工回忆，当时公司高管人员天天飞来飞去，忙着各地的销售网络，陶醉在自己设想的辉煌中。监事会和大股东当时哪有片言只语的异议？用员工的话概括：“那时我们上上下下都昏了头。”连监督者也忙昏了？

(2) 管理理念混乱。郑百文的根本问题是经营管理不善。公司年报也承认：“重经营，轻管理；重商品销售，轻战略经营；重资本经营，轻金融风险防范；重网络硬件建设，轻网络软件完善；重人才引进，轻人员监管和培训。”

(3) 经营方针失误。郑百文以家电经销为主，由经销长虹彩电发家的家电分公司资产及业务量在郑百文中独占鳌头，郑百文拖欠银行债务的90%以上在家电公司。由于家电市场竞争激烈，纷纷降价，造成商品难以变现，承兑货款逾期，财务状况恶化，1998年家电分公司销售收入由上年的65.71亿元锐减到24.43亿元。公司管理层曾四处散发其“大转盘”理论，即由河南省建设银行出面承兑，向四川长虹出具银行承兑汇票，郑百文买断长虹的电视产品，并向下游批发商赊销。郑百文领导赋予此三角合作关系高深的内涵，说商业银行信誉、生产商信誉和销售商信誉加在一起，就是中国市场经济的基本框架。完全没有考虑风险，直至信用关系解体，公司陷入困境。

(4) 决策随意。1992年以募股资金680万元参股组建郑州中意百文鞋业公司，但始终未正常生产。又不顾资金紧张，在没有可行性论证的情况下，投巨资设立40多个分公司，最后成为沉重“包袱”。1998年在困境面前，公司又以配股资金的600万元兼并了与主营业务毫无关联的郑州化工原料公司，这“鸵鸟政策”科学性何在？分支机构一盘散沙，控制无力，管理滞后，成本高企，仅下属三家子公司合并时就产生未确认的投资损失286.97万元，其“松散管理”可见一斑。

(5) 人事管理不当。郑百文为激励职工，以销售收入为指标，完成指标者封为副总，可以自配小车。结果各网点为完成指标不惜购销价格倒挂，商品大量高进低出，最终关门歇业，留下4亿多元未收账款。任职几年的分公司经理，却开上了属于自己的价值上百万元的宝马轿车，住上了价值几百万元的豪宅。真是富了方丈穷了庙。

2. 风险意识薄弱

(1) 盲目扩张，风险加大。郑百文上市时资产负债率已高达68.9%，上市后公司没有及时调整资产结构，反而走上大规模扩张之路。1997年资产规模以60.12%的速度高速增长，股东权益仅增长24.94%，负债率达到87.97%。1998年配股后，如果将资金用以偿还负债或补充自身的流动资金，公司经营情况或许有所缓和。但郑百文反而在配股后1年内，在全国9个城市和地区建立了12家配售中心，支出达2.7亿元，更加重了债务负担。此后销售收入没有上升，反而从1997年的70.4亿元下降到2014年的33.5亿元，负债率在1999年中期高达134.18%。公司董事长对高负债率不以为然，认为“负债经营对公司有利”，并没有认识到杠杆经营必须要用较高的销售利润率来弥补经营风险。但是，1997年郑百文销售利润率只有0.69%，远远不能弥补高负债带来的潜在经营风险。

(2) 信用销售，埋下祸根。成也萧何，败也萧何。郑百文高速发展的动力和最后让其陷入困境的都是与长虹、建行的三角信用关系。这种销售方式存在致命缺陷——抗风险能力差，一旦郑百文不能在规定期限内将产品销售出去，或资金回笼出现问题，就会引发严重的后果。一方面，郑百文以银行承兑汇票向厂家买断产品，厂商即将产品的销售风险全部转嫁给郑百文。1998年以来家电竞争激烈，长虹为扩大市场份额，一再降价，直接导致郑百文购入的存货实际价值大幅贬值，最终购销价格倒挂，形成亏损。之后，长虹改变销售策略，放弃单纯依靠批发商经销，郑百文货源因此大幅缩水；另一方面，如果郑百文不能及时回流货款，银行会对其开具的银行承兑汇票的逾期资金进行罚息。1998年的罚息使公司年度财务费用达到1.3亿元，同比增长1434.27%。之后建行发现其款项不能收回，即停止对郑百文承兑汇票，掐断了其资金后盾。

3. 信息系统失真

(1) 会计处理缺乏一贯性、完整性。1999年上半年，公司将2014年度未入账的预期罚息6922万元在调整后的“年初未分配利润”反映，而1999年上半年又将预期罚息1.27亿元在“财务费用”反映。1999年6月公司对其应收账款余额按1年以内10%、1～2年60%、2～3年80%、3年以上100%的比例计提坏账准备，导致当期管理费用增至3.02亿元，其中呆坏账准备高达2.6亿元。而1998年仅按0.3%的比例计提应收账款坏账准备。注册会计师声称根据公司提供的资料，无法对这些账款中可能收回的数额以及是否需要对公司会计报表中已计提的坏账准备2.6亿元进一步的调整作出合理的估计。注册会计师对郑百文1998年报、1999年报中连续出具拒绝表示意见审计报告，指出：“贵公司家电分公司缺乏我们可信赖的内部控制制度，会计核算方法具有较大的随意性，而家电分公司的资产及业务量在贵公司占较大比重，致使我们无法取得充分适当的审计证据对贵公司整体会计报表的收入、成本及其相关的报表项目的真实性、合理性予以确认。”

(2) 上市前后利润存在大量泡沫。郑百文泡沫早就存在，但被虚假信息所粉饰、掩盖。公司不具备上市资格，为了能上市圈钱、筹集资金，专门组建了几个做假账目的班子，把各种财务报表、指标做得一应俱全，把亏损做成盈利，在强大公关掩护下蒙混过关。其变亏为盈的常用招数是让厂家以欠商品返利的形式给郑百文打欠条，然后以应收款的名目做成盈利入账。同时向厂家保证，所打欠条只供郑百文做账，不作为还款依据。上市后，郑百文继续掩盖亏损、制造账面假盈利，公司账目一片混乱，致使1998、1999连续两年会计师事务所拒绝出具审计意见。直到后来纸包不住火了，郑百文才公布重大亏损的实情。

4. 内部监督虚无

在1998年开始出现亏损时，公司才进行全面的内部审计。以前内部审计比较少，内部整顿也是在公司出了事以后。这种救火式的内部监督能起多大作用呢？郑百文员工就认为“仅凭公司几个人走马观花，四处看看，这种监管等于没有”。在经营过程中一直没有内审的声音，郑百文就这样一步步走向破产边缘。

本章小结

内部控制的发展经历了较长的演变过程。

内部控制是企业运营管理的组成部分，其设计与实施需要遵循一些基本原则。

思考与练习

一、分析题

1. 新华有限责任公司财务科有A、B、C三个会计人员，他们要完成如下几项工作：

(1) 记录总账。

(2) 记录应付款明细账。

(3) 记录应收款明细账。

(4) 开具支票，以便主管人员签章，并记载现金日记账。

(5) 开具退货拒付通知书。

(6) 调节银行对账单。

(7) 处理并送存所收入的现金。

现已知这三个会计人员均具有相当的能力，除了调节银行对账单、签发拒付通知书工作量较小外，其他几项会计工作量基本相等，如何将上述几项工作分配给 A、B、C 三个会计人员，使会计工作起到较好的内部控制作用，并使这三个会计人员的工作量基本相等。

2. 审计人员对某公司存货的内部控制系统进行调查，调查的内容主要是存货管理及控制系统的设计部门及各控制者的职权范围，有关业务处理的程序，会计记录处理的原则及有关凭证的传递程序等。

用调查表法的形式，对存货的内部控制系统提出至少 10 个“问题”。

二、思考题

1. 内部控制的产生和演进经历了哪些阶段？
2. 内部控制的作用有哪些？
3. 如何理解内部控制设计中的成本收益原则？
4. 内部控制五要素的关系如何？
5. 企业风险管理框架与内部控制整体架构有何不同？

5 第五章 Chapter 5 审计抽样

学习重点

1. 审计抽样含义、适用范围；抽样风险和非抽样风险。
2. 属性抽样的具体方法。
3. PPS 抽样法和变量抽样法。

引导案例

津城会计师事务所在审查海河毛纺厂的销售与收款循环时，从 2000 个应收账款账户余额中随机抽取 50 个进行审查，结果发现有一个账户记录的客户欠款金额巨大，是在年终前客户刚签署购货合同时计入的。注册会计师老张认为这不符合收入确认原则，海河毛纺厂的总会计师解释说，该客户是一个老客户，企业已经按客户口头打招呼和以往惯例在组织生产，合同早就该签，但由于双方主管领导事务繁忙，一拖再拖，再者由于是老客户，所以直到年终才签合同，合同价款肯定能收到。而且只有这一个客户存在这种情况。

按照审计惯例，一般要根据样本中存在的错误推断总体，据此推断该客户当年虚增收入为样本中的错误数乘以 40(即 2000÷50)，如果按这一推断进行审计调整，则该企业将由盈变亏。如果确如总会计师所说，这种情况是唯一的，则只应调整一个数据。注册会计师老张犹豫不决，不知该如何做出选择。

第一节 审计抽样概述

一、审计项目的选取方法

在设计审计程序时，注册会计师需要合理确定审计项目的选取方法。注册会计师可以选择的方法包括选取全部项目、选取特定项目和审计抽样。注册会计师可以根据实际情况，单独或者综合使用这些方法，但所使用的方法应当能够提供充分、适当的审计证据，以实现审计目标。

当存在下列情形之一时，注册会计师应当考虑选取全部项目进行测试。

(1) 总体由少量的大额项目构成。

(2) 存在特别风险且其他方法未提供充分、适当的审计证据。

(3) 由于信息系统自动执行的计算或其他程序具有重复性，对全部项目进行检查符合成本效益原则。对全部项目进行检查，通常更适用于细节测试。

根据对被审计单位的了解、评估的重大错报风险以及测试总体的特征等，注册会计师可以确定从总体中选取特定项目进行测试。选取的特定项目可以包括大额或关键项目；超过某一金额的全部项目；被用于获取某些信息的项目；被用于测试控制活动的项目。

选取特定项目进行检查和审计抽样的区别在于，对于选取的特定项目进行检查后，不能根据其实施审计程序的结果推断至整个总体。根据判断选取特定项目，容易产生非抽样风险。

二、审计抽样的含义及其适用

审计抽样是指注册会计师对某类交易或账户余额中低于百分之百的项目实施审计程序，使所有抽样单元都有被选取的机会。审计抽样使注册会计师能够获取和评价与被选取项目的某些特征有关的审计证据，以形成或帮助形成对从中抽取样本的总体的结论。其中的抽样单元是指构成总体的个体项目；总体是指注册会计师从中选取样本并据此得出结论的整套数据。例如，在资产负债表日，注册会计师在对应收账款进行审计时，为了证实应收账款账户余额的真实性和正确性，需要从 2000 个应收账款明细账中抽取 60 个作为样本进行函证。此例中的百分之百是 2000 个应收账款明细账，即总体；每一个明细账户都是一个抽样单元，如果从 2000 个明细账中抽取的 60 个明细账，占总体的 3%(即 60/2000)，低于百分之百。根据随机抽样的原理，则其中每个抽样单元都有被抽中的机会。

注册会计师获取审计证据的审计程序包括风险评估程序、控制测试和实质性程序。

风险评估程序通常不涉及使用审计抽样和其他选取审计项目的方法，但如果注册会计师在了解控制的设计和确定其是否得到执行时，一并计划和实施控制测试，则会涉及审计抽样和其他选取审计项目的方法。

当控制的运行留下轨迹时，注册会计师可以考虑使用审计抽样和其他选取审计项目的方法。

实质性程序包括对各类交易、账户余额、列报的细节测试，以及实质性分析程序。在实施细节测试时，注册会计师可以使用审计抽样和其他选取审计项目的方法获取审计证据，以验证有关财务报表金额的一项或多项认定，或对某些认定做出独立估计。在实施实质性分析程序时，注册会计师不宜使用审计抽样和其他选取审计项目的方法。

三、非统计抽样和统计抽样

根据抽样决策依据的不同，审计抽样可以分为非统计抽样和统计抽样。

非统计抽样包括任意抽样和判断抽样。任意抽样是指注册会计师在审计对象总体中任意(不是随机)抽取一部分样本进行审查，并以样本的审查结果推断总体的一种方法；判断抽样又称重点抽样，是指注册会计师根据被审计单位会计核算的质量、内部控制制度的健全和有效程度、审计的目的和任务等实际情况，凭借其实际经验和主观判断来抽取样本，并以样本的审查结果来推断总体的一种方法。运用判断抽样法，抽取的样本数量一般占总体的20%～30%为宜。

统计抽样是指注册会计师运用概率论原理，遵循随机原则，从总体中抽取样本进行审查，然后以样本的审查结果来推断总体的一种方法。

不管统计抽样还是非统计抽样，都要求注册会计师在设计、实施和评价样本时运用专业判断。

四、抽样风险和非抽样风险

注册会计师在获取审计证据时，应当运用职业判断，评估重大错报风险，并设计进一步审计程序，以确保将审计风险降至可接受的低水平。

审计风险取决于重大错报风险和检查风险。抽样风险和非抽样风险可能影响重大错报风险的评估和检查风险的确定。

(一) 抽样风险

抽样风险是指注册会计师根据样本得出的结论，与对总体全部项目实施与样本同样的审计程序得出的结论存在差异的可能性。

当对某类交易或账户余额中选取的样本实施控制测试或实质性程序时，注册会计师的结论可能与对全部项目实施同样的程序得出的结论不同，由此产生了抽样风险。也就是说，样本中包含的金额错报或对设定控制的偏差，可能不能代表某类交易或账户余额总体中存在的错报或控制偏差。例如，实施控制测试时，注册会计师在100个样本项目中发现2个偏差(即样本的实际偏差率为2%)，并由此认为控制运行有效。但实际上，该总体的实际偏差率为8%，注册会计师本该做出控制未有效运行的结论。注册会计师错误地接受总体，是因为样本特征与总体实际特征不一致。只要注册会计师没有对总体中的全部项目实施审计程序，抽样风险就可能产生。

通常，抽样风险可分为下列两种类型。

(1) 在实施控制测试时，注册会计师推断的控制有效性高于其实际有效性的风险，即信赖过度风险；或在实施细节测试时，注册会计师推断某一重大错报不存在而实际上存在的风险，即误受风险。信赖过度风险和误受风险影响审计的效果，并可能导致注册会计师发表不恰当的审计意见。

(2) 在实施控制测试时，注册会计师推断的控制有效性低于其实际有效性的风险，即信赖不足风险；或在实施细节测试时，注册会计师推断某一重大错报存在而实际上不存在的风险，即误拒风险。信赖不足风险和误拒风险影响审计的效率。

(二) 非抽样风险

非抽样风险是指由于某些与样本规模无关的因素而导致注册会计师得出错误结论的可能性。非抽样风险包括审计风险中不是由抽样所导致的所有风险。注册会计师即使对某类交易或账户余额的所有项目实施某种审计程序，也可能仍未能发现重大错报或控制失效。

注册会计师采用不适当的审计程序，或者误解审计证据而没有发现误差等，均可能导致非抽样风险。

第二节　控制测试中审计抽样的运用

在控制测试中运用的抽样方法一般时属性抽样法。属性抽样是指在精确度界限内和可靠程度一定的条件下，为了测定总体特征的发生率而采用的一种方法。常用的属性抽样方法有固定样本量抽样、停走抽样、发现抽样等。

一、固定样本量抽样

固定样本量抽样的基本步骤如下。

▶ 1. 确定预期总体误差

预计总体误差即注册会计师预期在审计过程中发现的误差。在控制测试中，预计总体误差是指预计总体偏差率。

在实施控制测试时，注册会计师通常根据对相关控制的设计和执行情况的了解，或根据从总体中抽取少量项目进行检查的结果，对拟测试总体的预计误差率进行评估。注册会计师可以根据上年测试结果和控制环境等因素对预计总体偏差率进行估计。考虑上年测试结果时，应考虑被审计单位内部控制和人员的变化。在实务中，如果以前年度的审计结果无法取得或认为不可靠，注册会计师可以在抽样总体中选取一个较小的初始样本，以初始样本的偏差率作为预计总体偏差率的估计值。如果预计总体偏差率很高，意味着控制有效性很低，这时注册会计师应考虑不进行控制测试，而实施更多的实质性程序。

▶ 2. 确定可容忍误差

可容忍误差是指注册会计师能够容忍的最大误差(即审计重要性水平)。在其他因素既定的条件下，可容忍误差越大，所需的样本规模越小。

在控制测试中，可容忍误差是指可容忍偏差率。可容忍偏差率是指注册会计师在不改变其计划评估的控制有效性，从而不改变其计划评估的重大错报风险水平的前提下，愿意接受的对于设定控制的最大偏差率。在确定可容忍偏差率时，注册会计师应考虑计划评估的控制有效性。计划评估的控制有效性越低，注册会计师确定的可容忍偏差率通常越高，所需的样本规模就越小。一个很高的可容忍偏差率通常意味着，控制的运行不会大大降低相关实质性测试的程度。在这种情况下，由于注册会计师预期控制运行的有效性很低，特定的控制测试可能不需进行。反之，如果注册会计师在评估认定层次重大错报风险时预期控制的运行是有效的，注册会计师必须实施控制测试。换言之，注册会计师在风险评估时越依赖控制运行的有效性，确定的可容忍偏差率越低，进行控制测试的范围越大，因而样本规模增加。

在实务中，注册会计师通常认为，当偏差率为3%～7%时，控制有效性的估计水平较高；可容忍偏差率最高为20%，偏差率超过20%时，由于估计控制运行无效，注册会计师不需进行控制测试。当估计控制运行有效时，如果注册会计师确定的可容忍偏差率较高就被认为不恰当。表5-1列示了可容忍偏差率与计划评估的控制有效性之间的关系。

表 5-1 可容忍偏差率和计划评估的控制有效性之间的关系

计划评估的控制有效性	可容忍偏差率(近似值)
高	3%～7%
中	6%～12%
低	11%～20%
最低	不进行控制测试

3. 确定可接受的抽样风险

在进行控制测试时，确定审计抽样的样本规模主要受注册会计师可接受的抽样风险水平的影响；可接受的风险水平越低，需要的样本规模越大。而且，注册会计师主要关注抽样风险中的信赖过度风险。可接受的信赖过度风险与样本规模成反比。注册会计师愿意接受的信赖过度风险越低，样本规模通常越大。注册会计师愿意接受的信赖过度风险越高，样本规模越小。控制测试中选取的样本旨在提供关于控制运行有效性的证据。由于控制测试是控制是否有效运行的主要证据来源，因此，可接受的信赖过度风险应确定在相对较低的水平上。通常，相对较低的水平在数量上是指5%～10%的信赖过度风险。在实务中，一般的测试是将信赖过度风险确定为10%，特别重要的测试则可以将信赖过度风险确定为5%。

4. 确定样本规模

确定样本规模的方法有以下两种。

(1) 使用统计公式计算样本规模

$$\text{可接受的信赖过度风险系数}=\frac{\text{样本量}(N)}{\text{可容忍偏差率}}=\frac{R}{\mathrm{TR}}$$

其中，“可接受的信赖过度风险系数”取决于特定的信赖过度风险和预期将出现的偏差的个数，它可在泊松分布表中查得。表5-2列示了在控制测试中常用的风险系数。

表 5-2 控制测试中常用的风险系数表

预期发生偏差的数量	信赖过度风险	
	5%	10%
0	3.0	2.3
1	4.8	3.9
2	6.3	5.3
3	7.8	6.7
4	9.2	8.0
5	10.5	9.3
6	11.9	10.6
7	13.2	11.8
8	14.5	13.0
9	15.7	14.2
10	17.0	15.4

例如，如果确定的可容忍信赖程度风险为10%，可容忍偏差率7%，并预期至多发现一例偏差。应用公式可计算出所需的样本量为56，计算如下：

$$N=\frac{R}{TR}=\frac{\text{可接受的信赖过度风险系数}}{\text{可容忍偏差率}}=\frac{3.9}{0.07}=56$$

其中的风险系数3.9是根据预期的偏差1，信赖过度风险10%，从表5-2中查得的。

(2) 使用样本量表确定样本规模。

表5-3和表5-4分别提供了在控制测试中确定的可接受信赖过度风险为5%和10%时所使用的样本量表。

表5-3　控制测试中统计抽样样本规模(可接受信赖过度风险5%)

预期总体误差(%)	可容忍误差率										
	2%	3%	4%	5%	6%	7%	8%	9%	10%	15%	20%
0.00	149(0)	99(0)	74(0)	59(0)	49(0)	42(0)	36(0)	32(0)	29(0)	19(0)	14(0)
0.25	236(1)	157(1)	117(1)	93(1)	78(1)	66(1)	58(1)	51(1)	46(1)	30(1)	22(1)
0.50		157(1)	117(1)	93(1)	78(1)	66(1)	58(1)	51(1)	46(1)	30(1)	22(1)
0.75		208(1)	117(1)	93(1)	78(1)	66(1)	58(1)	51(1)	46(1)	30(1)	22(1)
1.00	*	*	156(1)	93(1)	78(1)	66(1)	58(1)	51(1)	46(1)	30(1)	22(1)
1.25	*	*	156(1)	124(2)	78(1)	66(1)	58(1)	51(1)	46(1)	30(1)	22(1)
1.50	*	*	192(3)	124(2)	103(2)	66(1)	58(1)	51(1)	46(1)	30(1)	22(1)
1.75	*	*	227(4)	153(3)	103(2)	88(2)	77(2)	51(1)	46(1)	30(1)	22(1)
2.00	*	*	*	181(4)	127(3)	88(2)	77(2)	68(2)	46(1)	30(1)	22(1)
2.25	*	*	*	208(5)	127(3)	88(2)	77(2)	68(2)	61(2)	30(1)	22(1)
2.50	*	*	*	*	150(4)	109(3)	77(2)	68(2)	61(2)	30(1)	22(1)
2.75	*	*	*	*	173(5)	109(3)	95(3)	68(2)	61(2)	30(1)	22(1)
3.00	*	*	*	*	195(6)	129(4)	95(3)	84(3)	61(2)	30(1)	22(1)
3.25	*	*	*	*	*	148(5)	112(4)	84(3)	61(2)	30(1)	22(1)
3.50	*	*	*	*	*	167(6)	112(4)	84(3)	76(3)	40(1)	22(1)

*样本规模太大，因而在大多数情况下不符合成本效益原则。

注：本表假设总体为大总体。括号内是可接受的偏差数。

来源：AICPA Audit and Accounting Guide：Audit Sampling(2005)

表5-4　控制测试中统计抽样样本规模(信赖过度风险10%)

预期总体误差(%)	可容忍误差率										
	2%	3%	4%	5%	6%	7%	8%	9%	10%	15%	20%
0.00	114(0)	76(0)	57(0)	45(0)	38(0)	32(0)	28(0)	25(0)	22(0)	15(0)	11(0)
0.25	194(1)	129(1)	96(1)	77(1)	64(1)	55(1)	48(1)	42(1)	38(1)	25(1)	18(1)

续表

预期总体误差（%）	可容忍误差率										
	2%	3%	4%	5%	6%	7%	8%	9%	10%	15%	20%
0.50	194(1)	129(1)	96(1)	77(1)	64(1)	55(1)	48(1)	42(1)	38(1)	25(1)	18(1)
0.75	265(2)	129(1)	96(1)	77(1)	64(1)	55(1)	48(1)	42(1)	38(1)	25(1)	18(1)
1.00	*	176(2)	96(1)	77(1)	64(1)	55(1)	48(1)	42(1)	38(1)	25(1)	18(1)
1.25	*	221(3)	132(2)	77(1)	64(1)	55(1)	48(1)	42(1)	38(1)	25(1)	18(1)
1.50	*	*	132(2)	105(2)	64(1)	55(1)	48(1)	42(1)	38(1)	25(1)	18(1)
1.75	*	*	166(3)	105(2)	88(2)	55(1)	48(1)	42(1)	38(1)	25(1)	18(1)
2.00	*	*	198(4)	132(3)	88(2)	75(2)	48(1)	42(1)	38(1)	25(1)	18(1)
2.25	*	*	*	132(3)	88(2)	75(2)	65(2)	42(2)	38(2)	25(1)	18(1)
2.50	*	*	*	158(4)	110(3)	75(2)	65(2)	58(2)	38(2)	25(1)	18(1)
2.75	*	*	*	209(6)	132(4)	94(3)	65(2)	58(2)	52(2)	25(1)	18(1)
3.00	*	*	*	*	132(4)	94(3)	65(2)	58(2)	25(1)	25(1)	18(1)
3.25	*	*	*	*	153(5)	113(4)	82(3)	58(2)	25(1)	25(1)	18(1)
3.50	*	*	*	*	194(7)	113(4)	82(3)	73(3)	25(1)	25(1)	18(1)

*样本规模太大，因而在大多数情况下不符合成本效益原则。

注：本表假设总体为大总体。括号内是可接受的偏差数。

来源：AICPA Audit and Accounting Guide：Audit Sampling(2005)

注册会计师根据可接受的信赖过度风险选择相应的抽样规模表，读取预计总体偏差率栏找到对应的比率后，确定与可容忍偏差率对应的列，可容忍偏差率所在列与预计总体偏差率所在行的交点就是所需的样本规模。如前所述，注册会计师确定的可接受信赖过度风险为10%，可容忍偏差率为7%，假定预计总体偏差率为1.75%。在信赖过度风险为10%时所使用的表5-4中，7%可容忍偏差率与1.75%预计总体偏差率的交叉处为55，即所需的样本规模为55，近似于前面公式所计算的56。

有时表5-3和表5-4可以被用来评价样本结果。每个样本规模旁边括号中的数字就是预计在样本中发现偏差的数量。预计偏差数是预计总体偏差率与样本规模的乘积。如果注册会计师在样本中发现的偏差数量小于或等于该数字，就可以得出结论，在期望的信赖过度风险下，总体的推断偏差率加上抽样风险允许限度不超过可容忍偏差率。

▶ 5. 选取样本并实施审计

在控制测试中使用统计抽样方法时，注册会计师必须在随机数表或计算机辅助审计技术选样和系统选样中选择一种方法。这是因为这两种方法能够产生随机样本，而其他选样方法虽然也可能提供代表性的样本，但却不是随机的。

1）使用随机数表或计算机辅助审计技术选样

使用随机数表或计算机辅助审计技术选样又称随机数选样。使用随机数选样需以总体中的每一项目都有不同的编号为前提。注册会计师可以使用计算机生成的随机数，如电子表格程序、随机数码生成程序、通用审计软件程序等计算机程序产生的随机数，也可以使用随机数表获得所需的随机数。

随机数表也称乱数表，它是由随机生成的从 0～9 十个数字所组成的数表，每个数字在表中出现的次数是大致相同的，它们出现在表上的顺序是随机的。表 5-5 就是五位随机数表的一部分。应用随机数表选样的步骤如下。

表 5-5　随机数表

	1	2	3	4	5	6	7	8	9	10
1	32044	69037	29655	92114	81034	40582	01584	77184	85762	46505
2	23821	96070	82592	81642	08971	07411	09037	81530	56195	98425
3	82383	94987	66441	28677	95961	78346	37916	09416	42438	48432
4	68310	21792	71635	86089	38157	95620	96718	79554	50209	17705
5	94856	76940	22165	01414	01413	37231	05509	37489	56459	52983
6	95000	61958	83430	98250	70030	05436	74814	45978	09277	13827
7	20764	64638	11359	32556	89822	02713	81293	52970	25080	33555
8	71401	17964	50940	95753	34905	93566	36318	79530	51105	26952
9	38464	75707	16750	61371	01523	69205	32122	03436	14489	02086
10	59442	59247	74955	82835	98378	83513	47870	20795	01352	89906

(1) 对总体项目进行编号，建立总体中的项目与表中数字的一一对应关系。一般情况下，编号可利用总体项目中原有的某些编号，如凭证号、支票号、发票号等。在没有事先编号的情况下，注册会计师需按一定的方法进行编号。如由 40 页、每页 50 行组成的应收账款明细表，可采用四位数字编号，前两位由 01～40 的整数组成，表示该记录在明细表中的页数，后两位数字由 01～50 的整数组成，表示该记录的行次。这样，编号 0534 表示第 5 页第 34 行的记录。所需使用的随机数的位数一般由总体项目数或编号位数决定。如前例中可采用 4 位随机数表，也可以使用 5 位随机数表的前 4 位数字或后 4 位数字。

(2) 确定连续选取随机数的方法。即从随机数表中选择一个随机起点和一个选号路线，随机起点和选号路线可以任意选择，但一经选定就不得改变。从随机数表中任选一行或任何一栏开始，按照一定的方向(上下左右均可)依次查找，符合总体项目编号要求的数字，即为选中的号码，与此号码相对应的总体项目即为选取的样本项目，一直到选足所需的样本量为止。例如，从前述应收账款明细表的 2000 个记录中选择 10 个样本，总体编号规则如前所述，即前两位数字不能超过 40，后两位数字不能超过 50。如从表 5-5 第一行第一列开始，使用前四位随机数，逐行向右查找，则选中的样本为编号 3204、0741、0903、0941、3815、2216、0141、3723、0550、3748 的 10 个记录。

随机数选样不仅使总体中每个抽样单元被选取的概率相等，而且使相同数量的抽样单元组成的每种组合被选取的概率相等。这种方法在统计抽样和非统计抽样中均适用。由于统计抽样要求注册会计师能够计量实际样本被选取的概率，这种方法尤其适用于统计抽样。

2）系统选样

系统选样也称等距选样，是指按照相同的间隔从审计对象总体中等距离地选取样本的一种选样方法。采用系统选样法，首先要计算选样间距，确定选样起点，然后再根据间距顺序地选取样本。选样间距的计算公式如下：

$$选样间距=总体规模\div样本规模$$

例如，如果销售发票的总体范围是 652～3151，设定的样本量是 125，那么选样间距为 20[即(3152－652)÷125]。注册会计师必须从 0～19 中选取一个随机数作为抽样起点。如果随机选择的数码是 9，那么第一个样本项目是发票号码为 661(即 652＋9)的那一张，其余的 124 个项目是 681(即 661＋20)，701(即 681＋20)……依此类推直至第 3141 号。

系统选样方法的主要优点是使用方便，比其他选样方法节省时间，并可用于无限总体。此外，使用这种方法时，对总体中的项目不需要编号，注册会计师只要简单数出每一个间距即可。但是，使用系统选样方法要求总体必须是随机排列的，否则容易发生较大的偏差，造成非随机的、不具代表性的样本。如果测试项目的特征在总体内的分布具有某种规律性，则选择的样本的代表性就可能较差。例如，应收账款明细表每页的记录均以账龄的长短按先后次序排列，则选中的 200 个样本可能多数是账龄相同的记录。

此外，还有分层选样法和整群选样法等样本的选取方法。这些样本的选取方法在统计抽样方法中都可以使用，本文在后面的内容中不再赘述。

无论采用哪一种选样方法，注册会计师都要运用各种恰当的审计方法，对选出的样本实施审计。

▶ 6. 评价样本结果

1）计算总体偏差率

将样本中发现的偏差数量除以样本规模，就计算出样本偏差率。样本偏差率就是注册会计师对总体偏差率的最佳估计，因而在控制测试中无须另外推断总体偏差率。但注册会计师还必须考虑抽样风险。

2）考虑抽样风险

在实务中，注册会计师使用统计抽样方法时通常使用公式、表格或计算机程序直接计算在确定的信赖过度风险水平下可能发生的偏差率上限，即估计的总体偏差率与抽样风险允许限度之和。

(1) 使用统计公式评价样本结果。如前所述，注册会计师对 56 个项目实施了既定的审计程序，且未发现偏差，则在既定的可接受信赖过度风险下，根据样本结果计算总体最大偏差率如下：

$$总体偏差率上限(\mathrm{MDR})=\frac{R}{n}=\frac{风险系数}{样本量}=\frac{2.3}{56}\times100\%=4.1\%$$

其中，风险系数根据可接受的信赖过度风险为 10%，且偏差数量为 0，在表 5-2 中查得为 2.3。这意味着，如果样本量为 56 且无一例偏差，总体实际偏差率超过 4.1%的风险为 10%，即有 90%的把握保证总体实际偏差率不超过 4.1%。由于注册会计师确定的可容忍偏差率为 7%，因此可以得出结论，总体的实际偏差率超过可容忍偏差率的风险很小，总体可以接受。也就是说，样本结果证实注册会计师对控制运行有效性的估计和评估的重大错报风险水平是适当的。

如果在56个样本中有两个偏差，则在既定的可接受信赖过度风险下，按照公式计算的总体偏差率上限如下：

$$总体偏差率上限(MDR)=\frac{R}{n}=\frac{风险系数}{样本量}=\frac{5.3}{56}\times100\%=9.5\%$$

这意味着，如果样本量为56且有两个偏差，总体实际偏差率超过9.5%的风险为10%。在可容忍偏差率为7%的情况下，注册会计师可以作出结论，总体的实际偏差率超过可容忍偏差率的风险很大，因而不能接受总体。也就是说，样本结果不支持注册会计师对控制运行有效性的估计和评估的重大错报风险水平。注册会计师应当扩大控制测试范围，以证实初步评估结果，或提高重大错报风险评估水平，并增加实质性程序的数量，或者对影响重大错报风险评估水平的其他控制进行测试，以支持计划的重大错报风险评估水平。

(2) 使用样本结果评价表。注册会计师也可以使用样本结果评价表评价统计抽样的结果。表5-6和表5-7分别列示了可接受的信赖过度风险为5%和10%时的总体偏差率上限。

表5-6　控制测试中统计抽样结果评价(信赖过度风险5%时的偏差率上限)

样本规模	实际发现的偏差数										
	0	1	2	3	4	5	6	7	8	9	10
25	11.3	17.6	*	*	*	*	*	*	*	*	*
30	9.5	14.9	19.6	*	*	*	*	*	*	*	*
35	8.3	12.9	17.0	*	*	*	*	*	*	*	*
40	7.3	11.4	15.0	18.3	*	*	*	*	*	*	*
45	6.5	10.2	13.4	16.4	19.2	*	*	*	*	*	*
50	5.9	9.2	12.1	14.8	17.4	19.9	*	*	*	*	*
55	5.4	8.4	11.1	13.5	15.9	18.2	*	*	*	*	*
60	4.9	7.7	10.2	12.5	14.7	16.8	18.8	*	*	*	*
65	4.6	7.1	9.4	11.5	13.6	15.5	17.4	19.3	*	*	*
70	4.2	6.6	8.8	10.8	12.6	14.5	16.3	18.0	19.7	*	*
75	4.0	6.2	8.2	10.1	11.8	13.6	15.2	16.9	18.5	20.0	*
80	3.7	5.8	7.7	9.5	11.1	12.7	14.3	15.9	17.4	18.9	*
90	3.3	5.2	6.9	8.4	9.9	11.4	12.8	14.2	15.5	16.8	18.2
100	3.0	4.7	6.2	7.6	9.0	10.3	11.5	12.8	14.0	15.2	16.4
125	2.4	3.8	5.0	6.1	7.2	8.3	9.3	10.3	11.3	12.3	13.2
150	2.0	3.2	4.2	5.1	6.0	6.9	7.8	8.6	9.5	10.3	11.1
200	1.5	2.4	3.2	3.9	4.6	5.2	5.9	6.5	7.2	7.8	8.4

*超过20%。

注：本表以百分比表示偏差率上限。本表假设总体足够大。

来源：AICPA Audit and Accounting Guide：Audit Sampling(2005)

表 5-7 控制测试中统计抽样结果评价(信赖过度风险 10%时的偏差率上限)

样本规模	实际发现的偏差数										
	0	1	2	3	4	5	6	7	8	9	10
20	10.9	18.1	*	*	*	*	*	*	*	*	*
25	8.8	14.7	19.9	*	*	*	*	*	*	*	*
30	7.4	12.4	16.8	*	*	*	*	*	*	*	*
35	6.4	10.7	14.5	18.1	*	*	*	*	*	*	*
40	5.6	9.4	12.8	16.0	19.0	*	*	*	*	*	*
45	5.0	8.4	11.4	14.3	17.0	19.7	*	*	*	*	*
50	4.6	7.6	10.3	12.9	15.4	17.8	*	*	*	*	*
55	4.1	6.9	9.4	11.8	14.1	16.3	18.4	*	*	*	*
60	3.8	6.4	8.7	10.8	12.9	15.0	16.9	18.9	*	*	*
70	3.3	5.5	7.5	9.3	11.1	12.9	14.6	16.3	17.9	19.6	*
80	2.9	4.8	6.6	8.2	9.8	11.3	12.8	14.3	15.8	17.2	18.6
90	2.6	4.3	5.9	7.3	8.7	10.1	11.5	12.8	14.1	15.4	16.6
100	2.3	3.9	5.3	6.6	7.9	9.1	10.3	11.5	12.7	13.9	15.0
120	2.0	3.3	4.4	5.5	6.6	7.6	8.7	9.7	10.7	11.6	12.6
160	1.5	2.5	3.3	4.2	5.0	5.8	6.5	7.3	8.0	8.8	9.5
200	1.2	2.0	2.7	3.4	4.0	4.6	5.3	5.9	6.5	7.1	7.6

* 超过 20%。

注：本表以百分比表示偏差率上限。本表假设总体足够大。

来源：AICPA Audit and Accounting Guide：Audit Sampling(2005)

使用样本结果评价表时，注册会计师首先应当选择相应的可接受的信赖过度风险水平的表，然后读取样本规模栏找到适当的样本规模。接下来，注册会计师确定样本中发现的偏差数对应的列。两者交叉处就是根据样本结果推断的总体偏差率加上抽样风险允许限度的数值(即总体偏差率上限)。如果总体偏差率上限小于可容忍偏差率，测试结果支持计划的重大错报风险评估水平。

如前所述，注册会计师应当选择可接受的信赖过度风险为 10%的表(即表 5-7)评价样本结果。样本规模为 56，注册会计师可以选择样本规模为 55 的那一行。当样本中未发现偏差时，应选择偏差数为 0 的那一列，两者交叉处的 4.1%即为总体的偏差率上限，与利用公式计算的结果 4.1%相等。此时，由于总体偏差率上限小于本例中的可容忍偏差率 7%，总体可以接受。也就是说，样本结果证实注册会计师对控制运行有效性的估计和评估的重大错报风险水平是适当的。

当样本中发现两个偏差时，应选择偏差数为 2 的那一列，两者交叉处的 9.4%即为总体的偏差率上限，与利用公式计算的结果 9.5%相近。此时，总体偏差率上限大于可容忍偏差率，因此不能接受总体。也就是说，样本结果不支持注册会计师对控制运行有效性的估计和评估的重大错报风险水平。注册会计师应当扩大控制测试范围，以证实初步评估结果，或提高重大错报风险评估水平，并增加实质性程序的数量，或者对影响重大错报风险评估水平的其他控制进行测试，以支持计划的重大错报风险评估水平。

3）考虑偏差的性质和原因

除了评价偏差发生的频率之外，注册会计师还要对偏差进行定性分析，包括考虑偏差的性质和原因。

二、停走抽样

停走抽样是固定样本量抽样的一种特殊形式。采用固定样本量抽样时，如果预计总体偏差率大大高于实际偏差率，其结果将是选取了过多的样本，降低了审计工作效率。停走抽样从预计总体偏差率为零开始，通过边抽样边评估来完成审计工作。注册会计师先抽取一定量的样本进行审查，如果结果可以接受，就停止抽样得出结论，如果结果不能接受，就扩大样本量继续审查直至得出结论。

停走抽样通常由2～4组抽样单元组成。注册会计师根据既定的信赖过度风险、可容忍偏差率和预计总体偏差率，确定每组抽样单元的规模(通常使用计算机程序或表格)。注册会计师首先对第一组抽样单元实施检查，然后根据检查结果确定是在不扩大检查范围的情况下接受计划的重大错报风险评估水平，还是不扩大检查范围而提高计划的重大错报风险评估水平，或者因为没有获取充分的信息确定计划的重大错报风险水平是否有保证而决定扩大检查范围。

假定可容忍偏差率为5%，信赖过度风险为10%，预计总体偏差率为0.5%。表5-8列示了一个四步的停走抽样计划。

表5-8　四步停走抽样计划

组	抽样单元数量	累计抽样单元数量	如果累计偏差为下列数量，则		
			接受重大错报风险计划评估水平	继续抽样（转入下一步）	提高重大错报风险计划评估水平
1	50	50	0	1—3	4
2	51	101	1	2—3	4
3	51	152	2	3	4
4	51	203	3	不适用	4

在本例中，如果注册会计师发现4个偏差，就停止检查抽样单元，并提高计划的重大错报风险评估水平。如果在第一组50个抽样单元中没有发现偏差，注册会计师就不需检查更多的样本单元，认为样本支持计划的控制信赖程度和重大错报风险评估水平。如果第一组抽样单元中存在1个、2个或3个偏差，注册会计师就应当对下一组的抽样单元进行检查。注册会计师继续对后面组中的抽样单元进行检查，直到样本结果支持或不支持计划的重大错报风险评估水平。例如，如果第一组存在3个偏差，后面的三组抽样单元必须在检查后没有发现额外的偏差，才能支持计划的重大错报风险评估水平。

停走抽样使注册会计师在预计总体偏差率较低时可以尽量减小样本规模。但注册会计师可能发现，如果在停走抽样中需要对所有抽样单元进行检查，其审计成本可能大于控制测试所减少的实质性程序的成本。因此，有时注册会计师在完成所有步骤之前决定停止停走抽样。例如，在表 5-8 的四步停走抽样中，如果第二组中发现了 2 个或 3 个偏差，注册会计师可能决定停止检查。在这种情况下，注册会计师可能认为，所减少的实质性程序可能难以补偿对最多可达 102 个的抽样单元进行额外检查所增加的审计成本。

三、发现抽样

发现抽样是固定样本量抽样的另一种特殊形式，与固定样本量抽样的不同之处在于发现抽样将预计总体偏差率直接定为 0%，并根据可接受信赖过度风险和可容忍偏差率一起确定样本量。在对选出的样本进行审查时，一旦发现一个偏差就立即停止抽样。如果在样本中没有发现偏差，则可以得出总体可以接受的结论。发现抽样适合于查找重大舞弊或非法行为。

第三节 细节测试中审计抽样的运用

实施细节测试时最常用的统计抽样方法包括 PPS 抽样法(即概率比例规模抽样法)和传统的变量抽样法。

一、PPS 抽样

PPS 抽样是一种运用属性抽样原理对货币金额而不是对发生率得出结论的统计抽样方法，也被称为金额加权抽样、货币单位抽样、累积货币金额抽样以及综合属性变量抽样等。

PPS 抽样是以货币单位作为抽样单元进行选样的一种方法，在这种方法下，总体中的每一个货币单位被选中的机会相同，所以总体中某一项目被选中的概率等于该项目的金额与总体金额的比率。项目金额越大，被选中的概率越大。

PPS 抽样有助于注册会计师将审计重点放在较大的余额或交易，但是账面余额为零的和负余额的总体项目没有被选中的机会，一些严重低估的小余额被选中的机会也很小。

PPS 抽样法的程序同其他统计抽样方法一样，也需要确定样本规模，选取样本，然后以样本的审计结果去推断总体。选取样本时可以通过运用计算机软件或随机数表法来获取，也可以使用系统抽样法来获取。表 5-9 列示了一个应收账款总体，其中包括累计合计数，下面以该表来说明如何使用计算机软件来选取样本。

表 5-9 应收账款总体表

总体项目(实物单位)	账面金额	累计合计数(金额单位)
1	357	357
2	1281	1638
3	60	1698
4	573	2271
5	691	2962
6	143	3105
7	1425	4530
8	278	4808

续表

总体项目(实物单位)	账面金额	累计合计数(金额单位)
9	942	5750
10	826	6576
11	404	6980
12	396	7376

假设注册会计师想要从表 5-9 的总体中，选取一个含有 4 个账户的 PPS 样本，由于规定以单位金额为抽样单位，则总体容量为 7376，因此需要计算机程序随机生成 4 个数字。假定这 4 个数字是：6586、1756、850、6499，则包含这些随机金额的总体实物单位项目需要由累积合计栏来确定。它们分别是项目 11(包含 6577～6980 元的货币金额)、项目 4(包含 1699～2271 元的货币金额)、项目 2(包含 358～1638 元的货币金额)和项目 10(包含 5751～6576 元的货币金额)。注册会计师将对这四个项目相对应的账面金额进行审计，并以其审计的结果来推断总体。

二、变量抽样

变量抽样是指注册会计师用来估计总体金额所处区间的一种统计抽样方法。传统的变量抽样主要包括三种具体的方法：均值估计抽样、差额估计抽样和比率估计抽样。每种方法推断总体错报的方法各不相同。

▶ 1. 均值估计抽样

均值估计抽样是指通过抽样审查确定样本的平均值，再根据样本平均值推断总体的平均值和总值的一种变量抽样方法。使用这种方法时，注册会计师先计算样本中所有项目审定金额的平均值，然后用这个样本平均值乘以总体规模，得出总体金额的估计值。总体估计金额和总体账面金额之间的差额就是推断的总体错报。例如，注册会计师从总体规模为1000、账面金额为 1 000 000 元的存货项目中选择了 200 个项目作为样本。在确定了正确的采购价格并重新计算了价格与数量的乘积之后，注册会计师将 200 个样本项目的审定金额加总后除以 200，确定样本项目的平均审定金额为 980 元。然后计算估计的存货余额为980 000 元(即 980×1000)。推断的总体错报就是 20 000 元(即 1 000 000－980 000)。

▶ 2. 差额估计抽样

差额估计抽样是以样本实际金额与账面金额的平均差额来估计总体实际金额与账面金额的平均差额，然后再以这个平均差额乘以总体规模，从而求出总体的实际金额与账面金额的差额(即总体错报)的一种方法。差额估计抽样的计算公式如下：

平均错报＝样本实际金额与账面金额的差额÷样本规模

推断的总体错报＝平均错报×总体规模

使用这种方法时，注册会计师先计算样本项目的平均错报，然后根据这个样本平均错报推断总体。例如，注册会计师从总体规模为 1 000 的存货项目中选取了 200 个项目进行检查。总体的账面金额总额为 1 040 000 元。注册会计师逐一比较 200 个样本项目的审定金额和账面金额并将账面金额(208 000 元)和审定金额(196 000 元)之间的差异加总，本例中为 12 000 元。12 000 元的差额除以样本项目个数 200，得到样本平均错报 60 元。然后注册会计师用这个平均错报乘以总体规模，计算出总体错报为 60 000 元(即 60×1 000)。

3. 比率估计抽样

比率估计抽样是指以样本的实际金额与账面金额之间的比率关系来估计总体实际金额与账面金额之间的比率关系，然后再以这个比率去乘总体的账面金额，从而求出估计的总体实际金额的一种抽样方法。比率估计抽样法的计算公式如下：

比率＝样本审定金额÷样本账面金额

估计的总体实际金额＝总体账面金额×比率

推断的总体错报＝估计的总体实际金额－总体账面金额

如果上例中注册会计师使用比率估计抽样，样本审定金额合计与样本账面金额的比例则为 0.94(即 196 000÷208 000)。注册会计师用总体的账面金额乘以该比例 0.94，得到估计的存货余额 977 600 元(即 1 040 000×0.94)。推断的总体错报则为 62 400 元(即 1 040 000－977 600)。

如果未对总体进行分层，注册会计师通常不使用均值估计抽样，因为此时所需的样本规模可能太大，以至于对一般的审计而言不符合成本效益原则。比率估计抽样和差额估计抽样都要求样本项目存在错报。如果样本项目的审定金额和账面金额之间没有差异，这两种方法使用的公式所隐含的机理就会导致错误的结论。如果注册会计师决定使用统计抽样，且预计只发现少量差异，就不应使用比率估计抽样和差额估计抽样，而考虑使用其他的替代方法。

本章小结

审计项目的选取方法包括选取全部项目、选取特定项目和审计抽样。注册会计师可以根据实际情况，单独或者综合使用这些方法。

审计抽样可按抽样决策的依据不同划分为统计抽样和非统计抽样。抽样和非抽样都会存在风险。抽样风险和非抽样风险可能影响重大错报风险的评估和检查风险的确定。

在控制测试中运用的抽样技术一般是属性抽样审计方法，主要有固定样本抽样、停走抽样、发现抽样三种。

在细节测试中运用的审计抽样技术主要是 PPS 抽样法和变量抽样法，变量抽样法主要有单位平均估计抽样、比率估计抽样和差额估计抽样方法。

思考与练习

一、思考题

1. 什么是统计抽样？什么是非统计抽样？两者之间有何区别？
2. 抽样和非抽样各存在什么风险？
3. 什么是审计抽样，在获取审计证据的审计程序中，什么情况下适合采用审计抽样？
4. 固定样本量抽样一般包括哪些步骤？

5. 什么是 PPS 抽样，它具有哪些优缺点？

6. 变量抽样有哪些具体方法？不同的方法其计算步骤如何？

二、单项选择题

1. 注册会计师采用系统选样法从连续编号的发票中抽取 2% 进行审查，在抽取样本时，每个样本之间的间隔为(　　)。

A. 10　　B. 20　　C. 50　　D. 100

2. 某注册会计师欲从 9 张销售发票组成的总体中选择 4 张进行测试，已知 9 张发票总额为 5000 元，总体项目单位的累计金额表如表 5-10 所示。

表 5-10　总体项目单位的累计金额

发票序号	记数金额(元)	累计金额(元)
1	524	524
2	1176	1700
3	416	2116
4	215	2331
5	604	2935
6	965	3900
7	404	4304
8	340	4644
9	356	5000

该注册会计师采用系统选样法选择样本计算的样本间隔是 1250 元(5000÷4＝1250)，确定选样起点是 500，则选出的 4 张销售发票号是(　　)。

A. 1、3、6、7　　B. 2、4、7、8　　C. 2、4、6、9　　D. 1、3、5、8

3. 下列各项风险中，对审计工作的效率和效果都产生影响的是(　　)。

A. 信赖过度风险　　B. 信赖不足风险　　C. 误受风险　　D. 非抽样风险

4. 按照(　　)的不同，可以将审计抽样分为非统计抽样和统计抽样。

A. 抽样决策依据　　B. 了解的总体特征

C. 风险性质　　D. 计算方法

5. 有关抽样风险与非抽样风险的下列表述中，注册会计师不能认同的是(　　)。

A. 信赖不足风险会降低审计效率　　B. 信赖过度风险会影响审计效果

C. 误受风险会降低审计效率　　D. 误拒风险会降低审计效率

6. 注册会计师希望从 2000 张编号为 0001～2000 的支票中抽取 100 张进行审计，随机确定的抽样起点为 1915，采用系统抽样法下，抽取到的第四个样本号为(　　)。

A. 2015　　B. 0015　　C. 2005　　D. 1995

7. 以样本的实际金额与账面金额之间的比率关系来估计总体实际金额与账面金额之间的比率关系，然后再以这个比率去乘总体的账面金额，从而求出估计的总体实际金额的一种抽样方法是(　　)。

A. 均值估计抽样　　B. 差额估计抽样　　C. 比率估计抽样　　D. 固定样本量抽样

三、多项选择题

1. 下列各项中，与注册会计师设计样本时所确定的样本量存在反向变动关系的有(　　)。

A. 抽样风险　　B. 可信赖程度　　C. 可容忍误差　　D. 预期总体误差

2. 在编制审计计划时，需考虑影响样本量大小的有关事项，对审计抽样工作进行规划。以下各项表述中，正确的有(　　)。

A. 可信赖程度要求越高，需选取的样本量越大

B. 审计风险越高，需选取的样本量越大

C. 可容忍误差越小，需选取的样本量越大

D. 预期误差越小，需选取的样本量越大

3. 在抽样风险中，导致注册会计师执行额外的审计程序，降低审计效率的风险有(　　)。

A. 信赖不足风险　　B. 信赖过度风险　　C. 误受风险　　D. 误拒风险

4. 常用的属性抽样方法有(　　)。

A. 平均值估计抽样　　B. 停走抽样　　C. 发现抽样　　D. 固定样本量抽样

5. 属于实施控制测试时可能面临的风险的是(　　)。

A. 误拒风险　　B. 误受风险　　C. 信赖过度风险　　D. 信赖不足风险

6. 注册会计师希望从3000张编号为0001～3000的凭证中抽取300张进行审计，随机确定的抽样起点为155，采用系统抽样法下，抽取到的离155号凭证最近的样本号为(　　)。

A. 165　　B. 175　　C. 145　　D. 135

7. 属于实施实质性程序时时可能面临的风险的是(　　)。

A. 误拒风险　　B. 误受风险　　C. 信赖过度风险　　D. 信赖不足风险

四、判断题

1. 如果注册会计师对总体中的所有项目都实施100%检查，那么审计风险为零。(　　)

2. 采取随机选样法选取样本，不考虑其金额大小，也不考虑是否为关联方余额。(　　)

3. 注册会计师只有在运用非统计抽样的判断抽样时，才需要进行专业判断，其他任何非统计抽样和统计抽样均不需要运用专业判断。(　　)

4. 变量抽样是指在精确度界限内和可靠程度一定的条件下，为了测定总体特征的发生率而采用的一种方法。(　　)

5. 属性抽样适用于实质性程序。(　　)

6. 可容忍误差就是审计重要性水平。在其他因素既定的条件下，可容忍误差越大，所需的样本规模越小。(　　)

7. 在实施控制测试时，注册会计师推断的控制有效性高于其实际有效性的风险，叫做误受风险。(　　)

五、思考分析题

注册会计师拟从Y公司应付票据备查簿中抽取若干笔应付票据业务，检查相关的合同、发票、货物验收单等资料，并检查会计处理的正确性。Y公司应付票据备查簿显示，应付票据项目2014年12月31日的余额为15 000 000元，由72笔应付票据业务构成(假定备查簿中记载的应付票据业务是随机排列的)。根据具体审计计划的要求，注册会计师采用系统选样法从中选取6笔应付票据业务进行检查，并且确定随机起点为第7笔，请判断其余5笔应付票据业务分别是哪几笔(要求列示计算过程)？如果上述6笔应付票据业务的账面价值为1 400 000元，审计后认定的价值为1 680 000元，Y公司2014年12月31

日应付票据账面总值为 15 000 000 元，并假定误差与账面价值成比例关系，请运用比率估计抽样法推断 Y 公司 2014 年 12 月 31 日应付票据的总体实际价值(要求列示计算过程)。

六、案例分析题

A 和 B 注册会计师在审计 X 公司 2005 年度主营业务收入时，为了确定 X 公司销售业务是否真实、完整，会计处理是否正确，A 和 B 注册会计师拟从 X 公司 2005 年开具的销售发票的存根中选取若干张，核对销售合同和发运单，并检查会计处理是否符合规定。X 公司 2005 年共开具连续编号的销售发票 4000 张，销售发票号码为第 2001 号～第 6000 号，A 和 B 注册会计师计划从中选取 10 张销售发票样本。

随机数表(部分)列示如表 5-11 所示。

表 5-11　随机数表(部分)

行号 \ 列号	1	2	3	4	5
1	10 480	15 011	01 536	02 011	81 647
2	22 368	46 573	25 595	85 313	30 995
3	24 130	48 360	22 527	97 265	76 393
4	42 167	93 093	06 243	61 680	07 856
5	37 570	39 975	81 837	16 656	06 121
6	77 921	06 907	11 008	42 751	27 756
7	99 562	72 905	56 420	69 994	98 872
8	96 301	91 977	05 463	07 972	18 876
9	89 759	14 342	63 661	10 281	17 453
10	85 475	36 857	53 342	53 988	53 060

要求如下：

(1) 针对上述资料，假定 A 和 B 注册会计师以随机数表所列数字的后 4 位数与销售发票号码一一对应，确定第 2 列第 4 行为起点，选号路线为自上而下、自左而右。请代 A 和 B 注册会计师确定选取的 10 张销售发票样本的发票号码分别为多少?

(2) 如果上述 10 笔销售业务的账面价值为 1 000 000 元，审计后认定的价值为 1 000 300元，假定 X 公司 2005 年度主营业务收入账面价值为 180 000 000 元，并假定误差与账面价值不成比例关系，请运用差额估计抽样法推断 X 公司 2005 年度主营业务收入的总体实际价值(要求列示计算过程)。

5. 某注册会计师对制造公司的产成品成本进行审查时获得如下资料：全年共生产 2000 批产品，入账成本为 5 900 000 元，审计人员抽取其中的 200 批产品作为样本，其账面总价值为 600 000 元，审查时发现在 200 批产品中有 52 批产品成本不实，样本的审定价值为 582 000 元，试运用下列各种抽样审计方法(暂不考虑可容忍误差和可信赖程度)，估计本年度产品的总成本。

(1) 均值估计抽样审计。

(2) 比率估计抽样审计。

(3) 差额估计抽样审计。

6 第六章 Chapter 6 收入循环的审计

学习重点

1. 理解收入循环的审计目标。
2. 了解收入循环控制测试的程序。
3. 掌握收入循环相关账户的实质性测试方法。

引导案例

通过虚增销售收入粉饰财务报表

万福生科农业开发股份有限公司(简称：万福生科)是一家生产、加工、销售粮食以及粮食制品的企业。公司于 2011 年 9 月 27 日上市成功，保荐机构为平安证券，执行报表审计的事务所为中磊会计师事务所。

2012 年 8 月，湖南证监局在对上市公司例行检查时发现万福生科账表不符，预付账款账面余额 3 亿多元，而 2012 半年报显示资产负债表上预付账款的金额为 1.46 亿元，差异 1.5 亿多元。账表的巨额差异引起了证监局检查组的高度重视，于是检查组对预付账款的资金流向进行追查。资金流向显示，上游 8036 万元设备采购款直接打给了自然人而不是供应商；同时下游的回款大部分是由自然人回款。这与万福生科提供的银行回单不符，万福生科涉嫌伪造银行回单。2012 年 9 月 14 日，湖南证监局宣布对其立案调查。2013 年 3 月 2 日，万福生科发布自查公告，承认公司 2012 年半年报中虚增营业收入 1.9 亿元、虚增营业成本 1.5 亿元、虚增利润 4023 万元，而且隐瞒了公司上半年循环经济型稻米深加工生产线项目长期停产的事实。承认 2008 年至 2011 年累计虚增收入约 7.4 亿元，虚增营业利润约 1.8 亿元，虚增净利润约 1.6 亿元。实际上该公司 4 年合计净利润只有 2000 万元左右，也就是说，造假虚构出来的净利润近九成。该造假案成为创业板造假第一股。

证监会在 2013 年 5 月 10 日对案件透露了调查结果，拟根据相关规定对万福生科罚款并对其董事长以及 CFO 各处以 30 万元罚款，终身市场禁入。万福生科董事长被移交司法机关；对平安证券罚没 7665 万元，暂停保荐机构资格 3 个月，万福生科保荐代表人终生禁入证券市场；时任平安证券的几位高管也被“连坐”；对执行报表审计的中磊会计师事务所处以没收138万元收入，并处以两倍罚款(罚单合计414万元)，撤销其证券从业资格，对于签字会计师做出罚款并终身市场禁入。

万福生科主要是通过虚增销售收入的方式来粉饰财务报表，通过媒体和相关监管部门调查公布的结果来看，其财务造假手段主要有四种：

第一，万福生科通过虚构销售合同来虚增销售收入。万福生科为了让销售看起来真实可信，虚构了整个销售环节所涉及的原始单据，包括虚构销售合同、虚列出库单、虚开增值税专用发票，虚构对账单。

第二，虚增的销售收入导致资产的增加，万福生科通过预付账款和在建工程来消化虚增的资产。选择“在建工程”因为公司刚上市，有大量的建设项目，可以降低被发现的风险。选择“预付账款”是因为易于操作，审计中发现大量的预付账款是支付给虚拟的个人的。

第三，从证监会公布的资料来看，万福生科通过300多个个人账户来虚增原材料、虚增销售收入、虚增利润等整个生产销售环节。

第四，万福生科不仅操纵销售收入，同时还操纵销售成本，据报道其根据真实的“投入产出比例”虚拟采购、生产和销售流程，炮制虚假购销合同、假入库单、假检验单、假生产通知单等。

从以上四种方法中可以看出，万福生科在财务造假中可谓是费尽心机，但是从其招股说明书中我们可以看出这样一个事实，对于大量的存货并未计提过相关的存货跌价准备，万福生科是以粮食为主要原材料进行加工的企业，粮食在存储过程中会面临各种各样的风险，对于这种风险性极高的原材料，万福生科却未对其计提存货跌价准备，这实在让人难以理解，我们可以通过表6-1来了解万福生科的存货的相关情况。

表6-1　万福生科存货相关情况

项　　目	2009年	2010年	2011年
存货金额(万元)	19 628.6	19 013.24	24 509
其中：原材料金额(万元)	15 114.26	15 625.57	
原材料占存货比例	77%	82.18%	
存货占流动资产比例	75.09%	66.51%	30.88%
存货占资产总额比例	51.35%	37.57%	23.27%
存货跌价准备(万元)	0	0	0

数据来源：万福生科招股说明书和2011年度财务报表

通过表6-1我们可以看到万福生科在其招股说明书中对其大量存货从未计提过相关的减值准备，导致虚增资产，营造公司财务状况良好的景象，其不惜粉饰报表虚增资产来达到上市的资格。

第一节　收入循环审计的目标与范围

一、收入循环审计的目标

收入，是指企业在销售商品，提供劳务及他人使用本企业资产等日常活动中形成的经济利益的总流入。收入循环则指不断重复的收入过程。以工业企业为例，收入循环则有赊销交易、现销交易和销售调整交易。这些交易除涉及收入、成本、费用等账户外，还将涉及许多资产、负债类账户，如应收账款、应收票据、坏账准备、预收账款等。

根据收入循环的定义，收入循环审计的目标主要有以下几个方面。

(1) 确认收入的存在或发生。即确定已记录的交易种类在被审计期间内是否实际发生；确定应收账款是否存在。

(2) 确认收入的完整性。即确定所有发生的交易业务是否都已入账，记录是否完整；确定应收账款增减变动的记录是否完整。

(3) 确认收入的截止。即确定取得收入的交易业务是否在正确的日期入账。

(4) 确认应收账款的所有权。即确定应收账款是否归被审计单位所有。

(5) 确认收入的正确性。即确定所有交易业务是否均已正确入账；确定应收账款是否可收回，坏账准备的计提是否恰当；确定应收账款年末余额是否正确。

(6) 确认收入的表达与披露。即确定所有的经济业务是否在会计报表上适当确认和归类；确定应收账款在会计报表上的披露是否恰当。

二、收入循环审计的范围

收入循环审计的范围，包括业务范围、资料范围和时间范围。

在收入循环中，不断重复地出现赊销交易、现销交易和销售调整交易等，这些交易将涉及销售收入、应收账款、应收票据、应收账款及应收票据的收回、销售退回、折扣和折让、坏账准备的提取和冲销等业务，这些业务则是收入循环审计的主要业务范围。

收入循环业务审计的时间范围，则根据业务委托书中所确定的及其委托人所要求审计的会计期间，作为收入循环审计的时间范围。

在不断重复收入的过程中，商品不断地卖出，债权不断地形成，现金不断地流入，这些活动过程都涉及会计凭证、账簿和报表。因此，反映这些活动过程的顾客订货单、销货通知单、发货单、销售发票、销售汇总表、销售明细账和总账、应收账款明细账和总账、应收票据明细账和总账、应收票据登记簿、现金及银行存款日记账和总账等，都是收入循环审计的资料范围。

第二节 收入循环内部控制测试

决定收入的重要环节是销售。销售循环的业务，主要包括处理顾客订货、批准赊销、发运商品、开具销售发票、记录收入和收取货款等。

为使各环节的工作能够有序进行，防止和揭露错误与舞弊，保证有关记录的真实可靠，减少坏账损失企业需要建立健全收入循环的内部控制制度，健全的内部控制制度包括：明确的职责分工体系；严格的审批制度；合理的收入核算制度；完善的收款控制制度。

为了评价财务报表中是否存在重大错误或舞弊，审计人员应确认收入循环的内部控制系统是否有效地运行。

一、赊销交易内部控制测试

(一) 赊销交易内部控制

赊销交易通常包括接受顾客订单、批准赊销等控制环节。

▶ 1. 接受顾客订货单

顾客提出的订货要求是收入循环赊销交易的起点。收到顾客各种形式的订单后，应由销售部门专人负责登记，以免遗忘，并便于以后追踪未处理的顾客订单。在登记的同时，应对订单的内容、数量、品种、规格、供货期限等进行审核，确定能否接受订货。如果不能接受，应在订单备忘录中详细说明不能接受的原因；对于符合管理人员授权标准的，予以接受，并以订单中的各项条件为依据编制销货通知单，作为信用、仓库—运输、开票、记账等部门履行职责的依据。顾客订货也可以是口头的，由销售订货部门主管人员决定是否接受，如果接受，也要予以登记，以便以后查对，并保证及时处理顾客的订货。及时处理有效的顾客订单是非常重要的。

▶ 2. 批准赊销

信用部门根据管理当局的赊销政策，检查顾客的信用档案，决定是否批准赊销。信用部门收到销货通知单后，审查顾客的会计报表或向信用评级机构查询，了解顾客的财务和信用情况，从而决定能否批准赊销。对符合企业制定的信用标准的顾客，由信用部门的主管人员在连续编号的销货通知单上批准赊销并签字。同时还必须在订单备忘录中做"已处理"的说明。

▶ 3. 发货

仓库部门根据收到的经信贷部门核准后的销货通告单发货，并编制发货凭证，如出库单，作为运输部门供货和发货的授权依据。这是为了保护存货的安全，防止仓库在未经授权的情况下，转移存货。

▶ 4. 运货

运输部门核对销货通告单装运货物，并填制运货单等货运文件并送往开票部门。装运人员在装运前，必须确定从仓库收到的商品是否都附有已批准的销货通知单，以及按销货通告单确定的商品名称、数量、规格等是否正确供货。货运文件应按顺序编号，并记入送货登记簿。如成批送货，还应持有出门证。定期检查按序归档的货运文件，对于核对不符的凭证或未得到处理的订货予以调查，以保证所有的发货都得到及时开票收款，并在销售和应收账款账户中正确记录。

▶ 5. 开具销售发票

开具销售发票一般由会计部门设专人负责，通知顾客所购货物或劳务的金额。开具发票之前，应审查货运文件是否按顺序编号。对货运文件，销货通告单和顾客订单经审核无误后，将这些单据中的有关资料填入发票，并根据企业的销售价目表、赊销条件、运费等资料，在发票上填写单价和货款总额。作废的发票应保留在发票本上，以保证发票的完整性。

▶ 6. 记录销售业务

会计部门应根据销售发票等原始凭证填制记账凭证，登记应收账款和销售明细账及总账，并定期给常年顾客发出对账单。

赊销交易及其会计控制目标可简化为表 6-2。

表 6-2　赊销交易及其会计控制目标

职　　能	部　　门	会计控制目标
接受顾客订货单	销售订货部门	根据管理人员批准的标准，接受顾客订单
批准赊销	信用部门	根据管理人员制定的授信方针和限额，批准赊销

续表

职　　能	部　　门	会计控制目标
发货	仓库	根据经过批准的销货通告单，发出货物
运货	运输部门	根据经过批准的销货通知单，装运货物
开具销售发票	开票部门	根据经过批准的价格和条款，向顾客开具发票
记录销售业务	会计部门	根据销售发票，及时、正确地记录业务

(二) 赊销交易的控制测试

注册会计师研究和评价赊销交易的内部控制时，需进行以下控制测试。

1. 了解和描述内部控制制度

注册会计师可通过查阅被审计单位的有关规章制度、文件资料，向有关人员口头查询或现场调查等方式，了解赊销交易的内部控制制度，并用适当的方法进行描述，记入审计工作底稿。常用的方法有内部控制调查问卷表，流程图和文字叙述法。赊销交易的内部控制调查表的格式如表 6-3 所示。

表 6-3　赊销交易的内部控制问卷调查表

被审计单位名称：__________

注册会计师：________　审计日期：________　完成日期：________

循环：收入

问　　题	回答			取得方式	备注
	是	否	不适用		
一、接受顾客订货单					
1. 所有的顾客订单是否经过审核					
2. 对已接受的顾客订单，是否编制销货通知单					
二、批准赊销					
1. 对顾客赊销是否经信贷部门批准					
三、发货					
1. 在填写出库单前是否取得销货通告单					
2. 出库单是否预先连续编号					
3. 在填写出库单的过程中，是否核实存货					
四、运货					
1. 装运货物是否同销货通告单相对照					
2. 装运货物是否编制货运文件					
3. 货运文件是否同销货通告单相对照					
五、开具销售发票					
1. 销售发票是否由专人负责保管					
2. 开具的销售发票是否由其他人员独立复核					
3. 作废的销售发票是否加盖“作废”戳记，并保留在发票本上					
六、记录销售业务					
1. 销售发票是否按号记入日记账					
2. 销售、应收账款日记账和总账登记是否分离					
3. 销售、应收账款日记账和总账是否定期核对					
4. 是否按月给顾客发出对账单					

2. 初步评价内部控制

初步评价赊销交易的内部控制，必须遵循以下步骤。

(1) 确认可能发生的潜在错报或漏报。

(2) 确认可以防止或者发现和更正这些错报或漏报的控制措施。

(3) 确认客户是否建立了上述控制措施。

如运货职能中，可能发生的错报有所装运的货物可能和所订购的货物不符或可能有未授权装运货物。对其相应的必要的控制措施有由装运部门职员独立检查从仓库收到的货物是否和已批准的销货通告单一致；供货和装运的职责应分离，且每次装运都编制装运凭证。同样的，可能进行的符合性测试有审查执行独立检查的证据；观察职责分工情况，并审查装运凭证。

通过比较必要的控制和现有控制，注册会计师可对内部控制做出初步评价，并将评价结果记录在审计工作底稿中。

3. 控制测试

执行控制测试，是为了获取内部控制是否适当设计和有效运行的证据，从而评价其控制风险。

1) 审核销售发票样本

销售发票的开具是销售成立的标志之一，是向顾客收取货款、登记销售、应收账款明细账和总账的依据。销售发票是审计方案中的抽样单位，注册会计师应当从发票存根中选取样本作为测试的起点。在选取样本之前，首先检查发票本上的存根是否完整，从发票日期判断是否按顺序开具发票，作废的发票是否加盖"作废"戳记，并和存根一并保存。具体的测试主要有以下几项。

(1) 核对销售发票存根与销售合同，顾客订货单等所载明的数量、价格、品名、规格等是否一致。如果订单、销售合同上货物的品名，规格与销售发票不符，就存在顾客长期拖欠应收账款的潜在可能性，注册会计师对此应予以关注。

(2) 检查销售合同，赊销是否经过核准。如果对赊销缺少必要的批准控制，就可能造成应收账款无法收回的情况。

(3) 核对相应的货运文件副本，检查销售发票日期与货运日期是否一致。

(4) 检查销售发票中所列示的商品的单价与商品价目表中的价格是否一致。

(5) 复核销售发票中列示的数量、单价和金额加总计算是否正确，大小写金额是否相符。

(6) 从销售发票追查至销售日记账、应收账款明细账和销售收入明细账，判断是否及时、正确地入账。如果有漏记或少计销售收入的，注册会计师必须估计这些应收账款的可收回性。

(7) 抽查销售明细账中的记录，并与销售发票，销货通知单相比较，确认所记录的销售业务是否真实。

2) 审核货运文件

抽取货运文件样本，并与相关的销售发票核对，检查已发出的货物是否均已向顾客开具发票。如果发出货物但未开具发票，可能导致销售收入和应收账款的漏记而被低估，同时高估存货。这一过程要求从本年的全部按序归档的货运文件夹中，选取样本核对销售发票的存根联，以获得有关证据。但应特别注意货运文件是否盖章注销并已归档。对工业企业而言，收入循环的符合性测试是和存货的符合性测试联系起来进行的。如果从收入开始进行符合性测试，可将销售发票的销售项目追溯到永续盘存制下的存货记录中的减少数。

▶ 4. 对内部控制的最后评价

注册会计师通过评价符合性测试所获取的证据，并充分运用审计判断对内部控制做出最后评价，并在此基础上进一步确定其实质性测试的性质、时间和范围。此外，注册会计师还应注意评价控制风险是否适当，对控制风险的评价将直接影响到实质性测试的适当性，因而注册会计师合理的专业判断对此则是极其重要的。

二、现金收入交易内部控制测试

（一）现金收入交易内部控制

现金收入的来源多种多样，如销售业务、长短期借款、发行股票、出售有价证券等。本书所讨论的只限于销售业务，即现销和赊销中的货物收回。现金收入交易包括以下几个主要步骤。

▶ 1. 收到现金

企业的销售收入一般通过银行存款账户进行结算，现金收入的结算方式主要有本票、支票、汇票等。另外，企业的销售部门也会对小额、零星的业务采取直接收现的方式。这一阶段的主要控制目的是保证记录的完整性和全部收入款项的安全性。出纳部门应集中办理现金收入，除特殊情况外，任何部门和个人，都不得擅自出具收款凭证或用白条收取款项。

▶ 2. 将现金存入银行

企业的现金收入应于当日如数送存开户银行，当天未及时送存的现金应集中存放在保险箱内。

▶ 3. 记录收款业务

现金收款应及时记录，并确保以下几点。

（1）只有经确认的收款才能入账。

（2）所有实际的收款都已入账。

（3）入账金额正确无误。

对于支票，应根据银行盖章退回的进账单第一联和有关的原始凭证编制收款凭证，对于汇入的款项，应在收到银行的收账通知时，编制收款凭证。记录收款和保管现金的职责应由不同的人员担任，还应由专人定期编制银行存款余额调节表。

现金交易的内部控制中，职责分工是一项极其重要的内部控制程序，它的有效遵循直接影响到内部控制的有效性。

（二）现金收入控制测试

▶ 1. 了解和描述内部控制制度

注册会计师可能编制流程图、设计调查问卷表、编写文字说明书等方法了解现金收入交易的内部控制制度。表 6-4 是注册会计师为此而设计的调查问卷表。

表 6-4　现金收入交易的内部控制调查问卷表

被审计单位名称：____________

注册会计师：________　审计日期：________　完成日期：________　复核人：________

循环：收入					交易类别：销售调整
问　　题	回　　答			取得方式	备注
	是	否	不适用		
一、收到现金					
1. 办理现金收入业务的人员是否负责登记现金日记账和银行存款日记账					
2. 是否保留了有效存款单的副本					
二、将现金存入银行					
1. 每天的现金收入是否由出纳负责及时存入银行					
三、记录收款业务					
1. 是否及时记账，保证现金日清月结					
2. 是否及时将所有款项收入记账					
3. 是否由出纳以外人员编制银行存款余额调节表					

▶ 2. 控制测试

注册会计师对收入现金进行控制测试时，应按现金和银行存款的收款凭证进行分类，抽取一定的样本量，重点对其职责分工进行认真测试，可通过如下检查核对方法，以达到测试的目的。

(1) 审核是否有超过规定限额收入现金的情况。超过现金结算限额的业务应通过银行转账结算。

(2) 对收款凭证与存入银行账户的日期和金额进行测试，以检查其是否一致。

(3) 对收款凭证与现金和银行存款日记账的记录进行测试，以检查其是否一致。

(4) 对收款凭证与银行对账单进行测试，以检查其是否相符。

(5) 对收款凭证与应收账款、销售明细账的贷方记录进行测试，以检查其是否一致。

(6) 对收款凭证与所附原始凭证进行测试，以检查其是否一致。

三、销售调整交易内部控制测试

(一) 销售调整交易内部控制

在收入循环中，注册会计师主要关心的问题是客户记录中有无虚构的销售调整交易，以掩盖现金收入中的舞弊行为，如员工盗用了现金可以通过高估折扣、销售退回、折让的方式来加以掩盖。在内部控制中销售调整交易必须有适当授权，这是注册会计师对其内部控制必须关心的一个重要问题。

▶ 1. 批准销售折扣

这里的折扣是指现金折扣，是企业为吸引顾客提前付款而对商品价格所做的扣减。主要的控制目的是确认折扣的有效性和金额的恰当性。批准记录通常在预先编号的贷项通告单上注明并检查编号顺序，以发现有无缺号的情况。

▶ 2. 批准销售退回和折让

顾客因收到的货物不符合订购要求而请求退货或折让，应由负责现金收入和记录应收账款以外的人员，根据退回货物的验收报告和入库单批准退货。同样，获得主管销售并具有审批权的人员批准以后才能给予折让，并据此编制贷项通知单。会计部门根据销售退回与折让的业务凭证正确地记录销售退回与折让明细账和总账，并登记相应的应收账款明细账和总账。

▶ 3. 确定坏账

应收账款确实无法收回时，经批准后方可作为坏账，并进行相应的账务处理。会计部门应设置已注销应收账款备查登记簿，以防止将来收回记录销应收账款时，出现错记、漏记或贪污的情况。

(二) 销售调整交易的控制测试

▶ 1. 了解和描述内部控制制度

表 6-5 是注册会计师设计的一份内部控制调查问卷表，用以了解销售调整交易的有关控制情况。此表仍按销售调整交易的职能来设计问题。

表 6-5 销售调整交易的内部控制调查问卷表

被审计单位名称：________

注册会计师：______ 审计日期：______ 完成日期：______ 复核人：______

循环：收入　　　　交易类别：销售调整

问　题	回答			取得方式	备注
	是	否	不适用		
一、批准销售折扣					
1. 所有销售折扣是否都经过批准					
二、批准销售退回和折让					
1. 销售退回和折让是否经过有关人员批准					
2. 销售退回和折让是否采用事先连续编号的贷项通知单					
3. 销售退回和折让的批准与贷项通知单的签发是否实行职责分离					
三、确定坏账					
1. 已注销的坏账是否经过书面批准					
2. 已注销的坏账是否在备查簿上登记					

▶ 2. 控制测试

1）审查销售退回、折让和折扣

在审查中，注册会计师应采用核对法对以下内容进行检查。

(1) 检查销售退回或折让是否附有按序编号并经主管人员核准的贷项通知单。

(2) 检查所退回的商品是否具有仓库签发的退货验收报告及入库单，红字发票记账联上的数量是否与入库单的数量相符，价格是否与原销售发票上的价格一致，红字发票上的金额计算是否正确。

(3) 销售退回或折让的批准与贷项通知单的签发职责是否分离。

(4) 现金折扣是否经过适当审批，审批人与经办人是否职责分离。

2) 审查应收账款的收回情况

良好的内部控制要求被审计单位定期与顾客对账，提醒顾客尚未结清的债务及金额。在检查时，注册会计师应采用核对、抽查等方法对以下内容进行检查。

(1) 应收账款对账单副本与同一日的对账单记录进行核对，查明对账单上填写的余额是否正确。

(2) 抽取部分已收回的应收账款，查明账款是否全额收回，并从应收账款明细账追查至记账凭证和原始凭证，查明还款单位的名称是否与应收账款明细账顾客的单位名称一致，记账凭证的金额与过账的金额是否相符。

(3) 审查已作为坏账转销的应收账款。注册会计师对本年度已作为坏账转销的应收账款，尤其是金额较大的，应从两方面予以审查：一要审查是否经过适当的审批手续，计算根据是否合理；二要审查是否符合规定的条件。必要时可向债务人寄发询征函，核实已作为坏账转销的应收账款在最初入账时是否属于伪造，对任何不正常或不适当的坏账注销，应进一步调查，以便查明原因，予以披露。

第三节 收入循环实质性测试

实质性测试，就是在符合性测试的基础上，确定审计程序，运用检查、监盘、观察、查询及函证、计算和分析性复核等方法，对被审计单位的账户余额进行的证实测试，以实现特定的审计目标。本书着重讨论收入循环形成的应收账款、坏账准备、商品销售收入和其他业务利润账户的实质性测试。

一、商品销售收入的实质性测试程序

(一) 获取或编制商品销售收入明细表

注册会计师应首先获取或编制商品销售收入明细表。如果由被审计单位协助提供，则应复核其加计是否准确，并与商品销售收入明细账和总账的余额进行核对，以检查两者的相符程度。

(二) 进行分析性复核

注册会计师根据商品销售收入明细表，编制商品销售收入分析表，将本年度销售收入与上年度销售收入进行比较，也可比较本年度各月各种商品销售收入的波动情况，分析其变动趋势是否正常。若存在异常现象和重大波动，应查明原因，以核实企业商品销售收入是否存在漏记、隐瞒或虚记等人为调节的现象。

(三) 审查收入确认和计量的正确性

在会计上，收入的确认应遵循权责发生制，只有已完成销货手续或商品所有权已实际发生转移的销货才能确认为收入。具体来说，对于商品销售，应同时符合：①企业已将商品所有权上的主要风险和报酬转移给买方；②企业既没有保留通常与所有权相联系的继续管理权，也没有对已售出的一商品实施控制；③与交易相关的经济利益能够流入企业；④相关的收入和成本能够可靠地计量。只有同时符合上述四个条件，才能确认为收入。对

于提供劳务，如果在同一会计年度内开始并完成，应在劳务完成时按双方签订的合同或协议的金额确认收入，确认方法可参照商品销售的收入确认原则；如果劳务的开始和完成分属不同的会计年度，且在资产日能对该交易的结果做出可靠估计的，按完工百分比法确认收入。对于长期合同工程，则按完成合同法或完工百分比法确认收入的实现。

注册会计师审查商品销售收入的确认和计量时，主要采用抽查法，核对法和验算法，通常实施如下步骤。

(1) 抽查部分收入业务的原始凭证或其他资料，如一定数量的销售发票、出库单、顾客的支票或汇票等，与商品销售收入明细账相核对，核实已实现的收入是否均已如数入账。

(2) 查阅各种收入明细账，抽取部分分录，核对相关的原始凭证、销售合同，以确定所记录的金额是否均属本期内实现的收入。

(3) 检查企业的销售发票是否顺序编号，发票本上的存根是否完整，核实有无涂改或“大头小尾”现象，抽取部分发票与产成品明细账、分期收款发出商品明细账以及商品销售收入明细账相核对，检查其发出数量与销售数量是否一致。

(4) 查阅已入账的销售收入，并与现金日记账，应收账款明细账，预收货款明细账及有关存货明细账相核对，以确定销售数量，金额和时间是否相符。

(四) 审查商品销售收入会计处理的适当性

为了进一步核实企业是否存在少计，虚计收入的行为，注册会计师应对收入的会计处理是否真实、恰当予以审查，其要点包括以下几点。

(1) 抽查部分销售业务，对记录销售业务的原始凭证、记账凭证、商品销售收入明细账进行全过程的审查，核实其记录、过账、加总是否正确。

(2) 将商品销售收入明细账与总账及其他相关账簿，损益表及其附表相核对，审查是否账账相符、账表相符、表表相符。

(3) 审阅结账日前后的销售收入记录，与销售发票、出库单和货运文件相核对，查明有无已记销售收入而销售尚未实现或销售已实现而未记本年销售收入的情况。

(4) 检查与产成品账户有关的对应账户记录是否正确，同时检查销售收款凭证，视其账务处理是否正确。

在审计中，注册会计师应特别关注产成品明细账的发出栏记录，因为客观存在发现可能隐含的会计处理错误，主要有：①对应账户为“盈余公积(公益金)”、“在建工程”等，可能是福利部门、在建工程领用产品，未通过商品销售收入账户，漏计收入。②对应账户为“销售费用”、“管理费用”等，可能是将产品作为馈赠礼物。③对应账户为：“银行存款”、“现金”、“应收账款”，可能存在价格异常，低估收入。④对应账户为“材料”，可能是以物易物，且互不开发票，从而少计收入。注册会计师如果发现以上异常对应账户，应进一步审查、核实。

(五) 实施商品销售收入的截止测试

为了查明收入记录的截止日期是否正确，防止和纠正收入账户中可能包括的非本期收入事项，以便能正确计算本期净收益，注册会计师应实施商品销售收入的截止测试。在审查中，注册会计师应抽查结账日前后的销售收入与退货记录，同销售发票、出库单和货运文件等相核对，检查销售业务的会计处理有无跨年度现象，对跨年度的销售记录应提请被审计单位予以调整。

(六) 查找未经认可的大额销售

注册会计师应结合应收账款的函证，查明有无未经认可的大额销售。如有，应做出记录，并提请被审计单位做出相应的调整。

(七) 审查销售折扣、退回与折让

引起销售折扣、退回与折让的原因不尽相同，其表现形式也不尽一致，但都是对收入的抵减，直接影响商品销售收入的确认和计量。在审计时，注册会计师应根据销售合同的具体规定，审阅有关收入明细账和存货明细账，抽查有关会计凭证验算核对账证是否相符，如有不符，需进一步分析原因，核实取证。同时，审查中还应特别注意如下几点。

(1) 检查销售折扣、退回与折让的原因和条件是否真实、合规，有无借折扣、退回与折让之名，行转移收入或贪污货款之实的舞弊行为。

(2) 检查销售折扣、退回与折让的审批手续县否完备，规范，有无内外勾结，越权乱批，擅自实行折让和折扣而转利于关系单位等情况。

(3) 检查销售折扣、退回与折让的数额计算是否正确，会计处理是否恰当。

(4) 检查销售退回的商品是否已验收入库并登记入账，有无形成账外物资的情况；销售折让与折扣是否及时足额提交对方，有无虚设中介，转移收入，私设账外“小金库”等情况。

(八) 审查外币结算的销售收入

对于外币结算的商品销售收入，注册会计师应审查其折算方法是否正确，是否按规定的汇率将外币销售收入折算为人民币入账，折算方法是否前后各期一致。

(九) 确定商品销售收入是否在损益表上恰当披露

注册会计师应审查损益表上的商品销售收入项目的数字是否与审定数相符，销售收入确认所采用的会计政策是否已在会计报表附注中披露。

二、应收账款实质性测试程序

(一) 核对应收账款明细账与总账的余额

对应收账款进行实质性测试，应首先核对应收账款明细账与总账的余额，视其是否相符。如有不符，应查明原因，并记入审计工作底稿和做必要的调整。

(二) 获取或编制应收账款明细表

注册会计师应当取得或编制应收账款明细表，对表中所列应收账款实施必要的抽查。并与有关的明细账进行核对。还应将应收账款明细表的合计数与其总账余额相核对，以查明两者是否相符，如果不符，应予以调查并做出相应的调整。在验证该表编制正确的前提下，再审查表中是否存在异常项目，如贷方余额等。

(三) 编制并分析应收账歉账龄表

应收账款的账龄，是指资产负债表中的应收账款从销售实现，产生应收账款之日起至资产负债表日止所经历的时间。应收账款可收回程度与其账龄成反比，即应收账款过期和收回的时间越长，其收回的可能性就越小。因此，为了确定应收账款的可收回程度，注册会计师应向被审计单位索取或自行编制结账日应收账款账龄分析表。在编制该表时，可以

选择重要的顾客及其余额列示，不重要的或余额较小的，可以汇总列示。应收账款账龄分析表的合计数应等于资产负债表中的应收账款数。注册会计师通过审查该表，可以分析各项应收账款的可收回性，还可用以确定和控制函证对象。

(四) 运用分析性复核程序

注册会计师运用分析性复核程序，主要在于分析应收账款的变动，验证其是否合理。通常使用的财务比率如下。

(1) 应收账款周转率，公式为：

$$\text{应收账款周转率}=\frac{\text{销售净额}}{\text{平均应收账款}}$$

(2) 应收账款与总流动资产比率，公式为：

$$\text{应收账款与总流动资产比率}=\frac{\text{应收账款}}{\text{流动资产总额}}$$

(3) 净销售利润率，公式为：

$$\text{净销售利润率}=\frac{\text{净利润}}{\text{销售净额}}$$

(4) 坏账费用与赊销比率，公式为：

$$\text{坏账费用与赊销比率}=\frac{\text{坏账费用}}{\text{赊销净额}}$$

注册会计师将本期的应收账款期末余额与上年度相比，求其变动趋势；或是将某一财务比率与以前年度比率相比较，视其比率的变化，从中找出不符合正常变动规律的情况，从而确定审核的重点。

(五) 对应收账款进行函证

注册会计师在审查应收账款账户记录数额是否正确的基础上，还应进一步对应收账款进行函证。所谓应收账款函证，是指直接发函给被审计单位的债务人，要求核实被审计单位应收账款的记录是否正确的一种审计方法。询证函由注册会计师利用被审计单位提供的应收账款明细账户名称及地址编制，但询证函的寄发一定要由注册会计师亲自进行。

▶ 1. 函证的目的

注册会计师对应收账款进行函证，是为了证实应收账款账户金额的真实性，正确性，防止和揭露被审计单位及其有关人员在销售收款业务中发生的差错和舞弊行为。可以说，函证是应收账款审计中具有决定性的和最重要的一项审计程序。

▶ 2. 函证的范围和对象

注册会计师通常不需要对所有的应收账款发询证函，选择多少账户及对哪些账户进行函证，涉及应收账款函证的范围和对象问题。也关系到所取得的证据是否具有代表性和可靠性，能否支持注册会计师对应收账款总体做出有效的推断。注册会计师在确定函证金额的大小和函证范围时，通常应考虑如下因素。

(1) 应收账款在全部资产中的重要性。如果应收账款在全部资产中所占的比重较大，函证范围应相应大一些。

(2) 被审计单位内部控制边强弱。如果内部控制较健全，可相应缩小函证范围，反之，则应扩大函证范围。

(3) 以前年度的函证结果。若以前年度函证中发现重大差异或欠款纠纷较多，则函证范围相应地应扩大一些。

(4) 函证方式的选择。若选择肯定式函证，可相应减少函证量；若选择否定式函证，则相应增加函证量。

在一般情况下，账龄长、金额大的应收账款，则是注册会计师必须向债务人函证的对象。

3. 函证时间的选择

为了充分发挥函证的作用，注册会计师应安排好发函的时间，最好安排在与资产负债表日即结账日较为接近的时间，同时，也要考虑对方复函的时间，尽可能做到在注册会计师的审计工作结束前取得函证的全部资料。一般来说，可选择在结账日前的某一天发函，这时，注册会计师有必要对函证日与结账日之间发生的有关赊销业务进行审计，以免发生遗漏事项。但是，如果被审计单位的应收账款内部控制较为薄弱，则应将函证时间定在结账日，以防止被审计单位有关人员在函证日与结账日之间发生舞弊行为。

4. 函证的方式

函证方式有两种：肯定式函证和否定式函证。

(1)肯定式函证，又称正面式或积极式函证。它是指债权人向债务人发出询证函，要求债务人直接向注册会计师证实所函证的欠款是否正确，无论对错都要求复函的一种方式。其格式如表 6-6 所示。

表 6-6　肯定式询证函

致：　　　　　　　　　　编号：

本公司聘请的××会计师事务所正在对本公司会计报表进行审计，按照《中国注册会计师独立审计准则》的要求，应当询证本公司与贵公司的往来款项。下列数额出自本公司账簿记录，如与贵公司记录相符，请在本函下端"数额证明无误"处签章证明。如有不符，请在"数额不符需加以说明事项"处详为指正。回函请直接寄至××会计师事务所。

地址：　　　　　　　　　　邮编：　　　　　　　　　　电话：

传真：

（本函仅为复核账目之用，并非催款结算）

截止日期	贵公司欠	欠贵公司	备　　注

若款项在上述日期之后已经付清，仍请及时函复为盼。

（公司印章）

数据证明无误

签章　　　　　　　　　　日期

数据不符需加以说明事项

签章　　　　　　　　　　日期

(2)否定式函证，又称消极式函证。它是指债权人向债务人发出询证函后，若所函证的款项相符时，就不必复函，只有在所函证的款项不符时，才要求债务人向注册会计师复函。其格式如表 6-7 所示。

表 6-7 否定式询证函

致： 编号：

请贵公司认真核对下列账单金额，如果与贵公司会计记录不符，请将不符事项直接邮寄给××会计师事务所。如无贵公司回函，则表明我公司对贵公司的应收账款记录是正确的。

本函附有贴足邮票并写有××会计师事务所邮寄地址的信封，以供贵公司发现不符时回复之用。

截止日期	贵公司欠	欠贵公司	备　　注

（本函仅为复核账目之用，并非催款结算）

（3）注册会计师采用哪种函证方式比较适宜，可以根据下述情形做出选择。

当债务人符合下列情况时，采用肯定式函证较好：①个别账户的欠款金额较大；②有理由相信欠款可能会存在争议、差错或问题。

当债务人符合以下所有条件时，可以采用否定式函证：①相关的内部控制是有效的；②预计差错率较低；③欠款余额小的债务人数量很多；④注册会计师有理由确信大多数被函证对象能认真对待询证函，并对不正确的情况做出积极反映。

有时候两种函证方式结合起来使用可能更适宜，对于大金额账项，采用肯定式函证；对于小金额账项，采用否定式函证。

5. 函证过程的控制

注册会计师应当直接控制询证函的发送和回收。被审计单位的会计人员根据应收账款账龄分析表或应收账款明细账期末余额，协助办理准备询证函、信封、贴邮票等事项。询证函一般以被审计单位的名义签发，但回复函的信封上必须写明会计师事务所的地址，以保证所有复函能直接寄到注册会计师手中，以避免被审计单位有关人员借机更改数字或截止。如果函证因无从投递而被退回时，注册会计师必须仔细分析，了解其中的原因，因为它有可能是一笔不存在的假账。

6. 分析询证函及应收账款余额

询证函发出后，注册会计师可编制函证结果汇总表、对函证过程加以控制。对于采用肯定式函证方式而没有得到答复的，应采用追查程序，一般说来，应发送第二次乃至第三次询证函。函证结果汇总表的格式如表 6-8 所示。

表 6-8 函证结果汇总表

函证编号	债务名称	债务人地址	函证日期		账面金额	函证结果	差异金额及说明	审定金额
			第一次	第二次				

注册会计师应对询证函结果做出如下分析。

（1）如果债务人认可询证函中的应收账款金额，则说明被审计单位期末应收账款余额是真实的和正确的，注册会计师可将收回的询证函汇总编入审计工作底稿，作为审计证据。

（2）如果收回的询证函有差异，则注册会计师应进一步查明原因，在必要时，与债务人直接联系加以核实。产生差异的原因，可能是由于购销双方记账时间不同，也可能是由于一方或双方记账错误，或者也可能是有人弄虚作假或进行舞弊。由于记录的时间不同而产生的差异，主要表现为以下几点。

① 询证函发出时，债务人已经付款，而被审计单位尚未收到货款。

② 询证函发出时，被审计单位的货物已经发出并已做销售记录，但货物仍在途中，债务人尚未收到货物或未验收入库。

③ 债务人由于某种原因将货物退回，而被审计单位尚未收到。

④ 债务人对收到货物的数量、质量及价格等有争议而全部或部分拒付货款。

以上四种情况都会使函证结果小于应收账款账面金额，注册会计师应针对不同的情况进一步进行审查。

如果函证结果大于应收账款账面金额或出现日期不符，注册会计师必须追查被审计单位是否有低估或人为操纵应收账款期末余额的不适当行为，并建议被审计单位做必要的调整。

(3) 如果肯定式询证函一直未得到回复，注册会计师应考虑采用必要的替代审计程序。通常未回复的主要原因如下。

① 债务人已经支付该账款而不愿回复。

② 债务人发生重大财务困难已破产清算。

③ 询证函邮寄丢失。

④ 应收账款的客户系被审计单位虚构。

因此，注册会计师对未回复询证函的应收账款，应根据不同情况进行调查分析，并采取以下措施。

① 检查结账日后的现金收入日记账和应收账款明细账，以查明债务人是否在结账日后至收到询证函期间实际支付了欠款。

② 检查与收款业务有关的文件，包括销售合同、顾客订货单、销货通知书、货运文件及销售发票副本等，以验证销售业务的真实性。

③ 向独立于被审计单位之外的机构查询。如向工商企业注册机构、资信咨询机构等进行调查询问，以验证债务人的地址、信用及财务状况，以及是否确有其人。如果查明债务人是虚构的，应予以披露。

▶ 7. 对函证结果的总结和评价

注册会计师应将函证的过程和情况记录在工作底稿中，据以总结和评价应收账款情况，通常进行如下评价。

(1) 重新考虑过去对内部控制的评价、符合性测试的结果、分析性复核的结果以及相关的风险评价等是否适当。

(2) 如果函证结果表明没有审计差异，则注册会计师可以合理推论全部应收账款总额是正确的。

(3) 如果存在审计差异，注册会计师应当估算应收账款总额中可能出现的累计差错额，还应估算未被选中进行函证的应收账款的累计差错。为了取得对应收账款累计更加准确的估计，可以扩大函证范围。

值得注意的是，即使应收账款得到了债务人的确认，但不等于债务人一定会付款。而且，函证也不能发现所有存在的问题，如被审计单位与其债务人相互串通舞弊的情况。虽然如此，应收账款的函证仍不失为一种必要的、有效的审计方法。注册会计师通过对应收账款的函证，并执行其他实质性测试的审计程序，可以对有关债权回收的可能性做出合理的结论，并向被审计单位管理当局提出有关债权情况所面临的风险和应采取的措施。

(六) 实施销售截止测试

销售截止测试的目的，是为了合理的保证销售和应收账款在货物，发运的会计期间入账，以及存货和销售成本记入同一期间。销售截止测试包括以下审计程序。

(1) 检查截止日前后几天的货运文件，以确定发货是否符合规定的日期和条件。

(2) 追查货运文件至销售和存货记录，以确定有关分录是否记入正确的会计期间。

(3) 检查截止日前一段时间的发票，以确定发货和相应分录的编制是否正确和恰当。

(4) 询问管理当局有关由外部供货商直接向顾客供货的情况，以确定发货和有关分录的编制是否正确和适当。

注册会计师应特别注意虚构销售的可能性，如被审计单位在结账日前几天，将没有订单的货物发给一家老顾客，直到下个会计期间再以销售退回入账。这种情况在被审计单位中时有发生，注册会计师应予以关注。

(七) 审查未函证应收账款

对于未函证的应收账款，注册会计师应采用相关的审计替代程序，如抽查销售合同、顾客订货单、销售发票及货运文件等有关销售业务的文件，以验证这些应收账款是否真实正确。

(八) 审查坏账的确认和处理

对于坏账的确认和处理，注册会计师应对应收账款、坏账损失、坏账准备和管理费用等账户进行核对，对应收账款账龄进行分析，并结合有关坏账处理的文件对已处理的坏账进行调查了解以确认坏账是否符合规定的条件，坏账的处理是否经授权批准，有关会计处理是否正确。

(九) 抽查不属于结算业务的债权

应收账款不包括不属于结算业务的债权，注册会计师应抽查应收账款明细账，并追查有关原始凭证，查找被审计单位有无不属于结算业务的债权。如果有，则应做出记录或做出适当调整。

(十) 审查外币应收账款的折算

对于用非记账本位币结算的应收账款，注册会计师应根据外币汇率进行审查，即审查被审计单位外市应收账款的增减变动是否按业务发生时的市场汇率或期初市场汇率折合为记账本位币金额，所选取折合汇率是否前后各期一致。期末外币应收账款余额是否按期末市场汇率折合为记账本位币金额，折算差额的会计处理是否正确。

(十一) 分析应收账款明细账余额

应收账款作为资产类科目，其余额一般在借方。注册会计师如果在分析应收账款明细账余额时，发现应收账款为贷方余额，则应查明原因，并做出记录和进行相应调整。

(十二) 确定应收账款在资产负债表上披露的恰当性

应收账款应在资产负债表上单独列示，注册会计师应确定资产负债表中的“应收账款”数额是否根据审定的“应收账款”账户期末 余额填列。如果被审计单位设置有“预收货款”

账户，其借方余额也应一并记入表中“应收账款”项目。

三、坏账准备实质性测试程序

“坏账准备”作为“应收账款”的备抵账户，列于资产负债表。坏账准备的计提是否适当，直接影响到资产负债表和损益表正确性。通过验证坏账准备，可验证年末未清偿应收账款的可实现净值。坏账准备的实质性测试程序包括以下内容。

（1）核对坏账准备明细账与总账的余额。如不相符，则应查明原因，并做出核实应收账款余额计算和复查坏账准备的提取，以审查坏账准备的计提。按照我国现行会计制度的规定，坏账准备一般应按年末应收账款余额的0.3%～9.5%提取，对外商投资企业，则按年末应收账款、应收票据等应收款项的余额，按不超过3%的比例计提。应收账款，应收票均等科目的余额中，如果含有因采用分期收款销售方式而发生的应收账款或按完工进度或实际完成的工作量等确定销售收入所发生的应收账款，在计提坏账准备时，则应将该部分金额扣除注册会计师应按计提坏账准备的范围、标准测算已提坏账准备是否充分，若有大额差异，应予以调整，并按其差额补提或冲销坏账准备，使其符合规定比例。

（2）根据坏账损失的文件，对照检查坏账损失。注册会计师通过应收账款和坏账损失账户，以及坏账损失有关文件检查应收账款作为坏账注销的理由是否充分，有无授权批准，有无已做坏账损失处理后又收回的账款及其会计处理是否正确。

（3）审查应收账款明细账及相关原始凭证，查找有无资产负债表日后仍未收回的长期挂账应收账款，若有，应提请被审计单位处理。

（4）检查函证结果。通过函证发现例外事项及存在争执的余额，注册会计师应查明原因，并做记录和相应的调整。

（5）检查坏账准备的借方记录是否与列作坏账损失的账项一致。

（6）实施分析性复核。通过计算坏账准备余额占应收账款余额的比率，并和以前年度的相关比率核对，检查分析其重大差异，以发现有重要问题的领域。

（7）确定坏账准备是否在资产负债表上恰当披露。企业期末坏账准备余额应作为应收账款的减项列示在流动资产类下，注册会计师应核定表中坏账准备项目数字是否与审定数一致。

【案例分析】

案例一：大正公司于1999年12月1日委托中正会计师事务所对公司1999年度的会计报表进行审计。注册会计师张浩任该审计项目的负责人，决定在决算日前先实施某些审计程序，包括对截至1999年11月30日的应收账款进行函证。复函中有6户顾客提出了以下意见。

（1）本公司资料处理系统无法复核贵公司的对账单。

（2）所欠余额20 000元于1999年11月10日付讫。

（3）大体一致。

（4）经查贵公司11月30日的第2545号发票（金额为25 000元）系目的地交货，本公司收货日期为12月7日，因此询证函所称11月30日欠贵公司账款之事与事实不符。

（5）本公司曾于10月份预付货款7500元，足以抵付对账单中所列两张发票的金额5000元。

(6) 所购货物从未收到。注册会计师针对顾客复函中提出的意见，应当采取何种步骤进行处理？

案例分析：

(1) 此种情况下应采取替代审计程序，主要是审查顾客订货单、销售合同、销售发票副本、货运文件等资料，验证构成应收账款的销货交易是否确实发生。

(2) 这种情况可能是由于时间差异造成的，注册会计师应审查收款凭证，查看货款是否收到及收到的日期。如果货款函证日之前已收到，则可能是记账错误，即收到货款时贷记另一客户的明细账户，注册会计师应审查账户记录并对贷记的账户进行函证。

(3) 该顾客的回答很不清楚。注册会计师应重新函证，请具体准确答复。

(4) 此种情况很可能是客户在货物所有权尚未转移前就认为销售实现，注册会计师应审查销售发票副本和有关的销售合同、协议。

(5) 注册会计师应查明预收货款是否确实收到并已入账，如查明确能抵付，应提请客户进行相应的账务处理。

(6) 审核货运文件等资料，以查明货物是否确已运出。如确已运出，应将货运文件影印件送请顾客重新查证；如确未运出，应提请客户做调账处理。

案例二：甲企业销售给乙企业一批商品，价款 20 万元，经双方约定采用商业承兑汇票结算方式支付贷款。甲企业发出商品后，收到了乙企业承兑的不带息商业汇票，并做了账务处理。商业汇票到期时，乙企业派人与甲企业协商，要求待资金缓解时再偿还应付货款，并许诺可给有关人员“劳务报酬”。甲企业有关人员为谋取私利，答应了对方的要求。经商定，乙企业可在一年内付讫货款，条件是按该笔货款同期借款利息的 20% 向甲企业有关人员支付“酬谢金”。甲企业收到“酬谢金”后，将到期票据转应收账款。

案例分析：购货企业采用商业承兑汇票方式结算货款，在商业汇票到期时，因资金困难，向销售企业协商延期付款。销货方财会人员乘机索取“劳务费”。并将到期票据转入“应收账款”科目。

审查：首先应审阅应收账款明细账和商业票据备查登记簿及有关的账册凭证，视其账务处理和记录是否完整、真实、合规。例如，在查阅商业汇票登记簿时，对增加的票据看其是否详细记录了票据的出票人、承兑人、面值、利率及期限等内容；对已贴现票据看其是否登记了贴现日、贴现利率、贴现息和实收金额等内容；对到期的票据应着重看其是否已收回票款或转销，并在备查登记簿上逐笔予以注销。如果在账册凭证和备查登记簿上发现疑点或不清楚的地方，应进行追踪审查，如上述舞弊中所反映的票据到期未能变现，而转入应收账款，则应进行深入细致的内查外调，查清内幕，揭露购销双方的舞弊行为。

结论：索取购方酬金，延期承兑商业汇票。

案例三：注册会计师对某企业的应收账款进行审计，该企业应收账款账户有；100 户，除有 10 户应收账款每户超过 10 万元以上外，其余 90 户均在 5 万元左右。注册会计师首先对应收账款内部控制进行调查、研究和评价，发现各控制点均有良好的控制。

案例分析：注册会计师根据对应收账款内部控制的评价，各控制点均有良好控制，这就不需要再对 100 户全部进行审查，只需对 10 万元以上的账户或其余账户的 20% 即 18 户进行审查。如果对 28 户审查中发现有问题，则可扩大抽查范围，直至对 100 户全部进行审查。

审查： 按照随机原则选择 18 户，并与 10 万元以上的 10 户作为审查对象，将 118 户的发生额、上次函调后的余额，以及计算出来的现金余额，编制发生额及余额明细表(也可作对账单)，与应收账款明细账余额进行核对。核对相符后，发函向对方调查，调查函的内容和格式如表 6-9 所示。应将调查函的对账单与回函的对账单进行核对，如果不符，应查明不符的原因。然后，再根据回函情况编制应收账款函证结果汇总表，如表 6-10 所示。最后，确定应收账款的真实性和正确性。

表 6-9　肯定式询证函

致：汇宇贸易有限公司　　　　　　　　　　　　　　　　编号：9915

本公司聘请的大正会计师事务所正在对本公司会计报表进行审计，按照《中国注册会计师独立审计准则》的要求，应当询证本公司与贵公司的往来款项。下列数额出自本公司账簿记录，如与贵公司记录相符，请在本函下端“数据证明无误”处签章证明。如有不符，请在“数据不符需加以说明事项”处详为指正。回函请直接寄至大正会计师事务所。

地址：××市朝阳路 28 号　　邮编：100026　　电话：65976666　　传真：65976666

(本函仅为复核账目之用，并非催款结算)

截止日期	贵公司欠	欠贵公司	备　注
1999 年 12 月 31 日	150 000 元	0	

若款项在上述日期之后已经付清，仍请及时函复为盼。

大正会计师事务所(公司印章)数据证明无误

签章：汇宇贸易有限公司(公司印章)　　日期：2000 年 1 月 20 日

数据不符需加以说明事项

签章：　　　　　　　日期

表 6-10　应收账款函证结果汇总表

函证编号	债务人名称	债务人地址	函证日期	账面金额(元)	函证结果(元)	差异金额及说明(元)	审定金额(元)
9915	汇宇公司	X 市	2000/1/20	150 000	150 000	0	150 000
9916	天航商场	Y 市	2000/1/20	65 000	60 000	5000	60 000
略	略	略		略	略	略	略

据函证结果汇总表记载，应对天航商场的回函与本厂的对账单进行认真核对，发现天航商场在 12 月 15 日退货 5000 元，本厂尚未进行账务处理。经进一步查实，所退货物确系质量问题，仍堆放在第三仓库。其他 27 户的回函余额与本厂账目完全相符。

结论：应收账款的余额基本正确。

拓展案例

2004 年 11 月 20 日，中国证监会宣布了对成都红光实业股份有限公司(以下简称“红光实业”)管理部门、负责该公司上市前审计及盈利预测审核的蜀都会计师事务所、资产评估所、证券承销商，以及相关的其他信息中介机构和有关执业人员进行的行政处罚决定。以惩罚他们在该公司上市过程中颁布虚假会计信息所犯的错误。

红光实业公司在上市过程中，没有在其财务报表中披露真实的财务信息。在上市前三年中，红光实业已出现巨额亏损。如 1996 年实际亏损金额为 1 亿多元，1997 年上半年亏损6500万元。即使在上市后的1997年，全年实际亏损为2.2亿元，而不是其报表上披露的1.9亿元。但是，为了能得到上市资格，红光实业在股票发行上市的申报材料中，采取虚构产品销售、虚增产品库存和违规账务处理等手段，将1996年实际亏损1亿多元，虚报为盈利5400万元。

从已揭露的违规账务处理来看，红光实业主要采取了虚构产品销售、虚增产品库存的方法来掩盖虚盈实亏的真相。对于这种在企业界已沿用近70年的假账手法，审计界早已有所防备。远在1938年，美国的罗宾逊药材公司就是通过虚构销售收入、虚构应收账款以及虚构存货而成为美国证券界轰动一时的诈骗案。为此，当美国在1947年创建公认审计准则时，首当其冲的就是必须对应收账款进行询证，必须对存货进行盘点。否则的话，就不能对财务报表发表无保留意见。因为，这两种审计程序是揭露虚构销售收入及虚假存货的最有效的方法。而且，这两种程序亦成为世界各国审计界最为重视的两种方法。我国的独立审计准则也将这两种审计程序列为检查报表的法定方法。如果会计师事务所在审核上市公司前3年的财务报表时，运用了这两个程序的话，就不可能出现虚构销售收入、存货以及应收账款的现象。至少，不应当出现如此巨额的虚假利润。由此可见，注册会计师在审核前3年的财务报表时，在程序上存在过失，以至于没有发现重大差错，不能给报表使用者提供一个合理保证。对此，注册会计师是难辞其咎的。

其次，在从盈利预测数据与1997年年度报告数据的对比中可以发现，导致盈利预测与实际完成业绩产生重大差异的主要项目是“商品销售收入”和“营业成本”。原先预计商品销售收入为59 326万元，但实际完成额为27 066万元，实际完成额仅为预计额的45.6296%。与此同时，营业成本却并未按比例的下降，实际发生额与预计额基本持平(实际发生额为36 476万元，预计额为39 184万元)。也就是说，收入与预计数相比减少了一半多，而成本却并没有减少，这样的话，主营业务利润自然与预计数产生很大的差异，进而导致“净利润”预计数7055万元与实际完成数－19 840万元的重大出入。

对于近2亿元的亏损，红光实业在事后的解释是存在两方面主要原因。其一，行业内的激烈竞争使公司处于非常不利的位置。由于近几年电视机大幅度降价，作为整机的基础元器件生产厂也遭受了巨大冲击，公司主导产品售价大幅下跌，1997年同1996年相比，44cm的黑白显像管售价下跌51%，彩管玻壳售价下跌33%，跌价损失巨大。其二，公司产品成本却在加大。公司彩管玻壳屏炉和锥炉于1990年12月底点火投产，原设计寿命为5年，到1995年12月底满期。满期后，公司对炉子进行了“热修”并获得成功(所谓“热修”，就是边生产，边检修；与之对应的是“冷修”，即停产检修)，公司由此相信自己有足够的技术实力和经验，通过不断热修保证炉子维持正常生产状态并再安全持续地运转几年，故没有在招股说明书、上市公告书、1997年度中期报告中予以披露。但到了1997年8月以后，热修已不能解决问题，炉子严重老化，产出大量废品，使产品合格率降低。生产成本猛增，到2000年2月，炉子全面停火。

综合红光实业以上这些风险因素，我们可以发现其中许多因素会对红光实业的生产经营业绩产生很大影响，比如原材料价格将上涨；行业竞争激烈，预计产品售价下调，将会有跌价损失；对公司产品的主要客户依赖性过大；主要生产设备超龄使用等。种种迹象都表明，1997年红光实业的发展前景不容乐观。但注册会计师、资产评估师以及证券承销商等在对红光实业前3年财务报表及1997年盈利预测进行审核时，并未保持应有的足够的谨慎，如表6-11所示。

表6-11 红光实业1994—1997年商品销售收入与净利润表 单位：万元

	1994年度（母公司）	1995年度（母公司）	1996年度（母公司）	1996年度（合并）	1997年度（合并预计）	1997年度（合并实际）
商品销售收入	81 222	86 636	33 072	42 492	59 326	27 066
净利润	6070	7859	5436	5428	7055	－19 840

从表6-11中“商品销售收入”和“净利润”的走势可以发现，从1994—1996年，红光实业的经营业绩是在下降的，而在1997年将面临如此多不利因素的前提下，盈利预测中“商品销售收入”和“净利润”的预计值却都是上升的。可见，注册会计师在审核盈利预测时没有充分考虑到可能存在的风险因素，执行业务过程中没有很好地贯彻谨慎性原则，致使盈利预测严重失真，给投资者造成了实际损失。因此，注册会计师对于盈利预测严重失真应该承担责任。

本章小结

企业的收入循环包括同顾客交换商品或劳务，以及收到现金收入的所有活动。其中，销售是企业的主要经营业务之一，也是决定企业收入的重要环节。

收入使循环审计的目标是注册会计师为收集与收入循环交易和余额真实、合法、正确、完整的证据，从而对管理当局财务报表进行再认定，支持注册会计师发表审计意见。

企业建立内部控制的目标是确保所有的经济业务得到正确的执行和正确的记录，并能保护相关账户和实物的安全。交易授权和职责分离对内部控制的有效运行具有极为重要的作用，注册会计师对此应予以足够的关注。通过评价符合性测试所获取的证据，并充分运用审计判断，注册会计师对控制风险做出最后评价。评价控制风险的适当与否，直接影响到实质性测试的适当性，因此，注册会计师运用职业谨慎，做出合理的专业判断是极为重要的。

注册会计师利用对内部控制的评价结果，运用检查、监盘、观察、查询及函证、计算和分析性复核等方法，对被审计单位的各项账户余额和交易种类进行实质性测试，以实现特定的审计目标。我们仅以收入循环形成的应收账款和商品销售收入等账户为例展开讲述其他账户(如应收票据)的实质性测试。

收入循环的实质性测试中，实施分析性复核程序和对应收账款进行函证是极其重要的。分析性复核程序使审计更具有效率和效果，但是对分析性复核的结果的依赖程度，注册会计师应做出谨慎的判断。应收账款的函证是一种必要的、有效的审计方法。

思考与练习

一、思考题

1. 收入循环审计的目标什么？

2. 如何进行收入循环的内部控制测试？

3. 应收账款的实质性测试程序如何？

4. 商品销售收入的实质性测试程序如何？

二、分析题

某注册会计师2014年12月对A公司2014年度会计报表进行审计，他决定在决算日前对截至2014年11月30日的应收账款进行肯定函证。复函中有3位客户提出以下意见：

1. 本公司会计资料信息系统无法核对贵公司的对账单。

2. 本公司所欠余额已于2014年11月22日付讫。

3. 本公司曾于10月份预付货款20万元，足以抵付对账单中所列欠款15万元。

请问对客户复函中提出的这些意见，注册会计师应当采取何种措施？

7 第七章 Chapter 7 支出循环的审计

学习重点

1. 理解支出循环的审计目标。
2. 了解支出循环控制测试的程序。
3. 掌握支出循环相关科目的实质性测试方法。

引导案例

生产成本造假

广东新大地生物科技股份有限公司(简称“新大地科技”)成立于2004年，位于广东省平远县长田镇油茶工业园，是一家致力于油茶产业化的农业高新技术企业，其主营业务是茶油制品及有机肥的研发、生产和销售，市场主打产品是“曼陀神露”牌精炼山茶油。2009年变更为股份有限公司，2012年向证监会申请首发上市，并披露了招股说明书申报稿，但其后就被举报存在重大财务舞弊，被证监会立案、审理，暂停首发上市审批程序。2013年10月15日，中国证监会公布了中国证监会行政处罚决定书，分别对新大地科技和负责其审计工作的大华会计师事务所、北京市大成律师事务所及其保荐机构南京证券有限责任公司进行了处罚。并公布了新大地科技在2012年4月12日预披露的招股说明书申报稿以及上会稿中存在重大遗漏，且2009—2011年年度报告中存在虚假记载。

新大地科技最令人怀疑的地方就是其茶油的生产成本。从新大地科技招股说明书中公布连续三年的“生产成本”中，可以发现其主要产品茶油和有机肥的生产成本是很低的。对此，多家媒体和业内人士都认为其产品成本存在虚报现象。按2011年茶油生产企业的行业生产成本标准来看，用油茶籽或茶饼生产一吨茶油的直接材料成本(不含人工成本及制造费用)如表7-1所示。

表 7-1　2011 年茶油生产企业行业生产成本标准

成本名称	生产原料	估算方式	单价(元/吨)
生产成本	油茶籽	以采购价及出油率估算	35 721
生产成本	茶饼	以采购价及出油率估算	40 883

以 2011 年新大地招股说明书中公布的其茶籽采购成本 8573 元/吨来计算，按照油茶籽两道生产工序 24%的榨油率保守估算，茶油的直接材料成本每吨至少也要在 35 721 元以上。2011 年新大地科技招股说明书上显示其茶油每吨销售收入为 52 684 元，当年的茶油的毛利率为 36.19%，根据招股说明书的数字计算出来的营业成本为 33 618 元(包含人工成本及制造费用)。因此，从上面的比较中我们可以发现：新大地科技在其招股说明书中公布的营业成本为每吨 33 618 元显然是在说谎，不仅与行业成本水平不符，而且与自己公布的原料价格来计算的成本也是不相符的。很显然，新大地科技在其招股说明书中的数据是做了手脚的，是一种典型的"少计成本，虚增利润"粉饰报表的财务造假行为。

另外，新大地科技人工成本奇低也令人生疑。新大地科技属于劳动密集型产业，但通过记者调查发现新大地科技的正式员工却不足百人。据新大地科技招股说明书显示，2011 年其实现的销售收入达到 12.356 亿元，净利润达到 3.583 亿元，人均实现营业收入 102 万元，人均实现利润 29.21 万元。但是，新大地科技的人工成本却非常低。据其财务报表显示，2011 年新大地科技支付工资的现金流为 359 万元，只占同期营业收入的 2.9%左右。公司员工人年均收入 2.9 万元，与员工为新大地科技创造的高额利润形成巨大的反差，其实这只不过是一种"少计人工成本，虚增利润"的造假手段而已。

第一节　支出循环审计的目标与范围

一、支出循环审计的目标

支出，指企业为生产或取得资产，发生费用，清偿债务所发生的全部支付款项。支出循环，则指不断重复的支出过程。在该过程中，以工业企业为例，有采购交易和现金支出交易。这些交易涉及"固定资产"、"无形资产"、"存货"等资产类账户，以及"应付账款"、"应付票据"、"应交税金"等负债类账户。

支出循环审计的目标是为了收集与支出循环交易和余额相关的每一项重要认定的证据。以应付账款为例，其审计目标主要有以下几方面。

(1) 确认支出的存在或发生，即确定已记录的采购、现金支出交易在被审计期间内是否发生；确定被审计单位记录的应付账款是否存在。

(2) 确认支出的完整性，即确定被审计期间内采购、现金支出交易的记录是否完整；确定应付账款增减变动的记录是否完整。

(3) 确认应付账款的权利，即确定应付账款是否归被审计单位所有。

(4) 确认支出的正确性，即确定已发生的采购、现金支出交易是否正确、及时入账；确定应付账款的数额及其年末余额是否正确。

(5) 确认支出的表达与披露。即确定应付账款的分类是否正确；确定应付账款在会计报表上的披露是否恰当。

二、支出循环审计的范围

(一) 采购交易的审计范围

采购交易通常要经过“请购—订货—验收”这样的程序，一般要涉及下列重要的凭证和账簿：请购单；订货单；验收单；购货发票；有关应付账款的记账凭证，应付账款明细账和总分类账；卖方对账单；资产或费用总账等。

(二) 现金支出交易的审计范围

用以处理现金支出的重要凭证和账簿包括付款凭证；支票；现金日记账和银行存款日记账；现金总账和银行存款总账；资产或费用账；银行对账单等。

第二节 支出循环内部控制测试

采购和现金支出交易是指从外部购置商品或劳务并支付由此而产生的支出的循环。采购是企业为了生产或销售而从供货商处购买材料或商品以及事务用品等物资的过程，是支出循环的重要环节。一般而言，采购循环由制定采购计划、签订采购合同或发出订货单、商品验收入库、货款结算和记账等环节组成。

采购循环的内部控制通常包括以下步骤。

(1) 对采购循环的各项业务建立职责分工，实行职务分离控制。

(2) 建立采购申请审批制度。

(3) 建立订货控制制度。

(4) 建立后续检查制度。

(5) 建立严格的货款支付制度。

一般地讲，凡涉及支出循环的业务，其金额都比较高，所购进的存货，有的容易变质、报废或失窃而形成损失，而且发生重大差错和舞弊的可能性较大。注册会计师必须依靠内部控制防止并检查这些差错和舞弊行为，因此，研究和评价支出循环业务的内部控制，是衡量控制风险的前提，也是确定检查风险的基础。

一、采购交易内部控制测试

(一) 采购交易及其内部控制

正确执行采购业务的前提条件，是每笔业务都需经过有关管理人员批准，遵照批准的条款执行业务。采购交易一般包括以下步骤。

▶ 1. 请购商品或劳务

请购商品或劳务是采购循环的起始点。请购商品或劳务基于需要而提出，并需填写请购单，如当库存达到订购点时，仓库应提出采购申请，固定资产的需要通常由资本预算确定。请购单是由不同的部门或人员根据企业的授权填写并送交采购部门申请购买商品或劳务的书面凭证，企业根据购置资产的重要性将其请购权授予不同的部门或不同权力层次的管理人员。企业的授权，一般分为一般授权和特别授权。一般授权，指企业将正常经营活动中所需商品或劳务的请购权授予指定的部门或人员，这些部门或人员只要认为经营活动需要，随时可以请购该商品或劳务，如仓库对再订货的采购申请。特别授权，指企业对于资本性支出或数额巨大的物资采购等业务，根据企业政策规定，只允许特别指定的人员提出请购，如固定资产的请购，请购单必须由负责该类购货业务的主管人员审批，以保证购置的资产符合企业的经营需要。

▶ 2. 订购商品或劳务

采购部门收到有关部门或人员的请购单以后，有权对已经过批准的请购单发出订购单。订购单是企业采购部门填写的向本企业以外的其他企业购买指定商品或劳务的书面合约。

订购单应正确填写所订购商品的名称、规格、数量、价格、厂家名称和地址。订购单应预先编号并经采购人员签字，其正联送交供货商，副联分别送交企业内部的验收部门、请购部门、会计部门、仓库以及采购部门本身留存。对送给验收部门的那联订购单，最好将订购数量、规格等栏目内容涂掉，以促使验收人员仔细验收商品，从而保证实际收到的商品与订购的商品一致。

▶ 3. 验收商品

验收部门收到供货商发运来的商品时，通过检验，比较收到的商品与订购单上所订购的商品是否相符，清点商品的数量，检查有无损坏。必要时，还可通过对商品的实验或技术分析来确定其质量是否符合规定，这项工作需要专门技术，通常由一个由适当人员组成的验收部门来完成。

验收人员检验完毕后，应对每一张订购单编制一式多份且预先编号的验收单，并取得收货人员在验收单上的签字或其他交易签收，以确定他们对所收到的资产与验收单实际验收的资产是否一致，以及应负的保管责任。验收部门应将验收单副本分别送交订购部门、仓库、会计部门等。

另外，劳务以及某些商品并不通过验收部门而是直接由使用者收受。在这种情况下，可以规定由使用者填写验收单，但较通行的办法是将供货商的发票送给使用者，请使用者验证和确认收受的商品和劳务。

▶ 4. 存储已验收的商品

将已验收的商品的保管与记录等其他职责相分离，这是保证资产安全的一项重要措施。商品的存放应符合企业的规定和管理的要求，要限制保管员以外的人员接触库存资产。

▶ 5. 记录负债

会计部门在编制记账凭证之前，应检查确认有关原始凭证的正确性，即主要检查确认以下两点。

（1）对购货发票的内容与订购单、验收单以及运货单的一致性进行检查和确认。

（2）对购货发票计算的正确性进行检查和确认。

会计人员根据审查后的原始凭证编制适当的记账凭证并据以登记各种明细分类账和总分类账，由稽核会计人员定期将总分类账与明细分类账进行核对，以达到账账相符。

表 7-2 列示了采购交易的各职能及其会计控制目标。

表 7-2　采购交易的各职能及其会计控制目标

职　　能	部　　门	会计控制目标
请购商品或劳务	仓库等部门	由有权批准的人员签署并核准请购单
订购商品或劳务	采购部门	正确处理订购单的价格、数量和质量
验收商品	收货部门	清点、检验收到的货物，并确定是否与订购单相符
存储已验收的商品	仓库	将验收后的货物列入存货，保护存货的安全
记录负债	会计部门	保证付款金额、对象、账户分类的正确

(二) 采购交易的控制测试

▶ 1. 了解和描述采购交易内部控制制度

注册会计师通过询问、观察、审查凭证和查阅文件等程序，了解被审计单位采购交易内部控制的情况。表 7-3 是一份内部控制调查表，值得注意的是，调查表中只包括与内部控制系统的效率关系较大的控制措施。注册会计师通过流程图、文字说明等形式，把他们对内部控制的了解记录在工作底稿中。

表 7-3　采购交易内部控制调查表

被审计单位名称____________

注册会计师________　审计日期________　完成日期________　复核人________

循环：支出　　　　交易类别：采购

问　　题	回答			取得方式	备注
	是	否	不适用		
一、请购商品或劳务					
1. 是否已建立请购的授权批准程序					
2. 每笔采购业务是否都必须具有经过批准的请购单					
二、订购商品或劳务					
1. 每笔采购业务是否都必须具有经过批准的请购单					
2. 是否使用预先编号的订购单					
三、验收商品					
1. 验收部门接收货物之前是否必须取得订购单					
2. 是否清点、检验货物，并与订购单相核对					
3. 验收单是否预先编号，并附有验收人员的签字					
4. 验收部门将商品送交仓库后，是否取得对方签章的收据					
5. 送交验收部门的订购单副联是否已涂掉采购数量等栏目					
四、存储已验收的商品					
1. 商品是否存放在安全的地点，并仅限经过批准的人接近					
2. 是否设有保安人员守卫仓库存货					
五、记录负债					
1. 是否对有关记账凭证的分录进行独立检查，以确定账户分类的适当性和入账的及时性					
2. 是否核对购货发票与相关的订购单验收单等，审核其内容是否一致					

2. 初步评价采购交易内部控制

对采购交易进行初步评价，其目的在于注册会计师对其进行实质性测试前确定对采购交易内部控制的可依赖程度。注册会计师可通过下列措施来完成初步评价。

(1) 确认该项认定可能发生哪些潜在的错报或漏报。

(2) 确认哪些控制可以防止或者发现或更正这些错报或漏报。

(3) 执行控制测试，获取这些控制是否适当设计和有效执行的证据。

我们仅以采购交易的第 2、第 3 项职能为例进行说明，见表 7-4。

表 7-4 初步评价采购交易的内部控制

职　　能	可能发生的错、漏报	必要的控制措施	控制测试
订购商品或劳务	采购未经许可	各订购单须附有经过批准的请购单	检查订购单有无请购单为证
验收商品	验收单中的商品与所订购的商品不符	每批运送的商品都必须有订购单	检查验收单是否附有订购单
	收到商品的项目、数量或质量可能不正确	验收人员清点、检查所收到的商品，并将其与订购单核对	观察验收人员验收

表 7-4 中第 2、3 两列是从一般情况中提炼出来的，具有代表性，注册会计师在审计具体客户时，应结合实际情况加以调整。

注册会计师通过比较必要的控制和现有控制，初步评价计划依赖的采购交易的内部控制。如果客户没有建立注册会计师认为的必要控制，或者现有控制不足以防止或检查错报或漏报，那么注册会计师应该考虑控制缺陷对审计的影响，比如扩大采购实质性测试的范围。初步评价的结果应记录在工作底稿之中。

3. 采购交易控制测试

对采购交易进行控制测试时，应结合其控制点或控制环节来进行，即按以下的步骤对其进行控制测试。

1）对请购商品或劳务控制进行控制测试

请购制度有助于对订货单和购货发票的控制，从而使得控制测试的结果为进一步信赖该制度提供了有力的证据。注册会计师对两种控制职能感兴趣，即对请购单的提出和核准的控制以及对执行经核准的请购单的控制。相关的控制测试如下。

(1) 选择若干张请购单，检查摘要、数量及日期和相应文件的完整性。

(2) 审核核准的证据，检查其核准手续的完整性，尤其要注意批准人是否签字。

2）对订购商品或劳务控制进行控制测试

订货单是经核准的采购业务的执行凭证，因此注册会计师通常更注意对订货单的填制和处理的控制，关注订货单是否准确处理和全部有效。相关的控制测试如下。

(1) 审查订货单的完整性：编号、日期、摘要、数量、价格、规格、质量及运输要求等。

(2) 审查批准的证据，检查订货单是否附有请购单或其他授权文件。

(3) 注意订货单是否按序编号，有无缺号。

3）对验收商品控制进行控制测试

如果收到的货物令人满意，并与订货单上的质量标准一致，这时已经产生一项负债。注册会计师应确定购货发票是否与验收单一致；验收部门是否独立行使职责，并编制正确的验收单。相关的控制测试如下。

（1）查询并观察验收部门在收货时对货物的检查情况。

（2）检查按编号顺序处理的验收单的完整性，即验收单的内容填写是否完整。

（3）查阅商品质量检查单的处理记载和程序，获取经独立审核批准的和发出货物、验收商品的证据。

4）对存储已验收的商品控制进行控制测试

仓储商品的控制，主要是对出入库和库存商品的控制。相关的控制测试如下。

（1）察存货出入库，审查仓库是否核实收到的货物和发出的货物。

（2）观察限制接近仓库的措施，对资产的保护控制是否有效运行。

5）对记录负债控制进行控制测试

对经适当授权、执行和批准的购货发票的记录、汇总和过账的控制可作如下控制测试。

（1）检查采购业务的原始凭证。对选取的业务，注册会计师应复核每一笔采购业务的原始凭证，包括：每一张记录负债增加的记账凭证是否均附有订货单、验收单、购货发票；审核这些原始凭证的数量、单价、金额是否一致，原始凭证上的各项手续是否齐全。

（2）检查现金折扣的会计处理。注册会计师应注意现金折扣的处理是否由经授权的经办人按规定处理；在记录负债控制中，会计人员是否认真按规定进行会计处理，会计人员是否认真检查购货发票价格的计算是否正确。在测试中，可抽查部分购货发票的会计处理，注意：①有关人员是否在现金折扣期限内按原发票价格支付货款，然后从供货方取得退款支票或现金；②企业是否丧失了本应获得的折扣。通过上述测试，以确定对现金折扣控制的依赖程度。

（3）检查应付账款的过账。对选取记录采购业务的记账凭证，注册会计师应根据记录的内容，分别追查应付账款和存货的明细账与总账是否进行平行登记，以确定是否准确、及时地入账，还应核对有关账户记录的金额是否一致，应付账款明细账合计数与总账数是否一致。

在工业企业，大多数购货是原材料，对采购环节的控制是和对原材料存货控制的符合性测试密切相关的。如果从购货的数据开始进行控制测试，可将购货发票的购货项目追查到永续盘存制下存货记录的过账。

▶ 4. 对采购交易内部控制的评价

完成控制测试之后，注册会计师应对被审计单位采购交易的内部控制的健全、有效性进行评价，确定其是否存在重大的薄弱环节。如果有，则应确定其对应付账款实质性测试的影响，并针对薄弱环节提出改进建议或措施。

二、现金支出交易内部控制测试

（一）现金支出交易及其内部控制

正确执行现金支出业务的前提条件，是各职能活动分别由不同的部门或人员执行，不同部门或人员的职责分离应严格贯彻执行，这对建立和完善现金支出交易的内部控制是很重要的。现金支出交易一般包括以下步骤。

▶ 1. 支付负债

会计人员应根据有关主管人员的审批，根据供货商的付款条件以及本企业的资金状况，合理安排款项的支付，并通过支票结算。编制和签署支票的有关控制包括以下几点。

(1) 由被授权的会计部门的人员负责签署支票。

(2) 有关现金支出须经采购部门填制应付凭单，并经有关部门批准后方可支付货款，同时独立检查已签发支票的金额与所处理的应付凭单金额的一致性。

(3) 授权签署支票的人员应确定每张支票是否附有经过批准的应付凭单，支票的收款人单位和金额是否与应付凭单内容一致。

(4) 签署支票后，应在应付凭单和相关凭证上加盖印戳或将其注销，以免重复付款。

(5) 不应签发现金支票和空白支票。

(6) 应使用预先连续编号的支票。

(7) 对有现金折扣的负债要及时支付，以获得现金折扣。

▶ 2. 记录现金支出

会计人员应根据已签发支票编制付款凭证，并据以登记银行存款日记账及其他相关账簿。记录现金支出的有关控制包括以下方面。

(1) 设置支票登记明细簿，对记入登记簿的支票，应按编号顺序进行会计处理，并独立检查登入银行存款日记账和过入应付账款的金额，是否与支票金额一致。

(2) 定期比较银行存款日记账记录的日期与支票的日期，检查入账的及时性。

(3) 独立编制银行存款余额调节表，将银行编制的对账单与支票登记簿和银行存款日记账相核对。对未兑付的支票，应查明原因后，予以注销。该项控制一定要注意编制调节表的工作是否由出纳人员担任。如果由出纳负责，则说明该项控制失控。

(二) 现金支出交易的控制测试

▶ 1. 了解和描述内部控制制度

表 7-5 列举了现金支出交易内部控制调查表的示范性问题。

表 7-5 现金支出交易内部控制调查表

被审计单位名称__________

注册会计师_______ 审计日期_______ 完成日期_______ 复核人_______

循环：支出　　　　交易类别：采购

问　题	回　答			取得方式	备注
	是	否	不适用		
一、支付负债					
1. 所有支出是否都以支票付款					
2. 支票是否预先按序编号					
3. 支票付款是否附有相应的应付凭单					
4. 应付凭单和相关凭证是否在支票签署后盖章注销					
5. 是否签发空头支票或空白支票					
二、记录现金支出					
1. 执行和记录现金支出交易的职责是否分离					
2. 支票付款是否及时、正确入账					
3. 是否定期独立编制银行存款余额调节表					
4. 是否独立检查账簿记录的金颤与每日支票汇总金额的一致性					

2. 初步评价现金支出交易内部控制

对现金支出交易进行初步评价，其目的在于注册会计师对其进行实质性测试前，确定对现金支出交易内部控制的可信赖程度。注册会计师可通过表 7-6 中的措施来完成初步评价。

表 7-6　初步评价现金支出交易的内部控制

职　　能	可能发生的错、漏报	必要的控制措施	控制测试
支付负债	可能对未授权的采购签发支票	支票签署人应复核应付凭单的完整性及批准情况	观察支票签署人对应付凭单是否进行独立检查
	可能对一张凭单重复付款	支票签发后应立即整章注销已付款凭单	检查已付款凭单上有无“已付讫”印戳
	支票金额可能开错	检查支票金额与凭单金额的一致性	重新执行独立检查
记录现金支出	支票可能未入账	使用和控制预先编号的支票	审查使用和控制预先编号支票的证据
	支票可能未正确入账	定期独立编制银行存款余额调节表	审查很行存款余额调节表
	支票可能未及时入账	检查支票日期与入账的日期	重新执行独立检查

3. 现金支出交易控制测试

对现金支出交易进行控制测试时，应把注意力集中在关键控制点或关键控制环节上，即把注意力放在支票付款业务上。因为付款支票是对现金支出交易进行控制测试的抽样单位，注册会计师可通过查询、观察、检查以及重复执行内部控制等措施对现金支出交易进行控制测试，其步骤与方法如下。

(1) 检查支票样本，审核付款是否经过批准，支要是否与应付凭单一致，付款后是否注销凭单，支票是否由经过授权批准的人员签发。

(2) 检查支票登记簿的编号次序，与相应的应付账款明细账和银行存款日记账核对，审查其金额是否一致。

(3) 观察编制凭单和签发支票间的职责分配及签发支票与保管支票间的职责分配。是否符合内部牵制原则。

(4) 重复检查部分付款支票样本。

对现金支出交易进行控制测试的目的，在于确认现金支出交易的内部控制能否确保全部、有效、准确的现金支付，并完整地记录在适当的会计期间。

第三节　支出循环实质性测试

支出循环所涉及的账户很多，其中重要的是存货、固定资产和应付账款。支出循环实质性测试就是针对这些重要账户的余额而进行的，本章重点讲述应付账款的实质性测试。

应付账款一般是资产负债表上最大的一项流动负债，也是评价企业短期偿债能力时必须加以考虑的一个重要因素。同应收账款一样，应付账款也受大量交易的影响，因此很容易发生错报。另外，管理局有时也可能为粉饰利润和企业的经营状况而有意错报应付账款，如往往将应付账款不予入账，并且销毁交易的一切证据。客户也可能通过高估进货退回和折让来达到低估应付账款的目的。因此，审计应付账款时，应特别注意"完整性"的认定。

应付账款实质性测试可通过获取或编制应付账款明细表、实施分析性复核、审查长期挂账的应付账款等程序来完成。

一、获取或编制应付账款明细表

注册会计师在对应付账款余额进行实质性测试时，通常向被审计单位索取或自行编制应付账款明细表，以确定被审计单位资产负债表上应付账款的数额与其明细表是否相符。在审计时，注册会计师必须将明细表上的数额汇总，并和总分类账相核对，如果两者不符，应查明原因，并做出相应的调整。注册会计师还可抽查明细表中的一些项目，同应付账款咀细账和应付账款总分类账相核对，视其内容是否一致。

下面是正大会计师事务所在对 AAA 公司应付账款进行实质性测试时，注册会计师所编制的应付账款明细表，如表 7-7 所示。

表 7-7　应付账款明细表

	签　　名	日　　期	索 收 号
编制人	王阳	1 月 12 日	B3-1
复核人	李苏	1 月 13 日	页次 1

被审计单位名称：AAA 公司

测试项目名称：应付账款

截止日期：2014 年 12 月 31 日

注册会计师应将表 7-7 中合计的借、贷方发生额和合计的余额与应付账款总额相核对，视其相符程度。若不相符，则应查明原因。当应付账款明细表由被审计单位编制时，则注册会计师还应验算其借贷方和余额的合计数并与应付账款总账相关金额相核对，同时，还要抽查部分应付账款明细账与应付账款明细表中相对应项目是否一致。若不一致，也应查明原因。

二、实施分析性复核程序

为了保证有关应付账款全面、合理地审计，在实施分析性复核程序时，注册会计师可以通过计算各种比率，并同以前各期相比较，以发现需要加以关注的地方。常用的比率有：

$$\text{应付账款占进货比率}=\frac{\text{应付账款}}{\text{进货}}$$

$$\text{应付账款占流动负债比率}=\frac{\text{应付账款}}{\text{流动负债}}$$

$$应付账款周转率=\frac{赊购净额}{应付账款}$$

如果这些比率变动较大，注册会计师应查明变动的原因。如应付账款周转率的增加不正常，则可能说明有未入账的应付账款。若遇此种情况，则应做进一步审查。

三、审查应付账款明细账

由于企业应付账款明细账户数目繁多，注册会计师可抽查其中的部分账户，与有关的订货单、购货发票、验收单、运输单等原始单据和现金日记账、银行存款日记账等进行核对，以核实企业记录的应付账款是否确实是企业因购货而发生的负债，以及这些负债记录的金额是否正确、真实。这项测试是以已入账的应付账款为基础的，其主要目的在于发现会计记录的低估或高估。

如果被审计单位采用付款凭单制度，在报表日验证个别应付凭单极为方便。注册会计师只需从被审计单位的未付款凭单档案中抽取若干项目，逐一审核，即可证实应付账款的余额是否真实。在这种情况下，注册会计师仍然需要获取或编制应付凭单明细表，逐一列示每一张应付凭单，列示项目包括账户名称、凭单号码、日期和金额等。

四、函证应付账款

在一般情况下，注册会计师不需要对应付账款进行函证，这有两方面的原因，一方面是债权人会主动来函询证；另一方面是因为函证并不能保证查出未入账的应付账款，而且注册会计师能够取得购货发票、运输单等外部凭证来证实应付账款的余额。但是，如果被审计单位内部控制风险较高，某些应付账款账户金额较大或被审计单位处于经济困难阶段，则应进行应付账款的函证。

选择函证账户时，注册会计师应注意以下事项。

(1) 除了金额较大的账户，还应包括那些在资产负债表日金额不大，甚至为零，但为企业重要供货商的账户，因为这些账户较之金额大的账户，更有可能被低估。

(2) 对于上一年度供过货而本年度又没有供货的，以及没有按月寄送对账单的供货商，应进行函证。

(3) 存在关联方交易的账户，应进行函证。

函证最好采用肯定式，在函证中不宜指明应付账款的余额，而由债权人填写。这样更能保证函证的有效性，以便于同应付账款进行比较和调节。同应收账款的函证一样，注册会计师必须对函证的过程进行控制，并要求直接回函。根据回函情况，编制与分析函证结果汇总表，对未回函的，决定是否再次进行函证。如果存在未回函的重大项目，注册会计师应采用替代审计程序，确定其是否真实。通常可以检查决算日后应付账款明细账及现金和银行存款日记账，核实其是否已支付，同时检查该笔债务的相关凭证资料，核实交易事项的真实性。

五、查找未入账的应付账款

查找未入账应付账款是应付账款实质性测试程序的重要补充程序，其目的是为了防止企业低估应付账款。注册会计师在审查被审计单位有无故意漏记应付账款时，应从以下几个方面考虑。

(1) 检查被审计单位在决算日尚未处理的不符合要求的购货发票及有材料入库凭证但

未收到购货发票的经济业务，并询问会计人员未入账的原因。

(2) 检查购货发票与验收单不符或未列明金额的发票单据，注册会计师应审查决算日的全部待处理凭单，确定是否有漏记的应付账款。

(3) 审阅结账日之前签发的验收单，追查至应付账款明细账，检查是否有货物已收，而负债未入账的应付账款。

(4) 检查企业决算日后收到的购货发票，确定这些发票记录的负债是否应记入决算日。

(5) 检查企业决算日后应付账款明细账贷方发生额的相应凭证，确定其入账时间是否正确。

(6) 抽查未结算货物和劳务采购，检查有无未入账的应付账款。

在审查企业有无未入账的应付账款时，注册会计师还可以通过询问被审计单位的会计和采购人员，查阅资本预算、工作通告单和基建合同来进行。如果注册会计师通过上述程序发现某些未入账的应付账款，应将有关情况详细记入工作底稿，然后视其重要性程度决定是否需建议被审计单位进行相应的调整。

承接表 7-7 的资料，注册会计师李苏在审计应付账款时，发现以下事项。

(1) 东方化工厂在资产负债表日未处理的不符合要求的购货发票中，有两张与合同规定的规格不符，一张是 2014 年 8 月 15 日，金额为 15 000 元；另一张是 2014 年 10 月 28 日，金额为 27 000 元，如表 7-8 所示。

(2) 有一笔经济业务，日期为 2014 年 12 月 28 日发生，但未入账，有材料入库凭证。检查资产负债表日后收到的购货发票，其中有一张为 2014 年 12 月 28 日发生，但未入账，金额为 28 000 元，如表 7-9 所示。

表 7-8 未入账应付账款 单位：元

日 期	项 目	金 额	说 明
2014 年 8 月 15 日	购甲材料	15 000	与合同规定的规格不符
2014 年 10 月 28 日	购乙材料	27 000	与合同规定的规格不符
	合计	42000	

表 7-9 未入账应付账款 单位：元

日 期	项 目	金 额	说 明
2014 年 12 月 28 日	购甲材料	28 000	与合同规定的规格不符
2014 年 1 月 10 日	购甲材料	28 000	与合同规定的规格不符

李苏以表 7-8 和表 7-9 的形式将有关情况记录在工作底稿中，并做出如下结论：应付账款明细账未与总账定期核对，致使未入账应付账款发生 70 000 元。

六、审查应付账款借方余额

企业应付账款科目所属明细科目的借方余额应在资产负债表的“预付账款”项目反映，因此注册会计师应检查被审计单位有无应付账款借方余额，并决定是否进行重分类。

承接表 7-7～表 7-9 的资料，李苏通过对应付账款明细账的审查，发现企业付款后购货退回的一笔经济业务，将其以表 7-10 的形式记录在审计工作底稿中。

表 7-10　应付账款借方额　　单位：元

2014 年		凭证号	摘　　要	会计分录	借　　方	贷　　方
月	日					
10	5	转 50	购甲材料退回	应付账款-光明厂原材料	28 000	28 000
			合　　计		28 000	28 000

根据表 7-10 的资料，注册会计师李苏应向被审计单位提出调账建议，即将应付账款借方余额 28 000 元转入应收账款，编制调整分录如下：

借：应收账款——光明厂　　28 000

贷：应付账款——光明厂　　28 000

七、审计长期挂账的应付账款

对于无法偿还的应付账款，按制度规定，应转入营业外收入。因此，注册会计师应检查被审计单位有无长期挂账的应付账款，如有，应查明原因，做出记录，必要时建议被审计单位予以调整。

承接表 7-7 的资料，注册会计师李苏询问会计人员得知，表 7-7 中的正大工厂已撤销，扬帆公司已破产，应付账款长期挂账，未进行账务处理。李苏建议企业调账，所欠正大工厂 10 000 元，扬帆公司 15 000 元转入营业外收入。相应的调整分录为：

借：应付账款——正大工厂　　10 000

　　　　　　——扬帆公司　　15 000

贷：营业外收入　　25 000

八、审查期后付款

审查期后付款应在审计外勤工作即将结束时进行，目的是测试期后支付的债务，有无为期末的债务而未记录。注册会计师根据报表日后 1～2 周的现金支出日记账支付的债务追查至应付账款明细账。通过追查，注册会计师应对以下情况特别关注。

(1) 明显同应付账款明细表或报表日后发生的负债有关的大额支出。

(2) 同前一期有关但未列入应付账款明细表的大额支出。

(3) 明细表已列示但仍未支付的大额应付账款。

注册会计师对后两项应进一步进行审查，可能会发现前期未入账的应付账款，可能存在争议的应付账款或记录有误的应付账款。

九、审查外币应付账款折算

如果被审计单位有外币应付账款，注册会计师在进行实质性测试过程中应注意以下几点。

(1) 检查非记账本位币折合记账本位币所采用的折算汇率。

(2) 折算差额是否按规定进行会计处理。

(3) 折算方法是否前后各期一致。

十、确认应付账款在资产负债表上的披露

一般来说，注册会计师应将被审计单位资产负债表对应付账款的反映同会计准则相比

较，以发现有无不当之处。

“应付账款”项目应根据“应付账款”和“预付账款”科目所属明细科目的期末贷方余额的合计数填列。在审计中，如果注册会计师发现被审计单位因重复付款、付款后退货、预付货款等导致某些明细账户借方出现较大余额时，注册会计师应在审计工作底稿中编制重新分类的分录，以便使这些借方余额在资产负债中列示为资产。以担保资产换取的应付账款，应在会计登表注释中予以揭示。

十一、向企业管理当局索取有关负债声明书

注册会计师应向被审计单位管理当局索取负债声明书，说明已知负债和或有负债均已在被审计单位的会计报表中得到充分适当的反映，这种声明书虽然不能减轻注册会计师的审计责任，但却能有效地提醒管理当局应对会计报表的公允表达负有主要责任，使他们明确，注册会计师的审计责任并不能替代、减轻或免除被审计单位的会计责任及其他管理责任。

拓展案例

案例一：注册会计师郭佳在审计A公司2014年度会计报表将近结束时，A公司财务主管提出不必抽查1999年付款记账凭证来证实2014年的会计记录，其理由如下。

(1) 2014年度的有些发票因收到太迟，不能记入12月份的付款记账凭证，公司已经全部用转账分录入账。

(2) 年后由公司内部审计人员进行了抽查。

(3) 公司愿意提供无漏记负债业务的说明书。

问题：

(1) 注册会计师郭佳在执行抽查未入账债务程序时，是否可以因客户已利用转账分录将2014年迟收发票入账的事实而改变原定程序?

(2) 注册会计师郭佳抽查未入账债务是否因客户愿意提供无漏记债务说明书而受影响?

(3) 注册会计师郭佳在抽查未入账债务的程序时可否因内部审计人员的工作而取消或减少?

(4) 除1999年付款记账凭证外，注册会计师郭佳还可以从何种途径审查是否存在未入账的债务?

分析：

(1) 尽管委托人对迟收账单以转账方式入账，简化了注册会计师对未入账债务的抽查，也减少了进一步调整的可能性，但这不影响注册会计师抽查1999年付款记账凭证。注册会计师通过实施该项测试，可以查明有关2014年的验收单、卖方发票是否均已包括在转账分录内。这种抽查步骤不会因被审查单位解释的账务处理程度而改变或取消。

(2) 客户提供的无漏记债务声明书不能作为正当审计程序，仅提供给注册会计师额外的保证，作为一种内部证据，其证明力较弱，故无法减轻注册会计师应做抽查的责任。

(3) 如果注册会计师已查明内部审计人员具有专业胜任能力和合理的独立性，并且已经抽查了未入账的债务，在和内部审计人员讨论其程序的性质、时间、范围并审阅其工作

底稿后，注册会计师可减少本身拟进行的未入账债务抽查工作，但只是减少，绝不能取消该抽查工作。

(4) 注册会计师审查未入账债务，还可以通过如下途径：①未归档的购货发票；②客户以前年度未曾核定的所得税结算申报书；③与客户职员商讨；④客户管理当局的声明书；⑤与上年账户余额相比较；⑥期后对期内相关付款的审核；⑦现有契约、合约、议事录、律师的账单和信件往来；⑧主要供货商间的信件往来；⑨抽查截止日期的有关账户，如存货、固定资产等。

案例二：某企业在经济效益较好期间，为使以后年度留有余地，年终以车间修理为名，虚设一个提供劳务的单位，并编制虚假劳务费用 20 万元的单据，作为应付账款进行账务处理，其会计分录为：

借：制造费用——修理费　　200 000

贷：应付账款——××公司　　200 000

分析：从会计分录可以看出，当年 12 月的产品成本虚增了 20 万元，假如 12 月份生产的产品全部完工入库，并已销售 80%，那么结转的产品销售成本中，自然包括了虚列制造费用的 80%。应本例而言，结果是使本期利润虚减了 16 万元，相应地少交了 52 800 元所得税。

审查：对虚列应付账款审查，常用的方法有审阅法、逆查法、核对法和查询法等。一般先审阅应付账款明细账，主要是看有无年初红字冲减应付账款的记录。因为企业如采取这种手法作弊，则一定在以后会计期间用红字冲回，否则企业将真正减少利润。如果存在红字冲减业务，则追踪审查相应的记账凭证和原始凭证，如果前后两笔业务的凭证内容一致，数额相等，则应询问有关财务人员，弄清业务的真实性。进而审查制造费用明细账、生产成本明细账、产成品明细账和产品销售成本明细账，查清楚虚列成本费用的数额及其对年利润的影响程度。

对上述舞弊，应做如下调整。

(1) 调增上年利润 160 000 元，调减产成品成本 40000 元，其会计分录为：

借：应付账款——××公司　　200 000

贷：产成品　　40 000　　利润分配　　160 000

(2) 上年利润调增后，补交所得税 52 800 元，补提盈余公积(15%)16 080 元，会计分录为：

借：利润分配——未分配利润　　68 880

贷：应交税金——应交所得税　　52 800

盈余公积　　16 080

结论：虚列应付账款，操纵成本费用。

案例三：美国巨人公司于 1959 年建立，总部设立在马萨诸塞州的詹姆斯福特。在 20 世纪 60 年代，巨人公司的销售增长速度令人震惊。直至 1972 年，巨人公司已经拥有了 112 家零售批发商店。但就在那一年，巨人公司的管理部门面临着历史上第一次重大经营损失。为了掩盖这一真相，他们决定篡改公司的会计记录。行政管理当局把 1971 年发生的 250 万美元的经营损失，篡改成了 150 万美元的收益，并且提高了与之有关的流动比率和周转率。案情暴露后，巨人公司的 4 名官员，被大陪审团以各种形式的舞弊罪名起诉，经联邦法院审判后，被定为有罪。

美国巨人零售公司的主要会计问题如下。

(1) 不合常规的应付账款。巨人公司的管理部门为了能在财务报告上减少应付给供应商的金额，曾经故意歪曲公司的财务状况。巨人公司的4名官员篡改了1972年1月29日结束的会计年度的应付账款余额。同时，根据巨人公司向罗斯会计师事务所所提供的编造虚假调整分录的理由，这些调整分录就是用来改变应付账款余额的。

(2) 虚假的预付广告费用。根据证券交易委员会的调查结果，巨人公司的总裁和财务主管，曾经在1972年1月29日结束的会计年度中，命令下属广告部门的经理捏造了至少30万美元的预付广告费用，而这些广告费用还未入账。广告部门准备了一份14页的备忘录，在该备忘录上虚构了大约1100家的广告商名单，同时记载着巨人公司以前曾向他们预付过广告费用但并未入账的情况。当罗斯会计师事务所询问：为何有那么多笔广告费均未入账时，巨人公司的官员答复为：公司的广告部门曾有几个月忘了收集记录并记账。

为了验证这些预付的广告费是否属实，罗斯会计师事务所向名单中的4个广告商发函询证，并且要求巨人公司为另外20笔未入账的费用提供证明文件。证券委员会基于以下三点，认为罗斯会计师事务所使用的审计程序是不充分的。①抽取24个样品，不能提供足够的证据，来证明这预付的30万美元广告费事实上是准确的；②罗斯会计师事务所对4个广告商的回信缺乏足够的重视，因为信中曾指出那笔预付广告费是错误的；③罗斯会计师事务所的会计师依靠大的文件，来证实从详细名单上抽取的20笔费用的正确性。考虑到这些费用的可疑之处和时间因素，证券交易委员会认为：罗斯会计师事务所有责任获得足够多的精确且充分的证据，来证明客户所提供名单中重大事项的正确性。

1972年4月28日，巨人公司在会计年度结束90天内，把经过审计的年度财务报表和无保留审计意见书，提交给了证券交易委员会。巨人公司利用这份审计意见书，出售了大约300万美元的普通股，并获取了120万美元的贷款。但在1973年的新闻稿中，巨人公司总裁宣布：公司发现由于潜在的簿记错误，可能会影响公司前1年的报告收益。大约1个月后，事务所撤回了1972年签发的无保留审计意见书。1973年8月，巨人公司向波士顿法院提交破产申请，两年后法庭宣布公司破产。

1978年，巨人公司的总裁和副总裁由于蓄意向证券交易委员会提交虚假的财务报表被定罪。在这之前，巨人的前任董事长和财务主管因为相同的指控服罪。这四个人都被判罚款以及入狱6～18个月。

1979年1月，经过对巨人公司舞弊案件的长期调查，证券交易委员会发布了最后公告。根据调查结果，证交委指责了罗斯会计师事务所，并且下令禁止负责公司审计聘约的合伙人暂停执业5个月。

本章小结

支出，指企业为生产或取得资产，发生费用，清偿债务所发生的全部支付款项。支出循环，则指不断重复的支出过程。对支出循环而言，无论企业组织机构有多大的区别，业务活动过程是基本相同的，可以划分为两种交易类别，即采购交易和现金支出交易。

支出循环审计的目标和收入循环审计目标的不同，决定了收集证据、测试程序等的不同。

注册会计师必须研究和评价支出循环业务的内部控制，在此基础上，确定实质性测试的性质、时间和范围，从而确保审计风险维持在一个既定的可接受的风险水平。

支出循环业务内部控制的目标是：正确地执行支出循环业务；正确地记录支出循环业务；保护资产的安全。为实现该目标，一个健全的支出循环内部控制通常包括如下控制点：①实行严格的职责分离控制；②建立采购申请审批制度；③建立严格的货款支付制度。注册会计师运用询问、观察和审查凭证、查阅文件等程序，了解被审计单位支出循环的内部控制，并将初步评价的结果记录在工作底稿中。注册会计师在了解控制后，只对那些拟信赖的控制执行控制测试，以确定内部控制是否健全和有效。

思考与练习

一、思考题

1. 支出循环的审计目标是什么？

2. 如何对支出循环进行控制测试？

3. 主营业务收入的实质性测试程序如何？

4. 应收账款的实质性测试程序如何？

二、分析题

1. 某注册会计师在对甲公司应付账款进行审计时，其明细账资料如下：

	应付账款年末余额(元)	本年度进货总额(元)
A	36 000	76 000
B	0	298 000
C	76 000	96 000
D	266 000	389 000

(1) 如果注册会计师决定对其中两个账户进行函证，请问应该选择哪两家？为什么？

(2) 假定上述四家公司均为甲公司的债务人，上表两栏分别表示应收账款年末余额和本年销货总额，该注册会计师应当选取哪两家？为什么？

2. 2007 年 1 月，某注册会计师对乙公司进行年度财务审计。该注册会计师目前正在做以下工作：编制应付账款项目的审计计划；对乙公司的 500 家供货商抽取 50 家进行函证。

(1) 说明该注册会计师在制订审计计划时，应当采取的主要审计程序。

(2) 在确定审计程序时，应当考虑哪些审计目的？

(3) 说明该注册会计师是否应当使用函证，如应函证，哪些情况应当使用，请列举出来。

第八章 Chapter 8 生产与费用循环审计

学习重点

1. 生产与费用循环审计内容。
2. 生产与费用循环相关科目审计具体方法。

引导案例

存货监盘

注册会计师李阳在对华磊公司2014年年度财务报表审计中负责存货监盘工作，他按规定实施了监盘程序，并对有关事项做了记录，如表8-1所示。

表8-1 存货监盘记录

存货名称	明细账			盘点数量（件）	发现的情况
	单价（元）	数量（件）	金额（元）		
存货A	3000	50	150 000	45	存货盘亏5件
存货B	4000	60	240 000	64	存货盘盈4件
存货C	5000	10	50 000	10	企业对该存货没有悬挂盘点，经询问，公司解释说该批产品已经售出给甲公司
存货D	3500	100	350 000	100	在该存货中有10%属于为乙公司委托代保管的存货
存货E	4200	200	840 000	200	在该存货中有部分存货已过了保质期
存货F	10 000	20	200 000	20	经询问，该批存货全部已经被质押

李阳针对如上情况一一做了分析，总结出实施存货监盘程序时考虑的事项，并决定针对不同问题采取不同的审计程序。

1. 存货A(盘亏)和存货B(盘盈)出现了账实不符的情况，究其原因不外乎两类，一类是其管理不善造成的，比如企业收发制度不严格，存货保管存在缺失；一类是会计账务处理不及时形成的。为此在审计程序上应该考虑实施的审计程序是：查明盘亏盘盈的原因，并及时请公司更正。

2. 对于存货C，应追查华磊公司与甲公司签订的销售合同、销售发票等原始凭证，以证实是否将该批产品售出给甲公司。如果已经销售，则建议公司把销售物品与自身的存货分开存放。

3. 对于存货D，应该建议将乙公司委托代保管的存货与自身存货分开存放，同时检查乙公司委托代保管的协议，必要时向乙公司函证。

4. 对于存货E，在审计时应该把该产品已过保质期的事项记录，作为审计工作底稿，建议华磊公司及时处理该存货。

5. 对于存货F，注册会计师应该向债权人询证与被质押有关的内容。

第一节　生产与费用循环概述

生产与费用循环涉及的内容主要是生产成本的计算及存货的管理等。该循环涉及资产负债表中的存货、应付职工薪酬等项目，还牵涉到利润表中的营业成本等项目。其中，存货又包括材料采购或在途物资、原材料、材料成本差异、库存商品、发出商品、商品进销差价、委托加工物资、委托代销商品、受托代销商品、周转材料、生产成本、制造费用、劳务成本、存货跌价准备、受托代销商品款等。

一、生产与费用循环所涉及凭证与会计记录

对于制造企业而言，生产与费用循环主要由将原材料转化为产成品的有关活动组成。该循环包括制定生产计划，控制、保持存货水平以及与制造过程有关的交易和事项，涉及领料、生产加工、销售产成品等主要环节。存货与仓储循环所涉及的凭证和会计记录主要包括以下方面。

(一) 生产指令

生产指令，也称“生产任务通知单”，是企业下达生产任务的书面文件，用以通知供应部门组织材料发放、生产部门组织产品制造、会计部门组织成本计算。

(二) 领发料凭证

领发料凭证是企业为控制材料发出所采用的各种凭证，如材料发出汇总表、领料单、限额领料单、领料登记簿、退料单等。

(三) 产量和工时记录

产量和工时记录是对工人或生产班组在出勤内完成产品数量、质量和生产这些产品所耗费工时数量所做的原始记录。常见的产量和工时记录主要有工作通知单、工序进程单、工作班产量报告、产量通知单、产量明细表、废品通知单等。

(四) 工薪汇总表及工薪费用分配表

工薪汇总表是为了反映企业全部工薪的结算情况，并据以进行工薪结算总分类核算和汇总整个企业工薪费用而编制的，它是企业进行工薪费用分配的依据。工薪费用分配表反映了各生产车间各产品应负担的生产工人工薪及福利费。

(五) 材料费用分配表

材料费用分配表是用来汇总反映各生产车间各产品所耗费的材料费用的原始记录。

(六) 制造费用分配汇总表

制造费用分配汇总表是用来汇总反映各生产车间各产品所应负担的制造费用的原始记录。

(七) 成本计算单

成本计算单是用来归集某一成本计算对象所应承担的生产费用，计算该成本计算对象的总成本和单位成本的记录。

(八) 存货明细账

存货明细账是用来反映各类存货的收、发、存的明细记录，一般采用三栏式明细账。

二、生产与费用循环所涉及的主要业务活动

仍以制造企业为例，生产与费用循环所涉及的主要业务活动包括计划和安排生产、发出原材料、生产产品、核算产品成本、产成品入库、发出产成品等。上述业务活动通常涉及以下部门：生产计划部门、仓储部门、生产部门、人事部门、销售部门、会计部门等。

(一) 计划和安排生产

这一活动通常由企业的生产计划部门完成。生产计划部门的责任是根据顾客订单或者对销售预测和产品需求的分析来决定生产授权，如决定授权生产，即签发预先编号的生产通知单。该部门通常应将发出的所有生产通知单编号并加以记录控制。此外，还需要编制一份材料需求报告，列示所需要的材料和零件及其库存。

(二) 发出原材料

这一活动由企业的仓储部门完成。仓储部门的责任是根据从生产部门收到的领料单发出材料。领料单上必须列示所需的材料数量和种类，以及领料部门的名称。领料单可以一料一单，也可以多料一单，通常需一式三联。仓库发料后，将其中一联连同材料交给领料部门，其余两联经仓库登记材料明细账后，送会计部门进行材料收发核算和成本核算。

(三) 生产产品

这一活动由企业的生产部门完成。生产部门在收到生产通知单及领取原材料后，便将生产任务分解到每一个生产工人，并将所领取的原材料交给生产工人，据以执行生产任务。生产工人在完成生产任务后，将完成的产品交生产部门查点，然后转交检验员验收并办理入库手续；或是将所完成的产品移交下一个部门，进行进一步加工。

(四) 核算产品成本

这一活动通常由企业的会计部门完成。生产过程中的各种记录、生产通知单、领料单、计工单、入库单等文件资料都要汇集到会计部门，由会计部门对其进行检查和核

对；会计部门应设置相应的会计账户，并会同有关部门对生产过程中的成本进行核算和控制。

（五）产成品入库

产成品入库，须由仓储部门先行点验和检查，然后签收。签收后，将实际入库数量通知会计部门。据此，仓储部门确立了本身应承担的责任，并对验收部门的工作进行验证。除此之外，仓储部门还应根据产成品的品质特征分类存放，并填制标签。

（六）发出产成品

产成品的发出须由独立的发运部门进行。装运产成品时必须持有经有关部门核准的发运通知单，并据此编制出库单。出库单至少一式四联，一联交仓储部门；一联发运部门留存；一联送交顾客；一联作为给顾客开具发票的依据。

第二节　生产与费用循环的内部控制及其测试

一、生产与费用循环的内部控制目标

（1）所有原材料、半成品和产成品、销售成本结转等均及时、正确地记录在恰当的会计期间和会计账户内。

（2）对存货的接触、领用、出库和处理均经过适当的授权或批准。

（3）存货建立定期盘点制度，保证账面数和实存数的一致。

（4）对存货的保管、领用、盘点和发出批准的职责进行适当分离，防止差错和舞弊发生。

（5）存货的增减变动业务及时地记入相应账簿。

（6）所有存货的计价和成本结转符合现行法律法规的要求。

（7）建立科学严格的考核制度．能恰当对人员的工薪费用进行计量和考核。

（8）人员的工薪费以及各种制造费用能完整的归集并合理的分配到各个产品中。

二、生产与费用循环内部控制的主要内容

（一）生严循环的内部控制

生产循环的内部控制包括以下三个方面。

▶ 1. 实物流转程序控制

实物流转程序控制，即由监控人员对从生产领料开始到产品完工入库为止的全过程进行有效的控制，以避免生产脱节、在产品积压、交接班岗位责任不清、违章操作造成的残次品、材料物资的丢失毁损等。依据实物流转程序控制的要求，各个生产环节的相关部门必须制定严格的责任制度。在生产循环中，产品的品种和数量一般是由生产控制部门根据顾客订单、销货合同、市场预测等来确定，并下达生产计划和通知单。此外，生产部门还应及时编制生产报告，通知仓储部门、会计部门及时进行记录，保证财产物资的安全。

▶ 2. 成本费用管理控制

成本费用管理控制，即对成本费用支出业务进行计划、控制，对内部控制进行考核，

其具体内容包括以下几点。

(1) 确定成本控制目标和成本计划。

(2) 制定各项消耗定额，包括材料消耗定额、人工消耗定额和制造费用定额，并编制成本、费用预算。

(3) 对各项成本费用指标进行分解，建立成本费用归口、分级管理责任制。

(4) 定期进行成本费用考核与评价。

3. 成本费用会计控制

成本费用会计控制，即对成本费用支出业务进行反映和监督的内部控制。其具体内容包括以下几点。

(1) 制定成本费用控制制度，明确成本开支范围、开支标准。

(2) 建立各项支出的手续批准、审核制度。

(3) 设置相应的会计账户，选择适当的成本计算方法。

(4) 合理归集与分配各项费用，确定产品生产成本，对各项费用的归集与分配结果进行复核。

(5) 定期进行成本分析，查明企业成本变动的趋势和原因。

(二) 费用循环的内部控制

费用是企业经营活动垫支的现金流出，涉及企业经营管理的各个环节，关系到企业产品成本的高低和企业盈利能力的大小。一个管理较为完善的企业必然重视费用内部控制与监督。

费用循环内部控制通常包括以下内容。

(1) 有明确的费用开支范围和开支标准。

(2) 有健全有效的费用预算控制制度。

(3) 有健全的费用核准制度，严格费用开支的审批，特别是预算外开支批准手续。

(4) 对费用进行合理的分类，并分别开设明细账，及时进行核算。

(5) 定期检查费用预算的执行情况。

三、生产与费用循环的控制测试

(1) 取得相关的内部管理规定，询问或观察企业对内部控制制度的执行情况，重点检查各项审批、复核、对账手续的执行。

(2) 对循环内的不相容职务的分离情况进行实地观察，检查其执行情况和执行效果。

(3) 对各类存货的存放、保管和领用进行实地观察，查看其是否安全。

(4) 重点检查存货的发出、收入记录，检查存货出库、入库时是否有相关依据，凭证编号是否连续，对出库存货的名称、数量、规格、型号等是否逐一核对并签字认可；检查存货的计价方法是否符合会计制度的规定，发生变更时有无恰当理由并有审批程序。

(5) 抽查企业是否建立定期盘点制度，对盘盈、盘亏等异常现象处理是否及时、合规，手续是否健全。

(6) 询问企业人事主管、会计人员等了解工资费用的内部控制执行情况，对于内部的人事变动等有无记录。

(7) 重点检查工薪汇总表上的人员名称和企业人员名单之间的一致性，各项工资费用、奖金、津贴、社会保险、住房公积金等的计算是否符合国家的规定和企业的计发标准。

(8) 各类人员的薪酬是否按其类型规范核算，有无故意混淆调整成本费用的现象。

(9) 选择适当的样本，检查费用的归集、分配及成本的计算是否符合规定的成本核算流程和账务处理流程。

对生产与费用循环内部控制进行评价，是为了确定对该循环进行实质性审计前对生产与费用循环内部控制的可依赖程度。如果被审计单位没有建立注册会计师认为的必要内部控制，或者现有内部控制不足以防止或检查错报，则注册会计师应该考虑内部控制对审计的影响，确定是否扩大实质性审计的范围。

第三节 存货审计

存货是企业开展生产经营活动的重要物质条件，也是流动资产中的重要组成部分。其特点是流动性强、周转快，受市场因素的影响大，在各会计期间不均衡，因此对各会计期间的损益和期末的资产都有很大影响。存货审计包括存货计价审计、存货成本审计以及存货监盘等内容。

一、存货计价审计

为验证财务报表上存货余额的真实性，必须对存货的计价进行审计，即确定存货实物数量和永续盘存记录中的数量是否经过正确地计价和汇总。存货计价审计主要是对存货单位成本的正确性进行的审查和评价。

进行存货计价审计时，注册会计师应先对存货价格的组成内容进行审核，然后按照所了解的计价方法对所选择的存货样本进行计价审计。

(一) 对存货价格的审查

在存货计价审计中，由于被审计单位对期末存货采用成本与可变现净值孰低的方法计价，所以注册会计师应充分关注其对存货可变现净值的确定及存货跌价准备的计提。

▶ 1. 对存货可变现净值的关注

可变现净值是企业在日常活动中，存货的估计售价减去至完工时估计将要发生的成本、估计的销售费用以及相关税费后的金额。企业确定存货的可变现净值，应当以取得的确凿证据为基础，并且考虑持有存货的目的、资产负债表日后事项的影响等因素。具体而言，包括以下内容。

(1) 为生产而持有的材料等，用其生产的产成品的可变现净值高于成本的，该材料仍然应当按成本计量；材料价格的下降表明产成品的可变现净值低于成本的，该材料应当按照可变现净值计量。

(2) 为执行销售合同或者劳务合同而持有的存货，其可变现净值通常应当以合同价格为基础计算。

(3) 企业持有存货的数量多于销售合同订购数量的，超出部分的存货可变现净值应当以一般销售价格为基础计算。

(4) 企业持有存货的数量少于销售合同订购数量的，其会计处理适用《企业会计准则第 13 号——或有事项》。

(5) 用于出售的材料等，其可变现净值应当以市场价格为基础计算。

▶ 2. 对存货跌价准备的关注

企业应当按照单个存货项目计提存货跌价准备；对于数量繁多、单价较低的存货，可以按存货类别计提存货跌价准备；如果某些存货具有相同或类似最终用途或目的，并与在同一地区生产和销售的产品系列相关，且难以与其他项目分开计量，可以合并计提存货跌价准备。并且，当存在下列情况之一时，应当计提存货跌价准备。

(1) 市价持续下跌，并且在可预见的未来无回升的希望。

(2) 业使用该项原材料生产的产品的成本大于产品的销售价格。

(3) 企业因产品更新换代，原有库存原材料已不适应新产品的需要，而该原材料的市场价格又低于其账面成本。

(4) 因企业所提供的商品或劳务过时或消费者偏好改变而使市场的需求发生变化，导致市场价格逐渐下跌。

(5) 其他足以证明该项存货实质上已经发生减值的情形。

当存在以下一项或若干项情况时，应当将存货账面余额全部转入当期损益。

(1) 已霉烂变质的存货。

(2) 已过期不可退货的存货(主要指食品)。

(3) 生产中已不再需要，并且已无转让价值的存货。

(4) 其他足以证明已无使用价值和转让价值的存货。

(二) 对存货计价方法的审查

存货的计价方法多种多样，被审计单位应结合企业会计准则的要求选择符合自身特点的方法，注册会计师除应了解掌握被审计单位的存货计价方法外，还应关注所采用计价方法的合理性与一贯性，没有足够理由，计价方法在同一年度内不得变动。

审计时，注册会计师应尽可能排除被审计单位已有计算程序和结果的影响，进行独立审计。审计结果出来后，应编制对比分析表，与被审计单位账面记录进行对比，分析形成差异的原因。如果差异过大，应扩大审计范围，并根据审计结果考虑是否应提出审计调整建议。

二、存货成本审计

存货成本审计主要包括直接材料成本的审计、直接人工成本的审计、制造费用的审计等内容。

(一) 直接材料成本的审计

直接材料成本的审计一般应从审阅材料和生产成本明细账入手，抽查有关的费用凭证，验证企业产品直接耗用材料的数量、计价和材料费用分配是否真实、合理。审计程序通常包括以下内容。

(1) 抽查产品成本计算单，检查直接材料成本的计算是否正确，材料费用的分配标准与计算方法是否合理和适当，是否与材料费用分配汇总表中该产品分摊的直接材料费用相符。

(2) 检查直接材料耗用数量的真实性，有无将非生产用材料计入直接材料费用。

(3) 分析比较同一产品前后各年度的直接材料成本，如有重大波动应查明原因。

(4) 抽查材料发出及领用的原始凭证，检查领料单的签发是否经过授权，材料发出汇总表是否经过适当的人员复核，材料单位成本计价方法是否适当，是否正确及时入账。

(5) 对采用定额成本或标准成本的被审计单位，应检查直接材料成本差异的计算、分配与会计处理是否正确，并查明直接材料的定额成本、标准成本在本年度内有无重大变更。

(二) 直接人工成本的审计

直接人工成本的审计程序通常包括以下内容。

(1) 抽查产品成本计算单，检查直接人工成本的计算是否正确，人工费用的分配标准与计算方法是否合理和适当，是否与人工费用分配汇总表中该产品分摊的直接人工费用相符。

(2) 将本年度直接人工成本与前期进行比较，查明其异常波动的原因。

(3) 分析比较本年度各个月份的人工费用发生额，如有异常波动，应查明原因。

(4) 结合应付职工薪酬的检查，抽查人工费用会计记录及会计处理是否正确。

(5) 对采用标准成本法的被审计单位，应抽查直接人工成本差异的计算、分配与会计处理是否正确，并查明直接人工的标准成本在本年度内有无重大变更。

(三) 制造费用的审计

制造费用是企业为生产产品和提供劳务而发生的各项间接费用，即生产单位为组织和管理生产而发生的费用，包括分厂和车间管理人员的工薪等职工薪酬、折旧费、修理费、办公费、水电费、取暖费、租赁费、机物料消耗、低值易耗品摊销、劳动保护费、保险费、设计制图费、实验检验费、季节性和修理期间的停工损失等。

制造费用的主要审计程序通常包括以下内容。

(1) 取得或编制制造费用汇总表，并与明细账、总账核对相符，抽查制造费用中的重大数额项目及例外项目是否合理。

(2) 审阅制造费用明细账，检查其核算内容及范围是否正确，并应注意是否存在异常交易事项，如有，则应追查至记账凭证和原始凭证，重点查明被审计单位有无将不应列入成本费用的支出(如投资支出、被没收的财物、支付的罚款、违约金等)计入制造费用。

(3) 必要时，对制造费用实施截止测试，即检查资产负债表日前后若干天的制造费用明细账及其凭证，确定有无跨期入账的情况。

(4) 检查制造费用的分配是否合理。重点查明制造费用的分配方法是否符合被审计单位自身的生产技术条件，是否体现受益原则，分配方法一经确定，是否在相当时期内保持稳定，有无随意变更的情况；分配率和分配额的计算是否正确，有无以人为估计数代替分配数的情况。对按预定分配率分配费用的企业，还应查明计划与实际差异是否及时调整。

(5) 对于采用标准成本法的被审计单位，应抽查标准制造费用的确定是否合理，计入成本计算单的数额是否正确，制造费用的计算、分配与会计处理是否正确，并查明标准制造费用在本年度内有无重大变动。

三、存货监盘

存货监盘是存货审计中的一项核心审计程序。存货审计中使用监盘的程序，起源于1937年美国出现的麦克森·罗宾斯(Mckess Obbins)药材公司事件。麦克森·罗宾斯药材公司在其合并资产负债表中虚构资产1907.5万美元——约占资产总额的25%，其中虚增存货约为1000万美元；在其合并损益表中虚构毛利180万美元。负责对该家药材公司审计的普赖斯·沃特豪斯会计师事务所由于缺少对存货进行实地盘存以确定存货数量的审计程序，从而对该公司的财务状况发表了"正确、适当"的审计意见。受此案件的影响，职业界规定，除非出现无法实施存货监盘的特殊情况，注册会计师应当实施必要的替代程序，在绝大多数情况下都必须亲自观察存货盘点过程，实施存货监盘程序。

《中国注册会计师审计准则第1311号——存货监盘》规定，存货监盘是指注册会计师现场观察被审计单位存货的盘点，并对已盘点存货进行适当检查。存货监盘针对的主要是存货的存在认定、完整性认定以及权利和义务的认定，监盘存货的目的在于取得有关存货数量和状况的审计证据，以确证被审计单位记录的所有存货确实存在，已经反映了被审计单位拥有的全部存货，并属于被审计单位的合法财产。

(一) 编制存货监盘计划

注册会计师应当根据被审计单位存货的特点、盘存制度以及存货内部控制的有效性等情况，在评价被审计单位存货盘点计划的基础上，编制存货监盘计划，对存货监盘做出合理安排。

注册会计师首先应当充分了解被审计单位存货的特点、盘存制度和存货内部控制的有效性等情况，并考虑取得、审阅和评价被审计单位预定的盘点程序。存货存在与完整性的认定具有较高的重大错报风险，而且注册会计师通常只有一次机会通过存货的实地监盘对有关认定做出评价。根据计划过程所搜集到的信息，有助于注册会计师合理确定参与监盘的地点以及存货监盘的程序。

在编制存货监盘计划时，注册会计师应当实施下列审计程序。

(1) 了解存货的内容、性质、各存货项目的重要程度及存放场所。

(2) 了解与存货相关的内部控制。

(3) 评估与存货相关的重大错报风险和重要性。

(4) 查阅以前年度的存货监盘工作底稿。

(5) 考虑实地察看存货的存放场所，特别是金额较大或性质特殊的存货。

(6) 考虑是否需要利用专家的工作或其他注册会计师的工作。

(7) 复核或与管理层讨论其存货盘点计划。

(二) 实施存货监盘程序

▶ 1. 实地观察存货的盘点

在被审计单位盘点存货前，注册会计师应当观察盘点现场，确定应纳入盘点范围的存货是否已经适当整理和排列，并附有盘点标识，防止遗漏或重复盘点。对未纳入盘点范围的存货，注册会计师应当查明未纳入的原因。

对所有权不属于被审计单位的存货，注册会计师应当取得其规格、数量等的有关资料，确定是否分别存放、标明，且未被纳入盘点范围。在存货监盘过中，注册会计师应当根据取得的所有权不属于被审计单位的存货的有关资料，观察这些存货的实际存放情况，确保其未被纳入盘点范围。

注册会计师在实施存货监盘过程中，应当跟随被审计单位安排的存货盘点人员，注意观察被审计单位事先制定的存货盘点计划是否得到了贯彻执行，盘点人员是否准确无误地记录了被盘点存货的数量和状况。

▶ 2. 抽点复盘

注册会计师应当对已盘点的存货进行适当抽查(抽查数量一般不得低于存货数量的10%)，将抽查结果与被审计单位盘点记录相核对，并形成相应记录。抽查的目的既可以是为了确认被审计单位的盘点计划得到适当的执行(控制测试)，也可以是为了证实被审计单位的存货实物总额(实质性程序)。如果实地观察存货的盘点能够表明被审计单位的组织管理得当，盘点、监督以及复核程序充分有效，注册会计师可据此减少所需抽查的存货项目。

在抽查已盘点的存货时，一方面，注册会计师要从存货盘点记录选取项目追查至存货实物，以测试存货盘点记录的准确性；另一方面，注册会计师还应当从存货实物中选取项目追查至存货盘点记录，以测试存货盘点记录的完整性。如果注册会计师的抽盘结果与盘点标签或盘点清单上的记录有差异，应提请被审计单位进行更正；如果差异过大，注册会计师应当扩大抽查范围或要求被审计单位重新盘点。

▶ 3. 关注存货的截止

注册会计师应当取得盘点日前后存货收发及移动的凭证，检查库存记录与会计记录期末截止是否正确。注册会计师在对期末存货进行截止测试时，通常应当关注以下内容。

(1) 所有在截止日以前入库的存货项目是否均已包括在盘点范围内，并已反映在截止日以前的会计记录中；任何在截止日期以后入库的存货项目是否均未包括在盘点范围内，也未反映在截止日以前的会计记录中。

(2) 所有在截止日以前装运出库的存货项目是否均未包括在盘点范围内，且未包括在截止日的存货账面余额中；任何在截止日期以后装运出库的存货项目是否均已包括在盘点范围内，并已包括在截止日的存货账面余额中。

(3) 所有已确认为销售但尚未装运出库的商品是否均未包括在盘点范围内且未包括在截止日的存货账面余额中。

(4) 所有已记录为购货但尚未入库的存货是否均已包括在盘点范围内，并已反映在会计记录中。

(5) 在途存货和被审计单位直接向顾客发运的存货是否均已得到了适当的会计处理。

第四节　应付职工薪酬审计

职工薪酬是企业支付给员工的劳动报酬。职工薪酬可能采用现金的形式支付，因而相对于其他业务更容易发生错误或舞弊行为，如虚报冒领、重复支付和贪污等。在一般企业中，职工薪酬是构成企业成本费用的重要项目，如果职工薪酬的计算错误，就会影响到成本费用和利润的正确性，因此有必要对职工薪酬进行审计。

一、审计目标

应付职工薪酬的审计目标一般包括以下几点。

(1) 确定期末应付职工薪酬是否存在。

(2) 确定应付职工薪酬是否为被审计单位应履行的支付义务。

(3) 确定应付职工薪酬和支出依据是否合理、记录是否完整。

(4) 确定应付职工薪酬期末余额是否正确。

(5) 确定应付职工薪酬的披露是否恰当。

二、应付职工薪酬的实质性审计程序

(1) 取得或编制应付职工薪酬明细表，复核加计正确，并与报表数、总账数和明细账合计数进行核对。

(2) 对本期职工薪酬进行分析性符复核程序。

① 检查各月职工薪酬的发生额是否存在异常波动，若有，应查明波动原因。

② 将本期职工薪酬总额与上期进行比较，要求被审计单位解释大幅增减变动的原因，并取得被审计单位管理层关于职工薪酬标准的决议。

③ 了解被审计单位本期平均职工人数，计算人均薪酬水平，与上期或同行业水平进行比较。

(3) 检查本项目的核算内容是否包括工资、职工福利、社会保险费、住房公积金、工会经费、职工教育经费、解除职工劳动关系补偿、股份支付等明细项目。外商投资企业按规定从净利润中提取的职工奖励及福利基金，也应在本项目核算。

(4) 检查职工薪酬的计提是否正确，分配方法是否合理，与上期是否一致，分配计入各项目的金额占本期全部职工薪酬的比例与上期比较是否有重大差异。将应付职工薪酬计提数与相关科目进行钩稽。

(5) 检查应付职工薪酬的计量和确认是否符合有关规定。

① 国家有规定计提基础和计提比例的，应当按照国家规定的标准计提，国家没有规定计提比例的，应按实列支。

② 被审计单位以其自产产品或外购商品作为非货币性福利发放给职工的，应根据受益对象，将该产品或商品的公允价值，计入相关的资产成本或当期损益，同时确认应付职工薪酬。

③ 被审计单位将其拥有的房屋等资产无偿提供给职工使用的，应根据受益对象，将该住房每期应计提的折旧计入相关的资产成本或当期损益，同时确认应付职工薪酬。

④ 被审计单位租赁住房等资产无偿提供给职工使用的，应根据受益对象，将每期应付的租金计入相关的资产成本或当期损益，同时确认应付职工薪酬。

⑤ 对于外商投资企业，按照税后利润提取的职工奖励及福利基金应以董事会决议为依据，并符合有关规定。

(6) 审阅应付职工薪酬明细账，抽查应付职工薪酬各明细项目的支付和使用情况，检查是否符合规定，是否履行审批程序。

(7) 检查被审计单位实行的工薪制度的合理性。

① 如果被审计单位实行工效挂钩，应取得主管部门确认效益工资发放额的认定证明，并复核确定可予发放的效益工资的有关指标，检查其计提额、发放额是否正确，是否需做纳税调整。

② 如果被审计单位实行计税工资制，应取得被审计单位平均人数证明。并进行复核，计算可准予税前列支的费用额，对超支部分的工资及附加费做纳税调整，对计缴的工会经费，未能提供《工会经费拨缴款专用收据》的，应提出纳税调整建议。

(8) 检查应付职工薪酬期末余额中是否存在拖欠性质的职工薪酬，了解拖欠的原因。

(9) 检查被审计单位的辞退福利核算是否符合有关规定。

(10) 确定应付职工薪酬在财务报表上的披露是否恰当。

第五节　营业成本审计

营业成本是指企业从事对外销售商品、提供劳务等主营业务活动和销售材料、出租固定资产、出租无形资产、出租包装物等其他经营活动所发生的实际成本。以制造业的产成品销售为例，营业成本是由期初库存产品成本加上本期入库产品成本，再减去期末库存产品成本求得的。

一、营业成本的审计目标

营业成本的审计目标一般包括以下几点。

(1) 确定记录的营业成本是否已发生额，且与被审计单位有关。

(2) 确定与营业成本有关的金额及其他数据是否已恰当记录。

(3) 确定营业成本的记录是否完整。

(4) 确定营业成本是否已记录于正确的会计期间。

(5) 确定营业成本的内容是否正确。

(6) 确定营业成本与营业收入是否配比。

(7) 确定营业成本的披露是否恰当。

二、主营业务成本的实质性审计程序

(1) 取得或编制主营业务成本汇总明细表，复核加计是否正确，并与报表数、总账数和明细账合计数进行核对。

(2) 将主营业务成本汇总明细表与库存商品等科目钩稽，并编制生产成本与主营业务成本倒轧表。

注册会计师在拟通过倒轧表确认生产成本与主营业务成本之前，应先通过控制测试确认。

① “生产成本”中记录的确系生产产品过程中所耗用的。

② 生产费用和期间费用的分配是合理的。

③ 成本在各产成品或在产品间分配，应有计算分配单、在产品盘点表和约当产量或折算系数等依据。

表 8-2 是“生产成本与主营业务成本倒轧表”的参考格式。

表 8-2 生产成本与主营业务成本倒轧表

项　　目	未审数	调整或重分类金额	审定数
原材料期初余额			
加：本期购进			
减：原材料期末余额			
其他发出额(非生产用)			
直接材料成本			
加：直接人工成本			
制造费用			
生产成本			
加：在产品期初余额			
减：在产品期末余额			
产品生产成本			
加：产成品期初余额			
减：产成品期末余额			
主营业务成本			

(3) 检查主营业务成本的内容和计算方法是否合规，前、后期是否一致。

(4) 对主营业务成本进行分析性复核，检查本期内各月间及前期同一产品的单位成本是否存在异常波动，是否存在人为调节成本的现象。

(5) 抽取若干月份的主营业务成本结转明细清单，结合生产成本的审计，检查销售成本结转数额的正确性，并与主营业务收入的计算口径进行比较，检查是否符合配比原则。

(6) 检查主营业务成本中重大调整事项(如销售退回)是否有充分理由，会计处理是否正确。

(7) 在采用计划成本、定额成本、标准成本或售价核算存货的情况下，检查产品成本差异或商品进销差价的计算、分配和会计处理是否正确。

(8) 确定主营业务成本在财务报表上是否已恰当披露。

三、其他业务成本的实质性审计程序

(1) 取得或编制其他业务收入、其他业务成本明细表，复核加计正确，与总账数和明细账合计数核对相符；并注意其他业务成本是否有相应的收入。

(2) 与上期其他业务收入、其他业务成本比较，检查是否有重大波动，如有，应查明原因。

(3) 检查其他业务成本内容是否真实，计算是否正确，配比是否恰当，并抽查原始凭证予以核实。

(4) 对异常项目，应追查入账依据及有关法律文件是否充分。

(5) 确定其他业务成本在财务报表上是否已恰当披露。

第六节　其他相关账户的审计

一、材料采购或在途物资的实质性审计程序

(1) 取得或编制材料采购(在途物资)明细表，复核加计正确，与总账数、明细账合计数进行核对。

(2) 检查期末材料采购(在途物资)业务，核对有关凭证。

对大额材料采购(在途物资)，追查至相关的购货合同及购货发票，复核采购成本的正确性，并抽查期后入库情况，必要时发函询证。

(3) 查阅资产负债表日前后若干天的材料采购(在途物资)增减变动的有关记录和收料报告单等资料，检查有无跨期现象。

(4) 对采用计划成本核算的，审核材料采购项目有关材料成本差异发生额的计算和处理是否正确。

(5) 审核有无长期挂账的材料采购(在途物资)，如有，应查明原因，必要时提出调整建议。

(6) 确定材料采购(在途物资)在财务报表上是否已恰当披露。

二、原材料的实质性审计程序

(1) 取得或编制原材料明细表，复核加计正确，并与总账数、明细账合计数进行核对；并抽查明细账与仓库台账、卡片记录，检查是否相符。

(2) 执行分析性复核程序。

① 编制本期主要原材料增减变动表，分析其变动规律，并与上期比较，如果存在差异，分析原因。

② 将主要原材料的本期各月间及上期的单位成本进行比较，分析其波动原因，对异常项目进行调查并予以记录。

(3) 执行存货监盘程序。

(4) 检查原材料的入账基础和计价方法是否正确，前后期是否一致。

从原材料明细表中选取适量品种，将其单位成本与购货发票核对。如果被审计单位是以计划成本对原材料进行计价，应将原材料的单位成本与被审计单位制订的计划成本核对，同时关注被审计单位计划成本制订的合理性。

(5) 对于通过非货币性资产交换、债务重组、企业合并以及接受捐赠等取得的原材料，检查其入账依据是否真实、完备，入账价值和会计处理是否符合相关规定。

(6) 检查投资者投入的原材料是否按照投资合同或协议约定的价值入账，并检查约定的价值是否公允，交接手续是否齐全。

(7) 检查与关联方的购销业务是否正常，关注交易价格、交易金额的真实性及合理性。

(8) 了解被审计单位原材料发出的计价方法，前、后期是否一致，并抽取主要材料复核其计算是否正确。对于不能替代使用的原材料，以及为特定项目专门购入或制造的原材

料，检查是否采用个别计价法确定发出成本；若原材料以计划成本计价，还应检查材料成本差异的发生和结转的金额是否正确。

(9) 结合期末市场采购价，分析主要原材料期末结存单价是否合理。

(10) 编制本期发出材料汇总表，与相关科目钩稽核对，并抽查复核月度发出材料汇总表的正确性。

(11) 审核有无长期挂账的原材料，如有，应查明原因，必要时提出调整建议。

(12) 查阅资产负债表日前后若干天的原材料增减变动记录和原始凭证，检查有无跨期现象。

(13) 确定原材料在财务报表上是否已恰当披露。

三、周转材料的实质性审计程序

(1) 取得或编制周转材料明细表，复核加计正确，与总账数、明细账合计数进行核对；并抽查明细账与仓库台账、卡片记录，检查是否相符。

(2) 对周转材料余额实施分析性复核，将周转材料期末余额与期初余额进行比较，分析其波动原因，对异常项目进行调查并作记录。

(3) 执行监盘程序。

(4) 检查周转材料的入账基础和计价方法是否正确，前、后期是否一致。

从周转材料明细表中选取适量品种，将其单位成本与购货发票核对。如果被审计单位是以计划成本对周转材料进行计价，应将其单位成本与被审计单位制订的计划成本核对，同时关注被审计单位计划成本制订的合理性。

(5) 检查与关联方的购销交易是否正常，关注交易价格、交易金额的真实性与合理性。

(6) 了解被审计单位对周转材料发出的计价方法，检查前、后期是否一致，并抽取主要周转材料检查其计算是否正确；若周转材料以计划成本计价，还应检查材料成本差异的发生和结转金额是否正确。

(7) 编制本期周转材料发出汇总表，与相关科目钩稽核对，并抽查月度周转材料发出汇总表的正确性。

(8) 关注有无长期挂账的周转材料，如有，应查明原因，必要时提出调整建议。

(9) 抽查资产负债表日前后若干天的周转材料增减变动记录和原始凭证，注意有无跨期现象。

(10) 结合周转材料的监盘，检查期末有无料到单未到情况，如有，应查明是否已暂估入账，暂估价是否合理。

(11) 检查出租、出借周转材料的会计处理是否正确。

(12) 检查周转材料中的低值易耗品与固定资产的划分是否符合规定。

(13) 检查周转材料的转销或摊销方法是否符合企业会计准则的规定，前、后期是否一致。

包装物和低值易耗品，应当采用一次转销法或者五五摊销法进行摊销；钢模板、木模板、脚手架和其他周转材料等，可以采用一次转销法、五五摊销法或者分次摊销法进行摊销。

(14) 检查被审计单位是否存在周转材料押金，若有，结合相关项目的审计，查明周转材料押金的收取情况是否合理，有无合同，是否存在逾期周转材料押金，相应税金的处理是否正确，必要时提出调整建议。

(15) 确定周转材料在财务报表上是否已恰当披露。

四、存货跌价准备的实质性审计程序

(1) 取得或编制存货跌价准备明细表，复核加计正确，并与总账数和明细账合计数进行核对。

(2) 检查存货跌价准备计提和存货损失转销是否执行批准程序，并取得书面报告、销售合同或劳务合同等证明文件。

(3) 评价存货跌价准备的计提依据和计提方法是否合理，是否充分考虑了持有存货的目的及资产负债表日后事项的影响等因素。

(4) 比较本期实际损失发生数与前期存货跌价准备的余额，评价上期存货跌价准备计提的合理性。

(5) 对于出售或核销已经计提跌价准备的存货，应检查相应的跌价准备的会计处理是否正确。

(6) 对于已计提跌价准备的存货，若其价值又得以恢复，应注意是否在原已计提的跌价准备的范围内转回，依据是否充分，并记录转回金额。

(7) 关注被审计单位是否于期末对存货进行了检查分析，存货跌价准备的计算和会计处理是否正确。

(8) 确定存货跌价准备在财务报表上是否已恰当披露。

拓展案例

米奇·莫纳斯自获得第一家药店开始，利用十年时间组建了拥有300家全国连锁的法尔莫公司。不幸的是，这一切辉煌都是建立在资产造假——未检查出来的存货高估和虚假利润的基础上的，这些舞弊行为最终导致了莫纳斯及其公司的破产。其所实施的策略就是他所谓的“强力购买”，即通过提供大比例折扣来销售商品。莫纳斯首先做的就是把实际上并不盈利且未经审计的药店报表拿来，用自己的笔为其加上并不存在的存货和利润。然后凭着自己空谈的天分及一套夸大了的报表，在一年之内骗得了足够的投资用以收购了8家药店，奠定了他的小型药品帝国的基础。这个帝国后来发展到了拥有300家连锁店的规模。一时间，莫纳斯成为金融领域的风云人物，他的公司则在阳土敦市赢得了令人崇拜的地位。

莫纳斯和他的公司炮制虚假利润达十年之久。在这期间，莫纳斯和他的几位下属保持了两套账簿，一套用以应付注册会计师的审计，一套反映糟糕的现实。他们先将所有的损失归入一个所谓的“水桶账户”，然后再将该账产的金额通过虚增存货的方式重新分到公司的数百家成员药店中。他们仿造购货发票、制造增加存货并减少销售成本的虚假记账凭证、确认购货却不同时确认负债、多计或加倍计算存货的数量。财务部门之所以可以隐瞒存货短缺是因为注册会计师只对300家药店中的4家进行存货监盘，而且他们会提前数月通知法尔莫公司他们将检查哪些药店。管理人员随之将那4家药店堆满实物存货，而把那些虚增的部分分配到其余的296家药店。如果不考虑其会计造假，法尔莫公司实际已濒临破产。在最近一次审计中，其现金已紧缺到供应商因其未能及时支付购货款而威胁取消对其供货的地步。

注册会计师们一直未能发现这起舞弊，他们为此付出了昂贵的代价。这项审计失败使会计师事务所在民事诉讼中损失了3亿美元。莫纳斯本人则被判入狱5年，他的财务总监被判33个月的监禁。

本章小结

生产与费用循环涉及的内容主要是生产成本的计算及存货的管理等。该循环涉及资产负债表中的存货、应付职工薪酬等项目，还涉及利润表中的营业成本等项目。

对生产与费用循环内部控制进行评价，是为了确定对该循环进行性实质性审计前对生产与费用循环内部控制的可依赖程度。

思考与练习

一、思考题

1. 简述生产与费用循环内部控制的主要内容。
2. 简述生产与费用循环控制测试的主要内容。
3. 简述存货成本审计的主要内容。
4. 简述存货监盘的要点。
5. 简述应付职工薪酬的审计目标。
6. 简述应付职工薪酬的实质性测试程序。
7. 简述主营业务成本的审计目标。
8. 简述主营业务成本的实质性测试程序。
9. 简述原材料的实质性测试程序。
10. 简述存货跌价准备的实质性测试程序。

二、分析题

1. 注册会计师林琳在对A公司存货项目的相关内控制度进行研究评价后，发现A公司存在下述可能导致错误的情况：

(1) 存货盘点欠缺认真。

(2) 由B公司代管的甲材料可能并不存在。

(3) 通过销售与收款循环审计发现已销产成品可能未进行相关会计处理。

(4) A公司将明光公司存放在仓库中的乙材料计入A公司存货项目中。

针对上述情况，注册会计师林琳应当采用什么实质性程序进行审查？

2. 注册会计师审查某企业2002年度的利润表时，抽查12月份的成本资料，发现生产的甲产品已完工600件，月末在产品300件，原材料在生产开始时一次投入，月末完工产品与在产品之间的费用，按约当产量比例进行分配，在产品完工程度按平均50%计算。甲成品的成本计算资料如表8-3所示。

表8-3　甲产品的成本计算　　单位：元

项　　目	月初在产品	本期费用	完工产品成本	月末在产品
直接资料	16 000	119 000	108 000	27 000
直接工资	5800	48 200	43 200	10 800
制造费用	2350	16 400	15 000	3750
合　　计	24 150	183 600	166 200	41 550

(1) 指出资料中所计算的成本是否正确，重新计算甲产品完工产品总成本和单位成本、月末在产品总成本。列出计算过程。

(2) 针对上述情况指出存在的问题以及处理方法。

9 第九章 Chapter 9 筹资与投资循环审计

学习重点

1. 筹资与投资循环审计内容。
2. 筹资与投资循环相关科目审计方法。

引导案例

从现金流量表看投资与筹资存在的风险

獐子岛集团股份有限公司(简称“獐子岛”)始创于1958年，距离大连市56海里，是集海珍品育苗、增养殖、加工、贸易，鲜鱼养殖加工，冻鲜品冷藏物流，客运旅游，休闲渔业于一体的大型综合性集团企业。该公司于2006年在深圳证券交易所挂牌上市，2014年10月30日，獐子岛发布公告，北黄海等海域遭遇几十年难遇的异常冷水团，公司2011年到2012年两年间陆续播撒的将近7万平方海里的虾夷扇贝由于自然灾害的缘故在收获期到来之前将绝收，价值8亿元的虾夷扇贝一夜之间消失得无影无踪，证券市场一片哗然。公告发布之后，獐子岛业绩转盈为亏，导致12月8日、12月9日该股股票连续两天跌停，每股股价累计下跌了3元左右，市值蒸发20亿余元，前期预报盈利的大好局面陡然转变为亏损约7元～9亿元，公司坏账计提将近8亿元，前三季度全部亏损，整个2014年将巨额亏损。

从近几年的现金流量表可以清楚地看出，獐子岛一直以来现金回流以及现金运用等方面存在很大缺陷。首先，经营活动产生的现金流一直入不敷出，表现在：在季报中经营活动产生的现金流经常呈现负数，但为了使得报表保持良好态势，最后一个季度就会出现大反转，由负变正。从投资活动的现金净额来看，净额也一直保持在负数，这说明獐子岛在2011年、2012年对外进行了大量的投资交易，投资规模也在不断扩大。如此大规模的进行对外投资和股权投资，同时海洋渔业在资金方面的大量需求远远超过现有的现金链可以承受的范围，因而公司的运营基本上以筹资活动来维持。但獐子岛融资活动并不多样，而是一味地依赖短期债务，并没有合理的规划自己的融资途径和手段，近些年獐子岛的负债情况处于借短期借款还短期债券，再发行短期债券来形成短期借款的不良循环中，而没有充分使用更适合的长期借款方式。由于水产品投资巨大，回收期长，且资金运作速度相对较慢的特点，过分依赖短期借款无疑是不恰当的融资方式。而长期的恶性循环，也必然导致企业财务成本的上升和资金链的断裂。整个企业对外大举发行公司债券，同时从银行借入大量贷款，这都使得獐子岛的现金流量表呈现大起大落的特点，财务状况和经营能力也随之极不稳定，如坐过山车般跌宕起伏，随时都存在翻车的危险，如表 9-1 所示。

表 9-1　獐子岛公司 2012—2014 年财务状况　　单位：元

项　　目	2012 年	2013 年	2014 年
经营活动现金流入小计	2 895 315 693.27	2 766 727 055.93	2 906 994 349.93
经营活动现金流出小计	2 516 864 816.66	2 575 915 157.32	2 858 801 361.07
经营活动产生的现金流量净额	378 450 876.61	190 811 898.61	48 192 988.86
投资活动现金流入小计	26 053 857.21	18 821 461.74	25 896 160.97
投资活动现金流出小计	643 565 662.92	405 162 924.06	544 088 322.09
投资活动产生的现金流量净额	−617 511 805.71	−386 341 462.32	−518 192 161.12
筹资活动现金流入小计	1 676 178 576.73	3 677 666 480.75	3 989 874 058.15
筹资活动现金流出小计	1 483 423 976.48	3，555 131 808.25	3 537 707 796.35
筹资活动产生的现金流量净额	192 754 600.25	122 534 672.50	452 166 261.80
现金及现金等价物净增加额	−47 644 887.61	−78 776 858.00	−30 861 195.56

注：表中数据根据上市公司年报整理。

另外，獐子岛的资本结构存在着不合理现象：2014 年三季度资产负债表显示，短期借款和长期借款分别为 26.82 亿元和 7.15 亿元，短期借款几乎满足了存货资金的需求。短期借款多为 1 年到期的银行贷款，而獐子岛主营的底播增殖项目收获期为 3 年，两者的不匹配加剧了公司的流动性风险。

第一节　筹资与投资循环的特性

筹资与投资循环由筹资活动与投资活动的交易事项构成。筹资活动主要由借款和股东权益交易组成。投资活动主要由权益性投资交易和债权性投资交易组成。筹资和投资循环涉及会计报表中的众多账户，如资产负债表中的负债和所有者权益类、交易性金融资产、持有至到期投资、长期股权投资、应收股利、应收利息等账户，以及利润表中的财务费用、投资收益等账户。

筹资与投资循环通常具有如下特点。

(1) 审计年度内筹资与投资循环的交易数量较少，而每笔交易的金额通常较大。

(2) 漏记或不恰当地对一笔业务进行会计处理，将会导致重大错误，从而对企业财务报表的公允反映产生较大的影响。

鉴于筹资与投资循环上述特点，注册会计师必须对每笔筹资和投资业务给予高度关注。

一、筹资与投资循环涉及的凭证和会计记录

(一) 筹资活动涉及的凭证和会计记录

▶ 1. 债券

债券是公司依法定程序发行、约定在一定期限内还本付息的有价证券。

▶ 2. 股票

股票是公司签发的证明股东所持股份的凭证。

▶ 3. 债券契约

债券契约是明确债券持有人与发行企业双方所拥有的权利与义务的书面文件。其内容一般包括债券发行的批准情况，债券的面值和总额，利息或利息率，受托管理人及证书，抵押债券所担保的财产，债券发生拖欠情况的处理办法，有关建立偿债基金的承诺、利息支付和本金偿还的方式及时间安排等。

▶ 4. 股东名册

对于发行记名股票的公司应记载的内容一般包括股东姓名或名称及住所，各股东所持股份数，各股东所持股票的编号，各股东取得其股份的日期，发行无记名股票，公司应记载其股票数量、编号及发行日期。

▶ 5. 公司债券存根簿

发行记名公司债券的公司应记载的内容一般包括债券持有人的姓名或名称及住所；债券持有人取得债券的日期及债券的编号；债券总额、债券的票面金额、债券的利率、债券还本付息的期限和方式；债券的发行日期，发行无记名债券，公司应记载债券总额、利率、偿还期限和方式、发行日期和债券编号。

▶ 6. 承销或包销协议

公司向社会公开发行股票或债券时，应当由依法设立的证券经营机构承销或包销，公司应与其签订承销或包销协议。

▶ 7. 借款合同或协议

公司向银行或其他金融机构借入款项时与其签订的合同或协议。

▶ 8. 与筹资有关的记账凭证、明细账和总分类账

略。

(二) 投资活动涉及的凭证和会计记录

▶ 1. 股票或债券

股票是公司签发的证明股东所持股份的凭证；债券是公司依据法定程序发行、约定在一定期间内还本付息的有价证券。企业所持有的股票或债券一般可证明企业投资的真实性，但应注意其伪造的可能性。

▶ 2. 股票或债券登记簿

股票或债券登记簿是接受投资单位所记载的有关投资者或债权人的各项情况。通过查阅股票或债券登记簿或向接受投资者函证可证明企业投资的真实性。

▶ 3. 经纪人通知单

当投资是通过经纪人代理进行的，对经纪人通知单的审查可证实企业投资业务的合理

性、投资账务处理的正确性。

▶ 4. 债券契约

债券契约是明确债券持有人与发行企业双方所拥有的权利与义务的法律性文件。

▶ 5. 对外投资合同或协议

对外投资合同或协议是指企业与被投资单位签订的有关投资额、出资方式、权利安排等事项的合同或协议。

▶ 6. 被投资企业的章程

略。

▶ 7. 与投资有关的记账凭证、明细账和总分类账

略。

二、筹资与投资循环涉及的主要业务活动

（一）筹资中的主要业务活动

▶ 1. 审批授权

企业借款筹集资金须经企业管理当局的审批，其中每次债券的发行均要由董事会授权；企业发行股票必须依据国家有关法规或企业章程的规定，由企业董事会批准及和证监会核准。

▶ 2. 签订合同或协议

向银行或其他金融机构借款须签订借款合同，发行债券须签订债券契约和债券承销或包销协议。合同或协议中应明确借款的金额、利率、利息的计算和支付方式、借款的期限、本金偿还方式等。向社会募集股本还应与证券机构签订承销协议。

▶ 3. 取得资金

签订合同或协议后，企业可以在规定的期限内或按照规定的程序实际取得银行或金融机构划入的款项或债券、股票的融入资金。

▶ 4. 计算应付利息或股利

对于借款和发行债券筹集的资金，企业应按有关合同或协议的规定，及时计算利息；对于发行股票筹集的资金，企业应根据董事会批准、股东大会通过的福利分配方案，计算应付股东的股利。

▶ 5. 偿还本息或发放股利

银行借款或发行债券应按有关合同或协议的规定偿还本息，融入的股本根据股东大会的决定发放股利。

（二）投资中的主要业务活动

▶ 1. 审批授权

投资业务应由企业的高层管理机构进行审批。

▶ 2. 取得证券或其他投资证明

企业可以通过购买股票或债券进行投资（证券投资），也可以通过与其他单位进行合资、联营，形成投资。进行对外投资时，企业应取得有关证明。

▶ 3. 获得投资收益

企业进行投资的目的无疑是获得投资收益，投资收益表现为股权投资的股利收入或分

回的利润、债券投资的利息收入、证券买卖差价等。

▶ 4. 转让证券或收回其他投资

企业可以通过转让证券实现投资的收回；如果企业是与其他单位联合经营形成投资的，则只有在合资或联营合同期满，或由于严重亏损、一方不履行协议等特殊原因联营企业提前解散时，才能收回投资。

第二节 筹资与投资循环的内部控制及测试

一、筹资循环的内部控制及测试

（一）筹资循环的内部控制

▶ 1. 内部控制目标

(1) 所有筹资行为，包括对筹集的资金的接触、使用和偿还均经过都经过申请、批准的规范程序操作。

(2) 各种筹集的资金和归还的本息等及时、正确地记录在恰当的会计期间和会计账户内。

(3) 所有筹集资金的账面数与实际债务或股东投入数一致。

(4) 对筹资渠道和办式的选择、项目批准和资金的保管、使用职责进行适当分离，防止差错和舞弊发生。

(5) 所有筹资行为符合现行法律、法规。

▶ 2. 筹资循环内部控制的主要内容

(1) 授权审批程序。企业采用的筹资行为是否经过审核批准程序。

(2) 业务处理程序。筹集款项、资金使用和欠款归还是否有相应的管理规范，并真正执行。

(3) 充分的凭证和记录。企业是否建立了相关凭证及其传递制度，保证各项筹集的资金及资金的运用和归还能如实、及时入账。借款合同或协议由专人保管，对于外部保管的要定期核对。

(4) 定期对账程序。各类筹资项目的总账与明细账是否定期核对，所支付或计提的利息是否与筹资协议中的规定一致。

(5) 职务分离控制。所有办理筹资手续的人不应当经手资金的记录和保管业务，记录和保管资金的人不得经手具体资金的运用，有资金使用审批权的人员不得经手相关记录和资金运用。

（二）筹资循环的内部控制测试

(1) 索取借款或发行债券、股票的授权审批文件，检查授权是否恰当，手续是否齐全；索取借款合同、债券契约、证券承销或包销协议，检查条款的完备性。

(2) 观察企业筹资环节的不相容职务是否实现职务分离。

(3) 抽查账面记录，核实企业是否对资金的取得、偿还和利息支出及时在账面如实反映，是否通过有关登记簿，对债务的发行、偿还等具体情况进行记录。

(4) 了解债券持有人明细资料的保管制度，检查被审计单位是否建立与外部单位的定期核对制度。

(5) 从明细账中抽查筹资业务的会计记录，按照原始凭证到明细账、总账的顺序进行核对，判断其会计处理是否合规、完整。

(6) 检查各种筹资的合同、协议是否有专人妥善保管，对重要资料是否编号登记，是否有专人对筹资全过程进行跟踪监督，确保筹资过程的安全、核发。

二、投资循环的内部控制及测试

(一)投资循环的内部控制

▶ 1. 内部控制目标

(1) 所有对外投资的申请、批准和投出资金均经过授权审批。

(2) 各种投资及投资收益及时、正确地记录在恰当的会计期间和会计账户内。

(3) 所有投资账面数与占被投资企业股本数或手持股票、债券实有数一致。

(4) 对投资项目的选择、项目批准和投出资金的职责进行适当分离，防止差错和舞弊发生。

(5) 所有投资行为符合现行法律、法规。

▶ 2. 投资循环内部控制的主要内容

(1) 授权审批程序。投资项目报告或投资立项书、投出资金或实物是否经过审核批准程序，投资行为应当取得被投资单位出具的投资证明。

(2) 业务处理程序。投资申请、批准投资、投出资金和管理投资项目是否有相应的管理规范，并真正执行。

(3) 充分的凭证和记录。企业是否建立了相关凭证及其传递制度，保证各项投资和投资收益能如实、及时入账。

(4) 定期对账程序。投资总账与明细账是否定期核对，投资明细账与被投资企业或库存证券是否定期核对。

(5) 职务分离控制。货币投资项目要保证钱账分管、出纳会计分离、审批与经办分离；实物投资的要保证物资部门与财会部门分离、账物分离、审批与经办分离、资产评估作价与审批分离；无形资产投资的也要做到评估作价和审查复核分离。

(6) 实物控制。股票和债券是否独立于投资授权人、投资业务记账员、出纳等，可以有外部专门机构或单位内部专人妥善保管，并保证存放地点的安全性。

(二) 投资循环的内部控制测试

(1) 索取投资的授权审批文件，检查授权是否恰当，手续是否齐全；索取投资合同或协议及被投资企业出具的投资证明，检查其是否合法、真实、有效。

(2) 观察并描述企业投资环节的不相容职务是否真正实现分离。

(3) 对投出的实物或无形资产是否经过有关具有资质的部门进行评估。

(4) 审阅企业的盘点报告，了解其是否定期进行证券投资资产的盘点，检查盘点方法是否恰当、盘点结果与会计记录的核对情况。

(5) 从明细账中抽查投资业务的会计记录，按照原始凭证到明细账、总账的顺序进行核对，判断其会计处理是否合规、完整。

（6）是否由专人负责投资收益的核算，是否及时确认投资收益，收益的数额是否与合同、协议一致。

第三节 借款审计

借款是企业承担的一项经济义务，是企业的负债项目。对负债进行审计时，必须明确企业是否低估或漏列负债。在一般情况下，被审计单位不会高估负债，因为这样于自身不利，且难以与债权人的会计记录相互印证。低估债务经常伴随着低估成本费用，从而高估利润的目的。因此，低估债务不仅影响财务状况的反映，而且还会极大地影响企业财务成果的反映。所以，注册会计师在执行借款业务审计时，应将被审计单位是否低估借款作为一个关注的要点。

一、短期借款的审计

▶ 1. 短期借款的审计目标

（1）确定期末短期借款是否存在。

（2）确定期末短期借款是否为被审计单位应履行的偿还义务。

（3）确定短期借款的借入、偿还及计息的记录是否完整。

（4）确定短期借款的期末余额是否正确。

（5）确定短期借款的披露是否恰当。

▶ 2. 短期借款的实质性审计程序

（1）取得或编制短期借款明细表。注册会计师应首先取得或编制短期借款明细表，复核其加计数是否正确，并与明细账和总账核对相符。

（2）向银行或其他债权人函证重大的短期借款项目。为了确定短期借款的实有数，注册会计师应在期末对余额较大或认为重要的短期借款，向银行或其他债权人进行函证。

（3）检查年度内短期借款的增加情况。对年度内增加的短期借款，注册会计师应检查借款合同和授权批准，了解借款数额、借款条件、借款日期、还款期限、借款利率，并与相关会计记录相核对。

（4）检查年度内短期借款的减少情况。对年度内减少的短期借款，注册会计师应检查相关记录和原始凭证，核实还款数额。

（5）检查年度内有无到期未偿还的短期借款。注册会计师应检查相关记录和原始凭证，检查被审计单位有无到期未偿还的短期借款，如有，则应查明是否已向银行提出申请并经同意后办理延期手续。

（6）复核短期借款利息的计算。注册会计师应根据短期借款的利率和期限，复核被审计单位短期借款的利息计算是否正确，有无多算或少算利息的情况。如有未计利息和多计利息，应做出记录，必要时进行调整。

（7）检查外币借款的折算。如果被审计单位有外币短期借款，注册会计师应检查外币短期借款的增减变动是否按业务发生时的市场汇率或期初市场汇率折合为记账本位币金额；期末是否按市场汇率将外币短期借款余额折合为记账本位币金额；折算差额是否按规定进行会计处理；折算方法是否前后期一致。

(8) 检查短期借款在资产负债表上的反映是否恰当。企业的短期借款在资产负债表上通常设“短期借款”项目单独列示，对于因抵押而取得的短期借款，应在资产负债表附注中揭示，注册会计师应注意被审计单位对短期借款项目的披露是否充分。

二、长期借款的审计

▶ 1. 长期借款的审计目标

(1) 确定期末长期借款是否存在。

(2) 确定期末长期借款是否为被审计单位应履行的偿还义务。

(3) 确定长期借款的借入、偿还及计息的记录是否完整。

(4) 确定长期借款的期末余额是否正确。

(5) 确定长期借款的披露是否恰当。

▶ 2. 长期借款的实质性审计程序

(1) 取得或编制长期借款明细表，复核其加计数是否正确，并与明细账和总账核对相符。

(2) 了解金融机构对被审计单位的授信情况以及被审计单位的信用等级评估情况，了解被审计单位获得短期借款和长期借款的抵押和担保情况，评估被审计单位的信誉和融资能力。

(3) 检查年度内长期借款的增加情况。对年度内增加的长期借款，应检查借款合同和授权批准，了解借款数额、借款条件、借款日期、还款期限、借款利率，并与相关会计记录相核对。

(4) 检查长期借款的使用是否符合借款合同的规定，重点检查长期借款使用的合理性。

(5) 函证重大的长期借款项目。对长期借款期末余额较大的，或者注册会计师认为存在异常的借款项目，可以向贷款银行或其他金融机构进行函证。

(6) 检查年度内长期借款的减少情况。对年度内减少的长期借款，注册会计师应检查相关记录和原始凭证，核实还款数额。

(7) 检查年末有无到期未偿还的借款。逾期借款是否办理了延期手续，分析计算逾期借款的金额、比率和期限，判断被审计单位的资信程度和偿债能力。

(8) 对长期借款进行分析性复核。计算长期借款在各个月份的平均余额，选取适用的利率匡算利息支出总额，并与财务费用的相关记录核对，判断被审计单位是否高估或低估利息支出，必要时进行适当调整。

(9) 检查非记账本位币折合记账本位币时采用的折算汇率，折算差额是否按规定进行会计处理。

(10) 检查借款费用的会计处理是否正确。

(11) 检查企业抵押长期借款的抵押资产的所有权是否属于企业。其价值和实际状况是否与抵押契约中的规定相一致。

(12) 检查企业重大的资产租赁合同，判断被审计单位是否存在资产负债表外融资的现象。

(13) 检查长期借款是否已在资产负债表上充分披露。长期借款应列示在资产负债表中的长期负债类下，根据“长期借款”科目的期末余额扣减将于一年内到期的长期借款后的数额填列。长期借款的抵押和担保，应在资产负债表附注中揭示，注册会计师应注意被审计单位对长期借款项目的披露是否充分。

三、应付债券的审计

▶ 1. 应付债券的审计目标

(1) 确定期末应付债券是否存在。

(2) 确定期末应付债券是否为被审计单位应履行的偿还义务。

(3) 确定应付债券的发行、偿还及计息的记录是否完整。

(4) 确定应付债券的期末余额是否正确。

(5) 确定应付债券的披露是否恰当。

▶ 2. 应付债券的实质性审计程序

(1) 取得或编制应付债券明细表。注册会计师应首先取得或编制应付债券明细表，并同有关的明细分类账和总分类账核对相符。应付债券明细账通常都包括债券名称、承销机构、发行日、到期日、债券总额(面值)、实收金额、折价和溢价及其摊销、应付利息、担保情况等内容。

(2) 检查债券交易的有关原始凭证。检查债券交易的各项原始凭证，是确定应付债券金额及其合法性的重要程序，注册会计师应作好以下几方面的工作：

① 检查企业现有债券副本，审阅有关审批文件，确定其发行是否合法，各项内容是否同相关的会计记录相一致。

② 检查企业发行债券所收入现金的收据、汇款通知单、送款登记簿及相关的银行对账单。

③ 检查用以偿还债券的支票存根，并检查利息费用的计算。

④ 检查已偿还债券数额同应付债券借方发生额是否相符。

⑤ 如果企业发行债券时已作抵押或担保，注册会计师还应检查相关契约的履行情况。

(3) 检查应计利息、债券折(溢)价摊销及其会计处理的正确性。注册会计师可通过检查债券利息、溢价、折价等账户分析表来进行。该表可由企业代为编制，注册会计师加以检查，也可由注册会计师自己编制。

(4) 函证“应付债券”账户期末余额。为了确定“应付债券”账户期末余额的真实性，注册会计师如果认为必要，可以直接向债权人及债券的承销人或包销人进行函证。函证内容应包括应付债券的名称、发行日、到期日、利率、已付利息期间、年内偿还的债券、资产负债表日尚未偿还的债权及注册会计师认为应包括的其他重要事项。

(5) 检查到期债券的偿还。对到期债券的偿还，注册会计师应检查相关会计记录，检查其会计处理是否正确。

(6) 检查利息费用的会计处理是否正确。

(7) 检查应付债券是否已在资产负债表上充分披露。应付债券应列示在资产负债表中的长期负债类下，根据“应付债券”科目的期末余额扣减将于一年内到期的应付债券后的数额填列。有关应付债券的类别应在资产负债表附注中说明，注册会计师应注意被审计单位对应付债券项目的披露是否充分。

四、财务费用的审计

▶ 1. 财务费用的审计目标

(1) 确定记录的财务费用是否已发生，且被审计单位有关。

(2) 确定财务费用的记录是否完整。

(3) 确定与财务费用有关的金额及其他数据是否已恰当记录。

(4) 确定财务费用是否已记录于恰当的会计期间。

(5) 确定财务费用的内容是否正确。

(6) 检查财务费用的披露是否恰当。

▶ 2. 财务费用的实质性审计程序

(1) 取得或编制财务费用的明细表，复核其加计数是否准确，并与明细账、总账和报表有关项目进行核对。

(2) 对财务费用进行分析性复核，比较分析本年度财务费用与上年度财务费用以及本年度各月份的财务费用的发生额，如有异常变动，应查明原因。

(3) 结合长期、短期借款的审计结果，检查利息支出是否合规、正确。

① 检查资本性利息支出与经营性利息支出的混淆问题。

② 核实利息支出金额的正确性，根据借款的种类、期限、金额和利率，复核借款的利息金额，审核各月的预提数，验证当期利息支出的正确性。

③ 检查单位与银行及其他金融机构签订的贷款合同、利息结算单等资料，超过国家法定利率支付的高额利息是否进行了纳税调整。

(4) 检查记入财务费用的汇兑损益计算方法是否正确，采用的汇率是否正确，方法前后期是否一致。

(5) 通过检查银行或金融机构转来的费用结算单据，检查金融手续费的真实、正确性。

(6) 结合银行开户情况的审计，核实应计的利息收入是否全部记入财务费用。

(7) 抽查年度末和下年度初的财务费用，检查是否存在跨期入账的情况。

(8) 检查财务费用是否已在利润表及报表附注中恰当披露。

第四节 所有者权益审计

所有者权益，是企业投资者对企业净资产的所有权，它代表了投资者对企业剩余资源的要求权，包括投资者对企业的投入资本以及企业存续过程中形成的资本公积、盈余公积和未分配利润。所有者权益审计，就是对投资人所拥有的净资产的合法性、真实性、正确性进行审查，以保护投资者利益。

一、实收资本(股本)的审计

▶ 1. 实收资本(股本)的审计目标

(1) 确定实收资本(股本)是否存在。

(2) 确定实收资本(股本)的增减变动是否符合法律、法规和合同、章程的规定，记录是否完整。

(3) 确定实收资本(股本)期末余额是否正确。

(4) 确定实收资本(股本)的披露是否恰当。

▶ 2. 实收资本(股本)的实质性审计程序

(1) 取得或编制实收资本(股本)增减变动情况明细表，复核加计正确，与报表数、总账数和明细账合计数进行核对。

(2) 审阅公司章程、股东大会、董事会会议记录中有关实收资本(股本)的规定。

(3) 检查实收资本(股本)增减变动的原因，查阅其是否与董事会纪要、补充合同、协议及其他有关法律性文件的规定一致，逐笔追查至原始凭证，检查其会计处理是否正确。

(4) 对于以资本公积、盈余公积和未分配利润转增资本的，应取得股东(大)会等资料，并审核是否符合国家有关规定。

(5) 以权益结算的股份支付，取得相关资料，检查是否符合相关规定。

(6) 根据证券登记公司提供的股东名录，检查被审计单位及其子公司、合营企业与联营企业是否有违反规定的持股情况。

(7) 以非记账本位币出资的，检查其折算汇率是否符合规定。

(8) 检查认股权证及其有关交易，确定委托人及认股人是否遵守认股合约或认股权证中的有关规定。

(9) 确定实收资本(股本)的披露是否恰当。

二、资本公积的审计

▶ 1. 资本公积的审计目标

(1) 确定资本公积是否存在。

(2) 确定资本公积的增减变动是否符合法律、法规和合同、章程的规定，记录是否完整。

(3) 确定资本公积期末余额是否正确。

(4) 确定资本公积的披露是否恰当。

▶ 2. 资本公积的实质性审计程序

(1) 取得或编制资本公积明细表，复核加计正确，并与报表数、总账数和明细账合计数进行核对。

(2) 审阅与资本公积变动有关的股东(大)会决议、董事会会议纪要、资产评估报告等文件资料。

(3) 根据资本公积明细账，检查各项资本公积的会计处理是否正确。

(4) 检查资本公积各项目，考虑对所得税的影响。

(5) 记录资本公积中不能转增资本的项目。

(6) 确定资本公积的披露是否恰当。

三、盈余公积的审计

▶ 1. 盈余公积的审计目标

(1) 确定期末盈余公积是否存在。

(2) 确定盈余公积的增减变动是否符合法律、法规和合同、章程的规定，记录是否完整。

(3) 确定盈余公积期末余额是否正确。

(4) 确定盈余公积的披露是否恰当。

▶ 2. 盈余公积的实质性审计程序

(1) 取得或编制盈余公积明细表，复核加计正确，并与报表数、总账数和明细账合计数进行核对。

(2) 审阅与盈余公积变动有关的董事会会议纪要、股东(大)会决议以及政府主管部门、财政部门批复等文件资料。

(3) 对法定盈余公积和任意盈余公积的发生额逐项审查至原始凭证。

(4) 确定盈余公积的披露是否恰当。

四、未分配利润的审计

▶ 1. 未分配利润的审计目标

(1) 确定期末未分配利润是否存在。

(2) 确定未分配利润增减变动的记录是否完整。

(3) 确定未分配利润期末余额是否正确。

(4) 确定未分配利润的披露是否恰当。

▶ 2. 未分配利润的实质性审计程序

(1) 取得或编制利润分配明细表，复核加计正确，与报表数、总账数及明细账合计数进行核对。

(2) 检查未分配利润期初数与上期审定数是否相符，涉及损益的上期审计调整是否正确入账。

(3) 审阅与利润分配有关的董事会会议纪要、股东(大)会决议、政府部门批文及有关合同、协议、公司章程等文件资料，对照有关规定确认利润分配的合法性。

(4) 检查本期未分配利润变动除净利润转入以外的全部相关凭证，结合所取得的文件资料，确定其会计处理是否正确。

(5) 了解本年度利润弥补以前年度亏损的情况，如果已超过弥补期限，且已因为抵扣亏损而确认递延所得税资产的，应当进行调整。

(6) 结合以前年度损益调整科目的审计，检查以前年度损益调整的内容是否真实、合理，注意对以前年度所得税的影响。对重大调整事项应逐项核实其发生原因、依据和有关资料、复核数据的正确性。

(7) 确定未分配利润的披露是否恰当。检查对资产负债表日后至财务报告批准报出日之间由董事会或类似机构所制订利润分配方案中拟分配的股利，是否在财务报表附注中单独披露。

第五节 投资审计

一、交易性金融资产审计

▶ 1. 交易性金融资产的审计目标

交易性金融资产，是指企业为了近期出售而持有的金融资产。在会计科目设置上，企业持有的直接指定为以公允价值计量且其变动计入当期损益的金融资产，也通过该科目核算。

交易性金融资产的审计目标一般包括以下几点。

(1) 确定交易性金融资产是否存在。

(2) 确定交易性金融资产是否归被审计单位所有。

(3) 确定交易性金融资产的增减变动及其损益的记录是否完整。

(4) 确定交易性金融资产的计价是否正确。

(5) 确定交易性金融资产期末余额是否正确。

(6) 确定交易性金融资产的披露是否恰当。

▶ 2. 交易性金融资产的实质性审计程序

交易性金融资产的实质性程序通常包括以下几点。

(1) 取得或编制交易性金融资产明细表，复核加计正确，并与报表数、总账数和明细账合计数进行核对。

(2) 核实期末结存的相关交易性金融资产的持有目的，检查本科目核算范围是否恰当。

(3) 取得股票、债券及基金等交易流水单及被审计单位证券投资部门的交易记录，与明细账核对，检查会计记录是否完整、会计处理是否正确。

(4) 监盘库存交易性金融资产，并与相关账户余额进行核对，如有差异，应查明原因。

(5) 向相关金融机构发函询证交易性金融资产期末数量以及是否存在变现限制。

(6) 抽查交易性金融资产增减变动的相关凭证，确定原始凭证是否完整合法，会计处理是否正确。

(7) 检查与交易性金融资产相关的损益计算是否准确，并与公允价值变动损益及投资收益等有关数据核对。

(8) 检查股票、债券及基金等交易性金融资产的期末公允价值是否合理，相关会计处理是否正确。

(9) 确定交易性金融资产的披露是否恰当。

二、可供出售金融资产审计

▶ 1. 可供出售金融资产审计

可供出售金融资产是指初始确认时即被指定为可供出售的非衍生金融资产，以及除下列资产以外的金融资产：贷款和应收账款、持有至到期投资、以公允价值计量且其变动计入当期损益的金融资产。

可供出售金融资产的审计目标一般包括以下几点。

(1) 确定可供出售金融资产是否存在。

(2) 确定可供出售金融资产是否归被审计单位所有。

(3) 确定可供出售金融资产的增减变动及其损益的记录是否完整。

(4) 确定可供出售金融资产的计价是否正确。

(5) 确定可供出售金融资产减值准备的计提方法是否恰当，计提是否充分。

(6) 确定可供出售金融资产减值准备的增减变动记录是否完整。

(7) 确定可供出售金融资产及其减值准备期末余额是否正确。

(8) 确定可供出售金融资产及其减值准备的披露是否恰当。

▶ 2. 可供出售金融资产的实质性审计程序

(1) 取得或编制可供出售金融资产明细表，复核加计正确，并与总账数和明细账合计数进行核对。

(2) 取得可供出售金融资产对账单，与明细账核对，并检查其会计处理是否正确。

(3) 检查库存可供出售金融资产，并与相关账户余额进行核对，如有差异，应查明原因。

(4) 向相关金融机构发函询证可供出售金融资产期末数量。

(5) 核实期末结存的可供出售金融资产的持有目的，检查本科目核对范围是否恰当。

(6) 抽取可供出售金融资产增减变动的相关凭证，检查其原始凭证是否完整合法，会计处理是否正确。

(7) 检查可供出售金融资产的期末公允价值是否合理，会计处理是否正确。

(8) 若可供出售金融资产的公允价值发生较大幅度下降，并且预期这种下降趋势属于非暂时性的，应当检查被审计单位是否计提资产减值准备，计提金额和相关会计处理是否正确。

(9) 检查已确认减值损失的可供出售金融资产，当公允价值回升时，其相关会计处理是否正确。注意债券等债务工具应从资产减值损失科目转回；股票等权益工具则应从资本公积转回，不得从当期损益转回。

(10) 检查债券等债务工具类可供出售金融资产，发生减值时的相关利息的计算和会计处理是否正确。

(11) 检查可供出售金融资产出售时，其相关损益计算及会计处理是否正确，已计入资本公积的公允价值累计变动额是否转入投资收益科目。

(12) 检查可供出售金融资产划转为持有至到期投资的依据是否充分，会计处理是否正确。

(13) 检查债券投资计入损益的利息收入计算所采用的利率是否正确。

(14) 结合银行借款等科目，了解是否存在已用于债务担保的可供出售金融资产。如有，则应取证并作相应的记录，同时提请被审计单位作恰当披露。

(15) 确定可供出售金融资产的披露是否恰当。

三、持有至到期投资审计

(一) 持有至到期投资的审计目标

持有至到期投资，是指到期日固定、回收金额固定或可确定，且企业有明确意图和能力持有至到期的非衍生金融资产。

持有至到期投资的审计目标一般包括以下几点。

(1) 确定持有至到期投资是否存在。

(2) 确定持有至到期投资是否归被审计单位所有。

(3) 确定持有至到期投资的增减变动及其损益的记录是否完整。

(4) 确定持有至到期投资的计价是否正确。

(5) 确定持有至到期投资减值准备的计提方法是否恰当，计提是否充分。

(6) 确定持有至到期投资减值准备的增减变动的记录是否完整。

(7) 确定持有至到期投资及其减值准备期末余额是否正确。

(8) 确定持有至到期投资及其减值准备的披露是否恰当。

▶ 2. 持有至到期投资的实质性审计程序

持有至到期投资的实质性程序通常包括以下几点。

(1) 取得或编制持有至到期投资明细表，复核加计正确，并与总账数和明细账合计数进行核对。

(2) 取得持有至到期投资对账单，与明细账核对，并检查其会计处理是否正确。

(3) 检查库存持有至到期投资，并与账面余额进行核对，如有差异，应查明原因。

(4) 向相关金融机构发函询证持有至到期投资期末数量。

(5) 核实期末结存的持有至到期投资资产的持有的目的和能力，检查本科目核算范围是否恰当。

(6) 对于持有至到期投资增加的业务，检查原始凭证是否完整合法，成本、交易费用和相关利息的会计处理是否符合规定。

(7) 对于持有至到期投资减少的业务，检查其原始凭证是否完整合法，会计处理是否正确。

(8) 复核债券投资计算利息所采用的利率是否恰当，相关会计处理是否正确以及持有期间收到的利息会计处理是否正确。

(9) 结合投资收益科目，复核处置持有至到期投资的损益计算是否准确，已计提的减值准备是否同时结转。

(10) 检查当持有目的改变时，持有至到期投资划转为可供出售金融资产的会计处理是否正确。

(11) 结合银行借款等科目，了解是否存在已用于债务担保的持有至到期投资。如有，则应取证并作相应的记录，同时提请被审计单位作恰当披露。

(12) 检查持有至到期投资减值准备的计提是否充分，以及发生减值时相关利息的计算及处理是否正确。

(13) 确定持有至到期投资的披露是否恰当，注意一年内到期的持有至到期投资是否已重分类至一年内到期的非流动资产。

四、长期股权投资审计

▶ 1. 长期股权投资的审计目标

长期股权投资包括：企业持有的能够对被投资单位实施控制的权益性投，即对子公司的投资；企业持有的能够与其他合营方一同对被投资单位实施共同控制的权益性投资，即对合营企业的投资；企业持有的能够对被投资单位施加重大影响的权益性投资，即对联营企业的投资；企业对被投资单位不具有控制、共同控制或重大影响，且在活跃市场中没有报价、公允价值不能可靠计量的权益性投资。

长期股权投资的审计目标一般包括以下几点。

(1) 确定长期股权投资是否存在。

(2) 确定长期股权投资是否归被审计单位所有。

(3) 确定长期股权投资的增减变动及投资损益的记录是否完整。

(4) 确定长期股权投资的核算方法是否正确。

(5) 确定长期股权投资减值准备的计提方法是否恰当。

(6) 确定长期股权投资减值准备增减变动的记录是否完整。

(7) 确定长期股权投资及其减值准备的期末余额是否正确。

(8) 确定长期股权投资及其减值准备的披露是否恰当。

▶ 2. 长期股权投资的实质性审计程序

(1) 取得或编制长期股权投资明细表，复核加计正确，与总账数和明细账合计数进行核对；并将长期股权投资减值准备科目与报表数进行核对。

(2) 审阅有关合同和文件，确认股权投资的股权比例和持有时间，检查股权投资核算方法是否正确。

(3) 对于重大的投资，向被投资单位函证被审计单位的投资额、持股比例及被投资单位发放股利等情况。

(4) 若长期股权投资采用权益法进行核算，应取得被投资单位已经注册会计师审计的年度财务报表，如果未经注册会计师审计，则应考虑对被投资单位的财务报表实施适当的审计或审阅程序。

① 审查被投资单位会计报表列示的数字是否真实。

② 审查被审单位按其占被投资单位净资产份额所取得的投资收益是否正确。复核投资收益时，应以取得投资时被投资单位各项可辨认资产等的公允价值为基础，对被投资单位的净利润进行调整后加以确认；被投资单位采用的会计政策及会计期间与被审计单位不一致的，应当按照被审计单位的会计政策及会计期间对被投资单位的财务报表进行调整，据以确认投资损益。

③ 检查被审计单位按权益法核算长期股权投资，在确认应分担被投资单位发生的净亏损时，应首先冲减长期股权投资的账面价值；其次冲减其他实质上构成对被投资单位净投资的长期权益账面价值(如长期应收款等)。如果按照投资合同和协议约定被审计单位仍需承担额外损失义务的，应按预计承担的义务确认预计负债，并与预计负债中的相应数字核对无误；被投资单位以后期间实现盈利的，被审计单位在其收益分享额弥补未确认的亏损分担额后，恢复确认收益分享额。审计时，应检查被审计单位会计处理是否正确。

④ 检查企业实际收到被投资单位分配来的利润和股利，是否重复计入“投资收益”账户。

(5) 若长期股权投资采用成本法进行核算，应检查股利分配的原始凭证及分配决议等资料，确定会计处理是否正确；对被审计单位实施控制而采用成本法核算的长期股权投资，比照权益法编制变动明细表，以备合并报表使用。

(6) 对于成本法和权益法相互转换的，检查其投资成本的确定是否正确。

(7) 检查本期发生的重大股权变动事项。

① 对于本期增加的长期股权投资，追查至原始凭证及相关的文件或决议及被投资单位验资报告或财务资料等，确认长期股权投资是否符合投资合同、协议的规定，并已确实

投资，会计处理是否正确。

② 对于本期减少的长期股权投资，追查至原始凭证，确认长期股权投资的收回有合理的理由及授权批准手续，并已确实收回投资，会计处理是否正确。

(8) 对于期末长期股权投资进行逐项检查，以确定长期股权投资是否已经发生减值。按单项资产计提，检查计提依据充分，是否得到适当批准；核对长期股权投资减值准备本期与以前年度计提方法是否一致，如有差异，查明政策调整的原因，并确定政策改变对本期损益的影响，提请被审计单位做适当披露；将本期减值准备计提金额与利润表资产减值损失中的相应数字进行核对。

(9) 结合银行借款等项目的检查，了解长期股权投资是否存在质押、担保情况，如有，则应详细记录，并提请被审计单位进行充分披露。

(10) 确定长期股权投资在资产负债表上列报是否恰当。

二、投资收益审计

▶ 1. 投资收益的审计目标

(1) 确定记录的投资收益是否已发生，且与被审计单位有关。

(2) 确定投资收益记录是否完整。

(3) 确定与投资收益有关的金额及其他数据是否已恰当记录。

(4) 确定投资收益是否已记录于正确的会计期间。

(5) 确定投资收益的内容是否正确。

(6) 确定投资收益的披露是否恰当。

▶ 2. 投资收益的实质性审计程序

(1) 取得或编制投资收益分类明细表，复核加计正确，并与总账数和明细账合计数核对相符，与报表数核对相符。

(2) 与以前年度投资收益比较，结合本期投资的变动情况，分析本期投资收益是否存在异常现象。

(3) 与长期股权投资、交易性金融资产、交易性金融负债、可供出售金融资产、持有至到期投资等相关项目的审计结合，验证确定投资收益的记录是否正确，确定投资收益被计入正确的会计期间。

(4) 确定投资收益的列报是否恰当。

三、应收利息审计

▶ 1. 应收利息的审计目标

(1) 确定应收利息是否存在。

(2) 确定应收利息是否归被审计单位所有。

(3) 确定应收利息及其坏账准备增减变动的记录是否完整。

(4) 确定应收利息可否收到，坏账准备的计提方法和比例是否恰当，计提是否充分。

(5) 确定应收利息及其坏账准备的期末余额是否正确。

(6) 确定应收利息及其坏账准备的披露是否恰当。

▶ 2. 应收利息的实质性审计程序

(1) 取得或编制应收利息明细表，复核加计正确，并与总账数和明细账合计数进行核对；并结合坏账准备科目与报表数进行核对。

(2) 对应收利息进行分析性复核。按照不同借款类别，将借款平均余额与平均利率的乘积，与账面利息收入相比较，确定两者差异额是否合理。

(3) 与长期股权投资、交易性金融资产、可供出售金融资产、持有至到期投资等相关项目的审计结合，验证确定应收利息的计算是否充分、正确，检查会计处理是否正确。

(4) 对于重大的应收利息项目，审阅相关文件，复核其计算的准确性。必要时，向有关单位函证并记录。

(5) 检查应收利息减少有无异常。

(6) 关注期后收款情况，对至审计时已收回金额较大的款项进行常规检查，如核对收款凭证、银行对账单、发票等。

(7) 对于长期未收回及金额较大的应收利息，应询问被审计单位管理人员及相关职员，确定应收利息的可收回性。必要时，向被投资单位函证利息支付情况，复核并记录函证结果。

(8) 确定应收利息是否已恰当披露。

四、应收股利审计

▶ 1. 应收股利的审计目标

(1) 确定应收股利是否存在。

(2) 确定应收股利是否归被审计单位所有。

(3) 确定应收股利增减变动的记录是否完整。

(4) 确定应收利息可否收到。

(5) 确定应收利息及其坏账准备的期末余额是否正确。

(6) 确定应收利息及其坏账准备的披露是否恰当。

▶ 2. 应收股利的实质性审计程序

(1) 取得或编制应收股利明细表，复核加计正确，与总账数、明细账以及报表数合计数进行核对。

(2) 与长期股权投资、交易性金融资产、可供出售金融资产等相关项目的审计结合，验证确定应收股利的计算是否正确，检查会计处理是否正确。

(3) 对于重大的应收股利项目，审阅相关文件，测试其计算的准确性。必要时，向被投资单位函证并记录。

(4) 检查应收股利减少有无异常。

(5) 关注期后收款情况，对至审计时已收回金额较大的款项进行常规检查，如核对收款凭证、银行对账单、股利分配方案等。

(6) 对于长期未收回且金额较大的应收股利，应询问被审计单位管理人员及相关职员或者查询被投资单位的情况，确定应收股利的可收回性。必要时，向被投资单位函证股利支付情况，复核并记录函证结果。

(7) 确定应收股利的披露是否恰当。

第六节 其他相关账户审计

一、其他应收款审计

▶ 1. 其他应收款的审计目标

(1) 确定其他应收款是否存在。

(2) 确定其他应收款是否归被审计单位所有。

(3) 确定其他应收款增减变动的记录是否完整。

(4) 确定其他应收款是否可收回。

(5) 确定其他应收款的期末余额是否正确。

(6) 确定其他应收款的披露是否恰当。

▶ 2. 其他应收款的实质性审计程序

(1) 取得或编制其他应收款明细表，复核加计正确。与报表数、总账数和明细账合计数进行核对；分析有贷方余额的项目，查明原因，必要时作重新分类调整。

(2) 检查其他应收款的账龄分析是否正确，选择一定金额以上、账龄较长或异常的明细账户余额发函询证，并编制函证结果汇总表。

(3) 对发出询证函未能收到回函的样本，采用替代审计程序，如检查下期明细账，或追踪至其他应收款发生时的原始凭证，特别注意是否存在抽逃资金、隐藏费用的现象。

(4) 审核资产负债表日后的收款事项，确定有无未及时入账的债权。

(5) 对于长期未能收回的项目，应查明原因，确定是否可能发生坏账损失。

(6) 检查非记账本位币结算的其他应收款，其采用的折算汇率是否正确。

(7) 对于转作坏账损失的项目，应检查是否符合规定并办妥审批手续。

(8) 确定其他应收款的披露是否恰当。

二、其他应付款审计

▶ 1. 其他应付款的审计目标

(1) 确定其他应付款的发生及偿还记录是否完整。

(2) 确定其他应付款的期末余额是否正确。

(3) 确定其他应付款的披露是否恰当。

▶ 2. 其他应付款的实质性审计程序

(1) 取得或编制其他应付款明细表，复核加计正确，并与报表数、总账数和明细账合计数进行核对；分析有借方余额的项目，查明原因，必要时作重分类调整。

(2) 对于截至审计日已支付的其他应付款项，抽查付款凭证、银行对账单等，并注意这些凭证发生日期的合理性。

(3) 选择一定金额以上和异常的明细余额，检查其原始凭证，并考虑向债权人发函询证。

(4) 对非记账本位币结算的其他应付款，检查其折算汇率是否正确。

(5) 检查资产负债表日后的付款事项，确定有无未及时入账的其他应付款。

(6) 检查长期未结的其他应付款，并作妥善处理。

(7) 检查其他应付款中关联方的余额是否正常，如数额较大或有其他异常现象，应查明原因，追查至原始凭证并作适当披露。

(8) 确定其他应付款的披露是否恰当。

三、所得税费用审计

▶ 1. 所得税费用的审计目标：

(1) 确定记录的所得税费用是否已发生，且与被审计单位有关。

(2) 确定所得税费用记录是否完整。

(3) 确定与所得税费用有关的金额及其他数据是否已恰当记录。

(4) 确定所得税费用是否已记录于正确的会计期间。

(5) 确定所得税费用的内容是否正确。

(6) 确定所得税费用的披露是否恰当。

▶ 2. 所得税费用的实质性审计程序

(1) 取得或编制所得税费用明细表、递延所得税资产明细表、递延所得税负债明细表，核对与明细账合计数、总账及报表数是否相符。

(2) 根据审计结果和税法规定，核实当期的纳税调整事项，确定应纳税所得额，计算当期所得税费用。

(3) 根据期末资产及负债的账面价值与其计税基础之间的差异，以及未作为资产和负债确认的项目的账面价值与按照税法的规定确定的计税基础的差异，计算递延所得税资产、递延所得税负债期末应有余额，并根据递延所得税资产、递延所得税负债期初余额，倒轧出递延所得税费用(收益)。

(4) 将当期所得税费用与递延所得税费用之和与利润表上的“所得税”项目金额进行核对。

(5) 确定所得税费用、递延所得税资产、递延所得税负债是否已在财务报表中恰当列报。

四、营业外收入审计

▶ 1. 营业外收入的审计目标

(1) 确定营业外收入的记录是否完整。

(2) 确定营业外收入的计算是否正确。

(3) 确定营业外收入的披露是否恰当。

▶ 2. 营业外收入的实质性审计程序

(1) 取得或编制营业外收入明细表，复核加计正确，并与报表数、总账数及明细账合计数核对。

(2) 检查营业外收入的核算内容是否符合会计准则的规定。

(3) 抽查营业外收入中金额较大或性质特殊的项目，审核其内容的真实性和依据的充分性。

(4) 将营业外收入的各项目与相关账户记录进行核对，并追查至相关原始凭证。

(5) 检查营业外收入的披露是否恰当。

五、营业外支出审计

1. 营业外支出的审计目标

(1) 确定营业外支出记录是否完整。

(2) 确定营业外支出的计算是否正确。

(3) 确定营业外支出的披露是否恰当。

2. 营业外支出的实质性审计程序

(1) 取得或编制营业外支出明细表，复核加计正确。并与报表数、总账数及明细账合计数核对是否相符。

(2) 检查营业外支出内容是否符合会计准则的规定。

(3) 将营业外支出的各项目与相关账户记录进行核对，并追查至相关原始凭证。

(4) 检查是否存在非公益性捐赠支出、税收滞纳金、罚金、罚款支出、各种赞助会费支出，必要时进行应纳税所得额调整。

(5) 对于非常损失应详细检查有关资料、被审计单位实际损失和保险理赔情况及审批文件，检查有关会计处理是否正确。

(6) 确定营业外支出的披露是否恰当。

拓展案例

2000 年 3 月 31 日，中国证监会对大庆联谊石化股份有限公司违反证券法规的行为进行处罚，其违规事实主要是：一是欺诈上市；二是 1997 年虚假年报。经中国证监会查实，大庆联谊虚报 1997—1996 年利润 16 176 万元，并将大庆国税局的一张 400 余万元的缓交税款批准书涂改为 4000 余万元，以满足中国证监会对其申报材料的要求；大庆联谊 1997 年年报虚假，利润虚构达 2848.89 万元；此外，大庆联谊在招股说明书中承诺将募集资金投入四个项目，在 1997 年年报中亦称：公司四个募股资金项目投入情况良好，实际上，募集资金未按招股说明披露的投向使用。对于上述舞弊事实，会计师事务所都是在知情的情况下，为其出具了虚假审计报告。

1997 年 2 月 26 日，大庆联谊的股价最高升至 33.98 元，但 2002 年 1 月 24 日，大庆联谊的收盘价仅为 6.68 元。

2001 年 1 月 18 日，大庆联谊公布 2000 年分配预案——每 10 股送 2 股转增 8 股派 0.5 元。2 月 6 日，大庆联谊又发出一份公告，称由于要 10 送 2 转增 8 股，第一大股东提议把公司原来注册资本金和注册股本都翻一倍(这份公告被认为是大庆联谊误导投资者涉嫌欺诈的证据之一)。2 月 20 日，大庆联谊又发出公告：公司在股东大会上提议把分配方案改为 10 送 2 股派 0.5 元，与之前相比少了“每 10 股转增 8 股”。随着此公告的亮相，大庆联谊股价大幅下跌，仅 2 个交易日，股价跌幅就超过了 15%，中小投资者的最高损失超过 20%。

2002 年 1 月 18 日，大庆联谊被股民送上被告席。此案中，被告涉及 15 人，其中包括参与的证券公司和会计师事务所，另有 9 名自然人是大庆联谊的董事和经理，3 名是会计师事务所的会计师。

本章小结

本章在介绍筹资与投资循环内部控制的主要内容以及控制测试的基础上，着重对借款、所有者权益、投资以及与该循环相关的一些项目的实质性审计程序进行了介绍。

借款审计包括短期借款审计、长期借款审计、应付债券审计和财务费用审计。

所有者权益审计包括实收资本(股本)审计、资本公积审计、盈余公积审计和未分配利润审计。

投资审计包括交易性金融资产审计、可供出售金融资产审计、持有至到期投资审计、长期股权投资审计、投资收益审计、应收利息审计和应收股利审计。

该循环相关项目的审计包括其他应收款审计、其他应付款审计、所得税费用审计、营业外收入审计和营业外支出审计。

思考与练习

一、思考题

1. 简述筹资与投资循环的特征。
2. 筹资与投资循环内部控制的主要内容有哪些?
3. 如何进行筹资与投资循环内部控制测试?
4. 简述借款的审计目标。
5. 简述借款实质性测试的内容。
6. 简述应付债券的审计目标。
7. 简述应付债券实质性测试的内容。
8. 简述所有者权益的审计目标。
9. 简述所有者权益实质性测试的内容。
10. 简述交易性金融资产的审计目标。
11. 简述交易性金融资产实质性测试的内容。
12. 简述可供出售金融资产的审计目标。
13. 简述可供出售金融资产实质性测试的内容。
14. 简述持有至到期投资的审计目标。
15. 简述可供出售金融资产实质性测试的内容。
16. 简述长期股权投资的审计目标。
17. 简述长期股权投资实质性测试的内容。
18. 简述投资收益的审计目标。
19. 简述投资收益实质性测试的内容。
20. 简述所得税费用的审计目标。
21. 简述所得税费用实质性测试的内容。

二、分析题

A 和 B 注册会计师对 XYZ 股份有限公司 2002 年度会计报表进行审计。该公司 2002 年度未发生购并、分立和债务重组行为，供产销形势与上年相当。该公司提供的未经审计的 2002 年度合并会计报表附注的部分内容如表 9-2 所示

长期借款项目附注：2002 年年末余额 13 730 万元。

表 9-2　2002 年度合并会计报表附注的部分内容

贷款单位	金额(万元)	借款期限	年利率(%)	借款条件
A 银行第一营业部	1800	2000 年 8 月—2004 年 7 月	9.72	抵押借款
B 银行第一营业部	11 650	1999 年 9 月—2003 年 8 月	7.65	抵押借款
C 银行第一营业部	280	2002 年 1 月—2004 年 1 月	5.925	担保借款
合　计	13 730			

假定上述附注内容中的年初数和上年比较数均已审定无误，你作为 A 和 B 注册会计师，在审计计划阶段，请运用专业判断，必要时运用分析性复核方法，分别指出上述附注内容中存在或可能存在的不合理之处，并简要说明理由。

10 第十章 Chapter 10 货币资金审计

学习重点

1. 货币资金审计内容。
2. 货币资金相关科目审计方法。

引导案例

从一起货币资金舞弊案解读内部控制制度的漏洞

2015 年 6 月的一天，某公司财务部长在得知银行存款日记账尚有余额 122.5 万元的情况下，指示出纳员小李为某供应商开具了一张 25 万元的转账支票，用以偿还以前欠该单位的购料款，但该支票很快被开户银行退票，理由是空头支票。由此牵出了出纳员小李贪污、挪用公款的大案。

案发后，经检查机关调查取证，发现出纳小李利用职务之便，贪污、挪用公款达 100 余万元。并查出小李的作案手法主要有三个：一是从银行提取现金时，利用多开现金支票与少开支票存根的办法，将两者的差额据为已有；二是在办理收入业务时，寻找借口不给对方开具发票或收据，对这部分收入不入账，进而把不开票收入据为已有；三是长期直接挪用现金。

这起贪污、挪用公款案让领导和同事们都很吃惊，公司曾经制定过内部控制制度，在墙壁上也分别挂着财务人员岗位职责，为什么还会出现这种事情呢？在检查人员的帮助下，经过认真梳理，发现公司在内部控制制度以及在货币资金管理方面存在着诸多问题。

(1) 出纳小李从银行提取现金时，利用多开现金支票与少开支票存根的方式贪污现金，暴露出该单位在银行存款收支业务方面存在问题。

(2) 在办理收入业务时，寻找借口不开发票或收据，将这部分收入不入账，这种行为反映出该公司岗位设置不合理，收款业务全过程由出纳员一人完成，这违背了不相容职务相互分离的控制原则，说明该单位内部牵制制度执行不利。

(3) 长期挪用现金未被发现，暴露出定期清查盘点制度未能得到有效执行。

(4) 银行存款收支业务管理方面的漏洞在于：该公司银行对账单一般由出纳小李去银行索要，而且银行存款余额调节表也一直由出纳小李编制，这违背了不相容职务相互分离的控制原则。正确的做法是：银行存款余额调节表应该由出纳员以外的人员编制，银行对账单应该由出纳以外的人员去银行索要。在检查中还发现，该公司忽视银行存款余额调节表的编制，制度规定每月至少核对一次，而该公司未能做到，这必然导致银行存款账实不符，却长期未被发现。

(5) 检查中还发现，对支票开具控制不严，支票内容填写不全，甚至有开具空白支票的现象。

总之，该单位对货币资金各运行环节的内部控制重视不够，监管不力，内部控制环境存在缺陷。

第一节 货币资金审计概述

任何企业进行生产经营活动都必须拥有一定数量的货币资金，企业的生产经营过程，实质就是货币资金的垫支、支付过程和货币资金的回收、分配过程的结合。货币资金是企业流动性最强的资产，容易被不法分子盗窃、贪污、挪用，因此，货币资金审计是财务审计的重点之一。根据货币资金存放地点及用途的不同，货币资金分为库存现金、银行存款和其他货币资金，货币资金审计也就是对货币资金所包括的各项目进行的审计。

一、货币资金涉及的凭证和会计记录

货币资金涉及的凭证和会计记录主要有以下内容。

(1) 库存现金盘点表。

(2) 银行对账单。

(3) 银行存款余额调节表。

(4) 有关科目的记账凭证(如库存现金收付款凭证、银行收付款凭证)。

(5) 有关会计账簿(如库存现金日记账、银行存款日记账)。

二、货币资金主要业务活动

货币资金的业务活动与企业主要的几个业务循环都有直接关系。例如，在销售与收款循环中，企业销售的产品或提供的劳务最终往往是通过货币资金的形式实现的；在购货与付款循环中，企业也经常以货币资金作为主要的支付方式；在筹资与投资循环中，企业取得借款、发行股票或债券、购买股票或债券等，货币资金也是常用的支付手段。因此，货币资金的使用贯穿了企业主要的业务循环。

三、货币资金的内部控制

由于货币资金具有很强的流动性，且易被盗用，因此企业必须加强对货币资金的管理。一个设计良好的货币资金内部控制程序应该达到以下几点：

(1) 有关货币资金的交易必须由多人分工完成，严禁由一个人包办。

(2) 货币资金收支和记账的岗位实行分离。

(3) 货币资金收支要有合理、合法的凭据。

(4) 全部收支及时准确入账，对支出要有核准手续。

(5) 控制现金坐支，当日收入现金应及时送存银行。

(6) 除了少量的小额支出可用库存现金支付以外，所有的支付都应采取支票或电子转账方式。

(7) 由不负责签发支票或保管现金的员工按月盘点现金，编制银行存款余额调节表，做到账实相符，而且银行存款余额调节表要经过有关主管人员的复核。

(8) 加强对货币资金收支业务的内部审计。

财政部于2001年7月12日发布的《内部会计控制规范——货币资金(试行)》中，将货币资金内部控制确定为以下几方面内容。

▶ 1. 岗位分工及授权批准

(1) 单位应当建立货币资金业务的岗位责任制，明确相关部门和岗位的职责权限，确保办理货币资金业务的不相容岗位相互分离、制约和监督；出纳人员不得兼任稽核、会计档案保管和收入、支出、费用、债权债务账目的登记工作；单位不得由一人办理货币资金业务的全过程。

(2) 单位应当对货币资金业务建立严格的授权批准制度，明确审批人对货币资金业务的授权批准方式、权限、程序、责任和相关控制措施，规定经办人办理货币资金业务的职责范围和工作要求；审批人应当根据货币资金授权批准制度的规定，在授权范围内进行审批，不得超越审批权限；经办人应当在职责范围内，按照审批人的批准意见办理货币资金业务；对于审批人超越授权范围审批的货币资金业务，经办人员有权拒绝办理，并及时向审批人的上级授权部门报告。单位对于重要货币资金支付业务，应当实行集体决策和审批，并建立责任追究制度，防范贪污、侵占、挪用货币资金等行为。严禁未经授权的机构或人员办理货币资金业务或直接接触货币资金。

(3) 单位应当按照规定的程序办理货币资金支付业务。

① 支付申请。单位有关部门或个人用款时，应当提前向审批人提交货币资金支付申请，注明款项的用途、金额、预算、支付方式等内容，并附有效经济合同或相关证明。

② 支付审批。审批人根据其职责、权限和相应程序对支付申请进行审批。对不符合规定的货币资金支付申请，审批人应当拒绝批准。

③ 支付复核。复核人应当对批准后的货币资金支付申请进行复核，复核货币资金支付申请的批准范围、权限、程序是否正确，手续及相关单证是否齐备，金额计算是否准确，支付方式、支付单位是否妥当等。复核无误后，交由出纳人员办理支付手续。

④ 办理支付。出纳人员应当根据复核无误的支付申请，按规定办理货币资金支付手续，及时登记现金和银行存款日记账。

▶ 2. 现金和银行存款的管理

(1) 单位应当加强现金库存限额的管理，超过库存限额的现金应及时存入银行。

(2) 单位必须根据《现金管理暂行条例》的规定，结合本单位的实际情况，确定本单位现金的开支范围。不属于现金开支范围的业务应当通过银行办理转账结算。

(3) 单位现金收入应当及时存入银行，不得用于直接支付单位自身的支出。因特殊情况需坐支现金的，应事先报经开户银行审查批准；单位借出款项必须执行严格的授权批准程序，严禁擅自挪用、借出货币资金。

(4) 单位取得的货币资金收入必须及时入账，不得私设“小金库”，不得账外设账，严禁收款不入账。

(5) 单位应当严格按照《支付结算办法》等国家有关规定，加强银行账户的管理，严格按照规定开立账户，办理存款、取款和结算；单位应当定期检查、清理银行账户的开立及使用情况，发现问题，及时处理；单位应当加强对银行结算凭证的填制、传递及保管等环节的管理与控制。

(6) 单位应当严格遵守银行结算纪律，不准签发没有资金保证的票据或远期支票，套取银行信用；不准签发、取得和转让没有真实交易和债权债务的票据，套取银行和他人资金；不准无理拒绝付款，任意占用他人资金；不准违反规定开立和使用银行账户。

(7) 单位应当指定专人定期核对银行账户，每月至少核对一次，编制银行存款余额调节表，使银行存款账面余额与银行对账单调节相符，如调节不符，应查明原因，及时处理。

(8) 单位应当定期和不定期地进行现金盘点，确保现金账面余额与实际库存相符，发现不符，及时查明原因，做出处理。

▶ 3. 票据及有关印章的管理

(1) 单位应当加强与货币资金相关的票据的管理，明确各种票据的购买、保管、领用、背书转让、注销等环节的职责权限和程序，并专设登记簿进行记录，防止空白票据的遗失和被盗用。

(2) 单位应当加强银行预留印鉴的管理。财务专用章应由专人保管，个人名章必须由本人或其授权人员保管。严禁一人保管支付款项所需的全部印章。按规定需要有关负责人签字或盖章的经济业务，必须严格履行签字或盖章手续。

▶ 4. 监督检查

(1) 单位应当建立对货币资金业务的监督检查制度，明确监督检查机构或人员的职责权限，定期和不定期地进行检查。

(2) 货币资金监督检查的内容主要包括以下几点。

① 货币资金业务相关岗位及人员的设置情况。重点检查是否存在货币资金业务不相容职务混岗的现象。

② 货币资金授权批准制度的执行情况。重点检查货币资金支出的授权批准手续是否健全，是否存在越权审批行为。

③ 支付款项印章的保管情况。重点检查是否存在办理付款业务所需的全部印章交由一人保管的现象。

④ 票据的保管情况。重点检查票据的购买、领用、保管手续是否健全，票据保管是否存在漏洞。

(3) 对监督检查过程中发现的货币资金内部控制中的薄弱环节，应当及时采取措施，加以纠正和完善。

二、货币资金内部控制测试

对货币资金内部控制进行测试的主要程序如下。

▶ 1. 了解货币资金内部控制

注册会计师可以根据实际情况采用不同的方法实现对货币资金内部控制的了解。一般而言，注册会计师可以采用编制流程图的方法。编制货币资金内部控制流程图是货币资金控制测试的重要步骤。注册会计师在编制之前应通过询问、观察等调查手段收集必要的资料，然后根据所了解的情况编制流程图。对中小企业，也可采用编写货币资金内部控制说明的方法。若年度审计工作底稿中已有以前年度的流程图，注册会计师可根据调查结果加以修正，以供本年度审计之用。一般地，了解货币资金内部控制时，注册会计师应当注意检查货币资金内部控制是否建立并严格执行。

▶ 2. 抽取并检查收款凭证

如果货币资金收款的内部控制不强，很可能发生贪污舞弊或挪用等情况。例如，在一个小型企业中，出纳员同时记应收账款明细账，很可能发生循环挪用的情况。为测试货币资金收款的内部控制，注册会计师应选取一定数量的收款凭证，做如下的检查。

（1）核对收款凭证与存入银行账户的日期和金额是否相符。

（2）核对货币资金、银行存款日记账的收入金额是否正确。

（3）核对收款凭证与银行对账单是否相符。

（4）核对收款凭证与应收账款等相关明细账的有关记录是否相符。

（5）核对实收金额与销货发票等相关凭据是否一致。

▶ 3. 抽取并检查付款凭证

为测试货币资金付款的内部控制，注册会计师应选取一定数量的货币资金付款凭证，做如下检查。

（1）检查付款的授权批准手续是否符合规定。

（2）核对货币资金、银行存款日记账的付出金额是否正确。

（3）核对付款凭证与银行对账单是否相符。

（4）核对付款凭证与应付账款等相关明细账的记录是否一致。

（5）核对实付金额与购货发票等相关凭据是否相符。

▶ 4. 抽取一定期间的现金、银行存款日记账与总账核对

首先，注册会计师应抽取一定期间的库存现金、银行存款日记账，检查其有无计算错误，加总是否正确。如果检查中发现问题较多，说明被审计单位货币资金的会计记录不够可靠。其次，注册会计师应根据日记账提供的线索，核对总账中的现金、银行存款、应收账款、应付账款等有关账户的记录。

▶ 5. 抽取一定期间银行存款余额调节表，检查其是否按月正确编制并经复核

为证实银行存款记录的正确性，注册会计师必须抽取一定期间的银行存款余额调节表，将其与银行对账单、银行存款日记账及总账进行核对，确定被审计单位是否按月正确编制并复核银行存款余额调节表。

▶ 6. 评价货币资金的内部控制

注册会计师在完成了上述程序之后，即可对货币资金的内部控制进行评价。评价时，注册会计师应首先确定货币资金的内部控制可依赖的程度以及存在的薄弱环节和缺点，然后据以确定在货币资金实质性测试中对哪些环节可以适当减少审计程序，哪些环节应增加审计程序，以减少审计风险。

第二节 库存现金审计

企业的库存现金包括人民币现金和外币现金。我国对企业支付、收取和留存现金都有明确的规定，要求各企业严格遵守和执行。库存现金审计是对库存现金及其收付业务和保管情况的真实性、合法性进行的审查和核实。由于现金是企业流动性最强的资产，尽管其在企业资产总额中的比重不大，但企业发生的舞弊事件大都与现金有关，因此必须把它列为审计的重点。通过对库存现金的审计，对巩固和严格现金管理制度，维护结算纪律，揭露错弊，保护库存现金的安全，都具有十分重要的意义。

一、库存现金的审计目标

库存现金的审计目标一般包括以下几点。

(1) 确定被审计单位资产负债表中的现金在财务报表日是否确实存在，是否为被审计单位所拥有。

(2) 确定被审计单位在特定期间内发生的现金收支业务是否均已记录完毕，有无遗漏。

(3) 确定库存现金余额是否正确。

(4) 确定库存现金在财务报表上的披露是否恰当。

二、库存现金的实质性审计程序

▶ 1. 核对现金日记账与总账的余额是否相符

注册会计师测试现金余额的起点，是核对现金日记账与总账的余额是否相符。如果不相符，应查明原因，并建议做出适当的调整。

▶ 2. 盘点库存现金

盘点库存现金是证实资产负债表中所列库存现金是否存在的一项重要程序。

盘点库存现金通常包括对已收到但未存入银行的现金、零用金、找换金等的盘点。盘点库存现金的时间和人员应视被审计单位的具体情况而定，但必须有出纳员和被审计单位会计主管人员参加，并由注册会计师进行监督。盘点库存现金的步骤和方法如下。

(1) 制定库存现金盘点程序，实施突击性的检查。时间最好选择在上午上班前或下午下班后进行，盘点的范围一般包括企业各部门存放的现金。在进行现金盘点前，应由出纳员将现金集中起来存入保险柜。必要时可加以封存，然后由出纳员把已办妥现金收付手续的收付款凭证登入现金日记账。如企业现金存放部门有两处或两处以上者，应同时进行盘点。

(2) 审阅现金日记账并与现金收付凭证进行核对。一方面检查日记账的记录与凭证的内容和金额是否相符；另一方面了解凭证日期与日记账日期是否相符或接近。

(3) 由出纳员根据现金日记账进行加计、累计数额，结出现金结余额。

(4) 盘点保险柜的现金实存额，同时编制“库存现金盘点表”，分币种、面值列示盘点金额。

(5) 如果是在资产负债表日后进行盘点，应调整至资产负债表日的金额。

(6) 将盘点金额与库存现金日记账余额进行核对，如有差异，应查明原因。

(7) 若有冲抵库存现金的借条、未提现支票、未作报销的原始凭证，应在“库存现金盘点表”中注明或做出必要的调整，如表 10-1 所示。

表 10-1　库存现金盘点表

客　户 ____________　　　　编制人：　　　日期：

索引号：

项　目 库存现金监盘　　　　复核人：　　　日期：

页　次：

会计期间 ____________

盘点日期 ____________

实有现金盘点记录					检查盘点记录		
面额	人民币		某外币		项　目		金额
100 元					上一日账面库存余额　①		
50 元					盘点日未记账传票收入金额　②		
20 元					盘点日未记账传票支出金额　③		
10 元					盘点日账面应有金额　④=①+②-③		
5 元					盘点实有现金数额　⑤		
2 元					盘点日应有与实有差异　⑥=④-⑤		
1 元					差异原因分析	白条抵库(张)	
5 角							
2 角							
1 角							
5 分							
2 分							
1 分							
合计							
情况说明及审计结论：					追溯调整	报表日至审计日现金付出总额	
						报表日至审计日现金收入总额	
						报表日库存现金应有余额	
						报表日账面汇率	
						报表日余额折算本位币金额	
					本位币合计		

盘点人：　　　　监盘人：　　　　复核人：

▶ 3. 抽查大额现金收支

注册会计师应抽查大额现金收支的原始凭证内容是否完整，有无授权批准，并核对相关账户的进账情况，如有与被审计单位生产经营业务无关的收支事项，应查明原因。

▶ 4. 检查现金收支的正确截止

被审计单位资产负债表的货币资金项目中库存现金数额，应以结账日实有数额为准。因此，注册会计师必须验证现金收支的截止日期是否正确。通常，注册会计师可以对结账日前后一段时期内现金收支凭证进行审计，以确定是否存在跨期事项。

▶ 5. 检查外币现金的折算是否正确

对于有外币现金的被审计单位，注册会计师应检查被审计单位对外币现金的收支是否按所规定的汇率折合为记账本位币金额，折合差额是否按规定记入相关账户。

▶ 6. 检查现金是否在资产负债表上恰当披露

根据规定，库存现金在资产负债表上"货币资金"项下反映，注册会计师应在实施上述审计程序后，确定库存现金账户的期末余额是否恰当，据以确定货币资金在资产负债表上是否恰当披露。

第三节 银行存款审计

银行存款是指企业存放在银行或其他非金融机构的各种款项。企业收入的款项，除国家另有规定外，都应在当日解交银行。企业一切支出，除规定可以用现金支付外，都必须通过银行办理转账结算。银行存款较之现金，其业务涉及面广、内容复杂、金额较大、收付款凭证数量较多，因而是货币资金审计的重要组成部分。

一、银行存款的审计目标

银行存款的审计目标主要包括以下几点。

(1) 确定被审计单位资产负债表中的银行存款在财务报表日是否确实存在，是否为被审计单位所拥有。

(2) 确定被审计单位在特定期间内发生的银行存款收支业务是否均以记录完毕，有无遗漏。

(3) 确定银行存款的余额是否正确。

(4) 确定银行存款在财务报表上的披露是否恰当。

二、银行存款的实质性审计程序

▶ 1. 核对银行存款日记账余额与总账余额是否相符

注册会计师在审查银行存款余额时，应做的是核对银行存款日记账余额与总账余额两者是否相符。如果不相符，注册会计师应查明原因，将其作为继续审查银行存款余额的基础。

▶ 2. 实施分析性复核程序

将银行存款余额的本期实际数与预算数以及与上年度账户进行比较，检查是否存在异常差异或显著波动，如有异常差异或显著波动，应查明原因；关注银行存款中定期存款所占比例，以确定企业是否存在高息资金拆借。如存在高息资金拆借，应进一步分析拆出资金的安全性，检查高额利差的入账情况；计算存放于非银行金融机构的存款占银行存款的比例，分析这些资金的安全性。

▶ 3. 取得并检查银行存款余额调节表

检查结算日银行存款余额调节表是证实资产负债表所列货币资金中银行存款是否存在的一个重要方法。注册会计师对银行存款余额调节表的审计主要包括以下内容。

1）核实调节表数据计算的正确性

注册会计师对银行存款余额调节表数据计算正确性的核实，主要应从以下几个方面来进行。

（1）核实银行对账单、银行存款余额调节表上的列示是否正确。

（2）将银行对账单记录与银行日记账逐笔核对，核实银行存款调节表上各调节项目的列示是否真实完整，任何漏记、多记调节项目的现象都应引起注册会计师的高度警惕。

（3）在银行存款日记账账面余额和银行对账单余额的基础上，复核上述未达账项及其加减调节情况，并验证调节后两者的余额计算是否正确、是否相符。如不相符，说明其中一方或双方存在记账差错，并要进一步追查原因、扩大测试范围。

2）调查未达账项的真实性

未达账项的真实性调查主要包括以下几个方面：

（1）调查金额较大的未兑现支票、可提现的未兑现支票以及注册会计师认为较为重要的未兑现支票，列示未兑现支票清单，注明开票日期和收款人姓名或单位。

（2）追查截止日银行对账单上的在途存款，并在银行存款余额调节表上注明存款日期。

（3）检查至截止日银行已收、被审计单位未收的款项的性质及其款项来源。

（4）检查至截止日银行已付、被审计单位未付款项的性质及其款项来源。

对于未达账项(包括银行方面和被审计单位方面的)，一般应追查至此年初的银行对账单，查明年终的银行对账单，查明年终的未达账项，并从日期上进一步判断业务发生的真实性，注意有无利用未达账项来掩饰某种舞弊行为。

一般而言，银行存款余额调节表应由被审计单位编制并向注册会计师提供，但在某些情况下(如被审计单位内部控制比较薄弱)，注册会计师也可亲自编制银行存款余额调节表。银行存款余额调节表的参考格式如表 10-2 所示。

表 10-2 银行存款余额调节表

年 月 日

编制人： 日 期： 索引号：

复核人： 日 期： 页 次：

户别：

项 目
银行对账单余额(年 月 日)
加：企业已收银行未收
其中：1. ________元
2. ________元
减：企业已付银行未付
其中：1. ________元
2. ________元
调整后银行对账单金额
企业银行存款日记账金额(年 月 日)
加：银行已收企业未收
其中：1. ________元
2. ________元
减：银行已付企业未付
其中：1. ________元
2. ________元
调整后企业银行存款日记账金额

经办会计人员： 会计主管：

4. 函证银行存款余额

银行存款函证是指注册会计师在执行审计业务过程中，需要以被审计单位名义向有关单位发函询证，以验证被审计单位的银行存款是否真实、合法、完整。注册会计师在执行审计业务时，可以被审计单位的名义向有关单位发函询证。各商业银行、政策性银行、非银行金融机构要在收到询证函之日起 10 个工作日内，根据函证的具体要求，及时回函并可按照国家的有关规定收取询证费用；各有关企业或单位根据函证的具体要求回函。

函证银行存款余额是证实资产负债表所列银行存款是否存在的重要程序。通过向往来银行的函证，注册会计师既可以了解企业资产的存在，同时还可以了解被审计单位欠银行的债务。函证还可用于发现企业未登记的银行借款。函证时，注册会计师应向被审计单位在本年存过款(含外埠存款、银行汇票存款、银行本票存款、信用卡存款、信用证保证金存款)的所有银行发函，其中包括企业存款账户已结清的银行，因为有可能存款账户已结清，但仍有银行借款或其他负债存在。同时，虽然注册会计师已直接从某一银行取得了银行对账单和所有已付支票，但仍应向这一银行进行函证。

银行询证函的参考格式如表 10-3 所示。

表 10-3 银行询证函

编号：　　　　　　　　　　　　　　　　　　　　　××(银行)：

本公司聘请的大正会计师事务所正在对本公司进行财务审计，按照《中国注册会计师独立审计准则》的要求，应当询证本公司与贵行的存款、借款往来等事项。下列数据出自本公司账簿记录，如与贵行记录相符，请在本函下端“数据证明无误”处签章证明；如有不符，请在“数据不符”处列明不符金额。回函请直接寄至中磊会计师事务所。

回函地址：　　　　　　　　　　　　　　　　　　　　邮编：

电话：　　　　　　　　　　传真：　　　　　　　　　联系人：

1. 银行存款　截止日期：　　年　　月　　日　　　　单位：

账户名称	银行账号	币种	利率	余额	是否被质押、用于担保或存在其他使用限制	备注

2. 银行借款　截止日期：　　年　　月　　日　　　　单位：

借款人名称	币种	本息余额	借款日期	到期日期	利率	借款条件	抵(质)押品/担保人	备注

3. 其他事项

(公司签章)

年　　月　　日

结论：1. 数据证明无误；2. 数据不符，请列明不符金额

(银行签章)　　　　　　　　　　　　　　　　　　　　　　　(银行签章)

年　　月　　日　　　　　　　　　　　　　　　　　　　　　年　　月　　日

▶ 5. 检查定期存款或限定用途的存款

对已质押的定期存款，应检查定期存单，并与质押合同进行核对，并关注定期存单对应的质押借款是否入账；对未质押的定期存款，应检查开户证书原件；对于审计外勤工作结束日前已提取的定期存款，应核对兑付凭证、银行对账单和定期存款复印件。

▶ 6. 抽查大额银行存款的收支

注册会计师应抽查大额银行存款(含外埠存款、银行汇票存款、银行本票存款、信用证存款)收支的原始凭证内容是否完整，有无授权批准，并核对相关账户的进账情况。如有与被审计单位生产经营业务无关的收支事项，应查明原因。

▶ 7. 检查银行存款收支的正确截止

抽查资产负债表日前后若干天的银行存款收支凭证实施截止测试，检查业务内容及其

对应项目，注意是否存在跨期事项。

企业资产负债表上银行存款数字应当包括当年最后一天收到的所有存放在银行的款项，而不得包括其后收到的款项；同样，企业年终前开出的支票，不得在年后入账。为了确保银行存款收付的正确截止，注册会计师应当在清点支票及支票存根时，确定各银行账户最后一张支票的号码，同时查实该号码之前的所有支票均已开出。在结账日未开出的支票及其后开出的支票，均不得作为结账日的存款收付入账。

▶ 8. 检查外币银行存款的折算是否正确

对于有外币银行存款的被审计单位，注册会计师应检查被审计单位对外币银行存款的收支是否按规定的汇率折合为记账本位币金额；外币折合差额是否按规定记入相关账户。

▶ 9. 确定银行存款是否在资产负债表上恰当披露

根据规定，企业的银行存款在资产负债表上“货币资金”项目下反映。所以，注册会计师应在实施上述审计程序后，确定银行存款账户的期末余额是否恰当，从而确定资产负债表上“货币资金”项目中的数字是否恰当披露。

第四节　其他货币资金审计

其他货币资金包括企业到外地进行临时或零星采购而汇往采购地银行开立采购专户的款项所形成的外埠存款、企业为取得银行汇票按照规定存入银行的款项所形成的银行汇票存款、企业为取得银行本票按照规定存入银行的款项而形成的银行本票存款、信用卡存款和信用证保证金存款等。

一、其他货币资金的审计目标

其他货币资金的审计目标主要包括以下几点。

(1) 确定被审计单位资产负债表中的其他货币资金在财务报表日是否确实存在，是否为被审计单位所拥有。

(2) 确定被审计单位在特定期间内发生的其他货币资金收支业务是否均已完整记录。

(3) 确定其他货币资金的余额是否正确。

(4) 确定其他货币资金在财务报表上的披露是否恰当。

二、其他货币资金的实质性审计程序

(1) 核对外埠存款、银行汇票存款、银行本票存款、信用卡存款和信用证保证金存款等各明细账期末合计数与总账数是否相符。

(2) 取得所有其他货币资金明细的对账单，并与账面记录进行核对，如果存在差异，应查明原因。

(3) 函证其他货币资金的期末余额。

(4) 对于非记账本位币的其他货币资金，检查其采用的折算汇率是否正确。

(5) 抽查一定样本量的原始凭证，检查其经济内容是否完整，有无适当的审批授权，并核对相关账户的进账情况。

(6) 抽取资产负债表日前后若干天的其他货币资金收支凭证进行截止测试，注意是否存在有跨期收支事项。

(7) 检查其他货币资金是否在资产负债表上恰当披露。

拓展案例

2004 年 6 月 15 日台湾上市公司博达发布消息，证实该公司已于 14 日向法院申请重整，经过 4 个月的调查，博达公司掏空案——账面上 63 亿(新台币)资金不翼而飞，检方侦查终结。

博达资产负债表上“现金与约当现金”的数字，过去一年增加了 25 亿元，2004 年第一季度末余额高达 63 亿元约当现金。因为账上现金数字明显高过“一年到期的长期借款”。所以投资人放胆在市场上买进博达的可转换公司债，放款银行也没有急着抽回长短期贷款 47 亿元。董事长叶素菲在博达申请重整后却说这些钱是衍生性金融商品，无法用来偿还即将到期的可转换公司债借款 30 余亿元。

63 亿元约当现金，为何无法动用？安侯建业会计师事务所(台湾毕马威)表示，安侯建业负责博达公司财务报表查核是在 2003 年第三季。在 2003 年半年报查核时，博达公司存放于菲律宾首都银行约 29 亿元现金，经向银行函证，银行回复均表达这笔资金的所有权没有问题，也没有被限制用途。至于 2004 年第一季的 63 亿元现金为何不见？安侯建业会计师事务所表示，博达公司 2004 年第一季财报并非由安侯建业查核[改由勤业众信(台湾德勤)审计]安侯建业不便表达意见。

对于博达公司将巨额的资金存放在国外的银行，安侯建业在查核时，难道没有发现其中的可疑吗？安侯建业会计师事务所指出，博达公司于菲律宾首都银行账户，是在 2002 年 9 月开户的，在 2003 年 6 月，账户的资金就将近 29 亿元，博达公司的会计师讲：“这些是公司在境外银行的资金，主要是用来购买原料以及机器设备。”

事后查明，博达涉嫌在中国香港、美国虚设人头公司，以假销货的方式，虚增应收账款高达 141 亿元，再经由上下游厂商配合，虚增应付账款，掏空博达。为了掩盖事实，博达董事长透过海外人头公司向国外银行借款买下这些应收账款或所衍生的应收账款连动证券(CLN)。经由这些交易博达巧妙地将应收账款，转变成账上的现金。然而博达所得到的资金必须存于这些国外银行，并且限制用途(博达不能动用这笔资金)。此举等同要求这些存款要作为海外人头公司借款的抵押，并且当海外人头公司无法还款或者博达发生财务危机时，这些账上存款将和人头公司的借款自动抵销。

因审计失职，台湾金管会在 2004 年 7 月处罚勤业众信和安侯建业 4 位签证的会计师，分别遭停签两年处分；2004 年 12 月又处罚了安侯建业 2 位会计师，分别遭停签半年处分。

本章小结

货币资金的业务活动与企业主要的几个业务循环都有直接关系。本章在介绍货币资金内部控制的主要内容以及控制测试的基础上，着重对库存现金、银行存款以及其货币资金的实质性审计程序进行了介绍。

注册会计师应首先确定货币资金的内部控制可依赖的程度以及存在的薄弱环节和缺点，然后据以确定在货币资金实质性测试中对哪些环节可以适当减少审计程序，哪些环节应增加审计程序，以减少审计风险。

思考与练习

一、思考题

1. 简述货币资金内部控制测试的主要内容。
2. 简述库存现金的审计目标。
3. 简述库存现金实质性测试程序的主要内容。
4. 简述银行存款的审计目标。
5. 简述银行存款实质性测试程序的主要内容。

二、分析题

乙注册会计师在对P公司2014年度会计报表进行审计时，对P公司的银行存款实施的部分审计程序如下。

(1) 取得2014年12月31日银行存款余额调节表。

(2) 向开户银行寄发银行询证函，并直接收取寄回的询证函回函。

(3) 取得开户银行2015年1月31日的银行对账单。

请问：

(1) 乙注册会计师向开户银行询证的作用有哪些?

(2) 乙注册会计师应采取什么方式才能直接收回开户银行的询证函回函?目的是什么?

(3) 乙注册会计师取得银行存款余额调节表后应检查哪些内容?

(4) 乙注册会计师索取开户银行2015年1月31日的银行对账单，能证实2014年12月31日银行存款余额调节表的哪些内容?

11 第十一章 Chapter 11 审计报告

学习重点

1. 审计报告编制前要做的准备工作。
2. 审计报告的基本内容。
3. 不同类型审计意见的审计报告在什么情形下出具。

引导案例

虚假审计报告

南京纺织品进出口股份有限公司(简称：南纺股份)成立于1978年，1994年改制为股份制公司，2001年2月在上海证券交易所挂牌上市，公司设有21个业务部门和9个职能部门，拥有27家控股子公司和12家参股公司，子公司涉及纺织品和服装、医药和机电产品生产和贸易、展会以及房地产开发等多个领域。2011年7月，南纺股份原董事长单晓钟等三名高管被带走调查。2013年5月，南京市六合区人民法院一审判决：南纺股份原董事长单晓钟因犯受贿罪和挪用公款罪，被判处有期徒刑13年，没收个人财产220万元。2014年5月15日证监会下发的《行政处罚决定书》披露，南纺股份为了能满足继续上市的条件，在2006—2010年连续5年虚构利润总计3.44亿元。虚构利润占其披露利润的百分比从130%～5500%不等，并借此躲避了本该退市的命运。

上证所称，造成公司以往年度重大会计差错的原因主要有：虚增合同收入；以境外融资业务虚构为转口贸易，虚增营业收入和营业成本；少结转营业成本；利用转口贸易回款，调节客户往来款，达到调节坏账准备等目的；长期挂账不符合出口退税条件的应收出口退税款，以及不符合确认条件的递延所得税资产等。以上事实表明，公司涉嫌制造和披露虚假信息，年度报告未能以客观事实为依据如实反映财务数据及经营情况。

南纺股份连续5年大规模虚构利润，人们不仅要问，该企业作为国有控股上市公司，在长达五年的时间里肆无忌惮地虚构利润达3.44亿元，直到2014年的公司公告才导致资本市场哗然恐慌。这种长周期大规模的造假行为为什么未能及早被发现？为其从事审计业务的中介机构做了什么？

为其执行审计业务的是南京立信永华会计师事务所，该事务所曾跻身于全国会计师事务所前百家，该事务所从1994年开始就为南纺股份提供审计服务，截止到2012年公司更换事务所，已为南纺股份审计了18年。在其长达18年的审计中，只有在东窗事发的当年即2011年才出具了“保留意见”的审计报告，其余都是“标准无保留意见”的审计报告。这让人们不得不对其是否保持独立性、是否做到了勤勉尽责持怀疑态度。以虚增合同收入为例，每向客户发一笔货，就会有一笔收入确认单，一般企业无法做到跟每家客户企业去串通、系统性造假，审计人员如果严格按照审计准则及相关评判标准，完全可以从外部多方面去确认单据的真实性。再以虚假税务单证为例，出口肯定会有发货，审计人员可以通过相关运输公司开具的发票(如多少集装箱、多少费用)、进出口公司报关等费用进行外部核实，即使公司内部单据进行系统性造假，审计人员仍可通过外部单据查出公司造假的蛛丝马迹。

总之，南京立信永华会计师事务所只要坚持客观独立的原则，尽职尽责调查可能存在的问题，必然能够查出真相。但是，该事务所或因利益诱惑或因自身工作程序，对南纺股份财务造假问题“视而不见”，出具虚假审计报告，为南纺股份大规模造假大开绿灯。

第一节 审计终结

一、审计报告编制前的准备工作

注册会计师在编制和致送审计报告之前，应做好报告前的各项准备工作。

(一) 审计差异调整和试算平衡

▶ 1. 审计差异调整

审计项目组成员在审计中发现的被审计单位的会计处理方法与有关会计准则的不一致，即为审计差异。注册会计师应根据审计重要性原则予以初步确定并汇总，并建议被审计单位进行调整。

审计差异按是否需要调整账户记录可分为核算误差和重分类误差。核算误差是因企业对经济业务进行了不正确的会计核算而引起的误差，用审计重要性原则来衡量每一项核算误差，又可把这些核算误差区分为建议调整的不符事项和不建议调整的不符事项(即未调整不符事项)；重分类误差是因企业未按有关会计准则、会计制度规定编制会计报表而引起的误差，例如，企业在应付账款项目中反映的预付账款、在应收账款项目中反映的预收账款等。

对审计中发现的核算误差，如何运用审计重要性原则来划分建议调整的不符事项与未调整不符事项，是正确编制审计差异调整表的关键。重要性具有数量和质量两个方面的特征，换言之，注册会计师在划分建议调整的不符事项与未调整不符事项时，应当考虑核算误差的金额和性质两个因素。

(1) 对于单笔核算误差超过所涉及会计报表项目(或账项)层次重要性水平的，应视为建议调整的不符事项。

(2) 对于单笔核算误差低于所涉及会计报表项目(或账项)层次重要性水平，但性质重要的，比如涉及舞弊与违法行业的核算误差、影响到收益趋势的核算误差、股本项目等不期望出现的核算误差，应视为建议调整的不符事项。

(3) 对于单笔核算误差低于所涉及会计报表项目(或账项)层次重要性水平，并且性质不重要的，一般应视为未调整不符事项；但当若干笔同类型未调整不符事项汇总数超过会计报表项目(或账项)层次重要性水平时，应从中选取几笔转为建议调整的不符事项，过入调整分录汇总表，使未调整不符事项汇总金额降至重要性水平之下。

注册会计师确定了建议调整的不符事项和重分类误差后，应以书面方式及时征求被审计单位对需要调整会计报表事项的意见。若被审计单位予以采纳，应取得被审计单位同意调整的书面确认；若被审计单位不予采纳，应分析原因，并根据未调整不符事项的性质和重要程度，确定是否在审计报告中予以反映，以及如何反映。

审计差异在审计工作底稿中一般都是以会计分录的形式反映，通常可通过编制调整分录汇总表、重分类分录汇总表和未调整不符事项汇总表的形式予以汇总，其基本格式如表 11-1、表 11-2 和表 11-3 所示。

表 11-1　调整分录汇总表

客户＿＿＿＿ 项目　调整分录汇总表 会计期间＿＿＿＿		签名　日期 编制人＿＿＿　＿＿＿ 复核人＿＿＿　＿＿＿			索引号＿＿＿ 页　次＿＿＿
序号	调整内容及项目	索引号	调整金额		影响利润＋(－)
			借方	贷方	
合　　计					

表 11-2　重分类分录汇总表

客户＿＿＿＿ 项目　重分类分录汇总表 会计期间＿＿＿＿	签名　日期 编制人＿＿＿　＿＿＿ 复核人＿＿＿　＿＿＿		索引号＿＿＿ 页　次＿＿＿	
序号	调整内容及项目	索引号	调整金额	
			借方	贷方
合　　计				

表 11-3 未调整不符事项汇总表

客户 ________ 项目 未调不符事项总表 会计期间 ________	签名 日期 编制人 ____ ____ 复核人 ____ ____				索引号 ____ 页 次 ____
序号	调整内容及项目	索引号	调整金额		影响利润＋(－)
			借方	贷方	
合 计					

未予调整的影响：

项 目	金 额	百分比	计划百分比
1. 净利润	____	____	____
2. 净资产	____	____	____
3. 资产总额	____	____	____
4. 主营业务收入	____	____	____

结论：

▶ 2. 试算平衡

编制试算平衡表是注册会计师在被审计单位提供未审计财务报表的基础上，考虑调整分录、重分类分录等内容以确定已审数与报表披露数的表式。利润表的试算平衡表如表 11-4所示。

表 11-4 利润表试算平衡表

客户 ________ 项目 利润表试算平衡表工作底稿 会计期间 ________		签名 日期 编制人 ____ ____ 复核人 ____ ____			索引号 ____ 页 次 ____
项 目		审计前金额	调整金额		审定金额
			借方	贷方	
一、	营业收入				
	减：营业成本				
	营业税金及附加				
	销售费用				
	管理费用				
	财务费用				
	资产减值损失				
	加：公允价值变动损益				
	投资收益				

续表

<table>
<tr><td colspan="2">客户 ________
项目 利润表试算平衡表工作底稿
会计期间 ________</td><td colspan="3">签名 日期
编制人 ________ ________
复核人 ________ ________</td><td>索引号 ________
页 次 ________</td></tr>
<tr><td colspan="2" rowspan="2">项 目</td><td rowspan="2">审计前金额</td><td colspan="2">调整金额</td><td rowspan="2">审定金额</td></tr>
<tr><td>借方</td><td>贷方</td></tr>
<tr><td>二、</td><td>营业利润</td><td></td><td></td><td></td><td></td></tr>
<tr><td></td><td>加：营业外收入</td><td></td><td></td><td></td><td></td></tr>
<tr><td></td><td>减：营业外支出</td><td></td><td></td><td></td><td></td></tr>
<tr><td>三、</td><td>利润总额</td><td></td><td></td><td></td><td></td></tr>
<tr><td></td><td>减：所得税费用</td><td></td><td></td><td></td><td></td></tr>
<tr><td>四、</td><td>净利润</td><td></td><td></td><td></td><td></td></tr>
</table>

（二）获取管理层声明

▶ 1. 管理层声明的含义和作用

管理层声明，是指被审计单位管理层向注册会计师提供的关于财务报表的各项陈述。这些陈述是在审计过程中，注册会计师与被审计单位管理层就财务报表审计相关的重大事项不断进行沟通而形成的。管理层声明包括书面声明和口头声明，管理层声明书是书面形式的管理层声明，应由管理层中对被审计单位及其财务负主要责任的人员签署后，径送注册会计师本人。

获取管理层声明书是顺利开展审计工作的必要条件，是审计工作必不可少的一部分。这是因为管理层声明具有两项作用：明确管理层的责任和提供审计证据。

管理层声明书注明的日期通常应为审计报告日，但在下列情况下，注册会计师也有可能在审计过程中或审计报告日后就某些交易或事项获取单独的声明书，即补充声明书：①管理层是否注意到任何事项使其认为前一声明书需要修改；②在资产负债表日后是否发生任何事项导致需要对财务报表进行调整。如果被审计单位管理层拒绝提供注册会计师必要的书面声明，应当视为审计范围受到限制，出具保留意见或无法表示意见的审计报告，同时评价审计过程中获取的管理层其他声明的可靠性，并考虑这种拒绝是否会对审计报告产生其他影响。

▶ 2. 管理层声明书的一般内容

1）关于财务报表

(1) 管理层认可其对财务报表的编制责任。

(2) 管理层认可其设计、实施和维护内部控制以防止或发现并纠正错报的责任。

(3) 管理层认为注册会计师在审计过程中发现的未更正错报，无论是单独还是汇总起来考虑，对财务报表整体均不具有重大影响。

2）关于信息的完整性

(1) 所有财务信息和其他数据的可获得性。

(2) 所有股东会和董事会会议记录的完整性和可获得性。

(3) 就违反法规行为这一事项，被审计单位与监管机构沟通的书面文件的可获得性。

(4) 与未记录交易相关的资料的可获得性。

(5) 涉及下列人员舞弊行为或舞弊嫌疑的信息的可获得性：管理层；对内部控制产生重大影响的雇员；对财务报表的编制具有重大影响的其他人员。

▶ 3. 关于确认、计量和列报

(1) 对资产或负债的确认或列报具有重大影响的计划或意图。

(2) 关联方交易以及涉及关联方的应收或应付款项。

(3) 需要在财务报表中披露的违反法规行为。

(4) 需要确认或披露的或有事项，对财务报表具有重大影响的承诺事项好和需要偿付的担保等。

(5) 对财务报表具有重大影响的合同的遵循情况。

(6) 对财务报表具有重大影响的重大不确定事项。

(7) 持续经营假设的合理性。

(8) 需要调整或披露的期后事项。

管理层声明书的范例如下。

管理层声明书

××会计师事务所并××注册会计师：

本公司已委托贵事务所对本公司20×1年12月31日的资产负债表，20×1年度的利润表、股东权益变动表和现金流量表以及财务报表附注进行审计，并出具审计报告。

为配合贵事务所的审计工作，本公司作出如下声明：

关于财务报表

1. 本公司承诺，按照《企业会计准则》和《××会计制度》的规定编制财务报表是我们的责任。

2. 本公司已按照《企业会计准则》和《××会计制度》的规定编制了20×1年度财务报表，财务报表的编制基础与上年度保持一致，本公司管理层对上述财务报表的真实性、合法性和完整性承担责任。

3. 设计、实施和维护内部控制，保证本公司资产的安全和完整，防止或发现并纠正错误，是本公司管理层的责任。

4. 本公司承诺财务报表不存在重大错报。贵事务所在审计过程中发现的未更正错误，无论是单独还是汇总起来，对财务报表整体均不具有重大影响。未更正错误汇总(见附件)附后。

本公司就已知的全部事项，做出如下声明：

关于信息的完整性

5. 本公司已向贵事务所提供了。

(1) 全部财务信息和其他数据。

(2) 全部重要的决议、合同、章程、纳税申报表等相关资料。

(3) 全部股东会和董事会的会议记录。

关于确认、计量和列报

6. 本公司经济业务均已按规定入账，不存在账外资产或预计负债。

7. 本公司认为所有与公允价值计量相关的重大假设是合理的，恰当地反映了本公司的意图和采取特定措施的能力；用于确定公允价值的计量方法符合《企业会计准则》的规定，并在使用上保持了一贯性；本公司已在财务报表中对上述事项作出恰当披露。

8. 本公司不存在导致重述比较数据的任何事项。

9. 本公司已提供所有与关联方和关联方交易相关的资料。并已根据《企业会计准则》和《××会计制度》的规定恰当地披露了所有重大关联方交易。

10. 本公司已提供全部或有事项的相关资料。除财务报表附注中披露的或有事项外，本公司不存在其他应披露而未披露的诉讼、索赔、背书、承兑、担保等或有事项。

11. 除财务报表附注披露的承诺事项外，本公司不存在其他应披露而未予披露的承诺事项。

12. 本公司不存在未披露的影响财务报表公允性的重大不确定事项。

13. 本公司已采取必要措施防止或发现舞弊及其他违反法规行为，不存在对财务报表产生重大影响的舞弊和其他违反法规行为。

14. 本公司严格遵守了合同规定的条款，不存在因未履行合同而对财务报表产生重大影响的事项。

15. 本公司对所有资产均拥有合法权利，除已披露事项外，无其他被抵押、质押资产。

16. 本公司编制财务报表所依据的持续经营假设是合理的，没有计划终止经营或破产清算。

17. 本公司已提供全部资产负债表日后事项的相关资料，除财务报表附注中披露的资产负债表日后事项外，本公司不存在其他应披露而未披露的重大资产负债表日后事项。

18. 本公司管理层确信：

(1) 未收到监管机构有关调整或修改财务报表的通知。

(2) 无税务纠纷。

19. 其他事项

【注册会计师认为重要而需要声明的事项，或管理层认为必要而声明的事项。如：

1. 本公司在银行存款或现金运用方面未受到任何限制。

2. 本公司对存货均已按照《××会计制度》的规定予以确认和计量；受托代销商品或不属于本公司的存货均未包括在会计记录内；在途物资或由代理商保管的货物均已确认未本公司存货。

3. 本公司不存在未披露的大股东及关联方资金占用和担保事项。】

××有限责任公司

法定代表人(签名并盖章)

财务负责人(签名并盖章)

二○×二年×月×日

请注意：

驳“声明书无用论”和“声明书万能论”：声明书是审计人员对于有些科目和业务无法获取完全放心满意的审计证据，而对被审计单位管理层、治理层责任的认定，但审计人员决不能以此为由简化审计工作程序，因此，声明书的作用是显而易见的。

(三) 对财务报表总体合理性实施分析程序

为了确定审计调整后的财务报表是否与其对被审计单位的了解一致，注册会计师应当在审计结束或临近结束时，运用分析程序进行总体复核。如果识别出以前未识别的重大错报风险，注册会计师应当重新考虑对全部或部分各类交易、账户余额、列报评估的风险是否适当，并在此基础上重新评价之前计划的审计程序是否充分，是否有必要追加审计程序。

(四) 评价审计结果

为了确定将要发表的审计意见的类型以及在整个审计工作中是否遵循了审计准则，注册会计师必须评价审计结果，对重要性和审计风险进行最终的评价，并对被审计单位已审计财务报表形成审计意见并草拟审计报告。

▶ 1. 对重要性和审计风险进行最终评价

对重要性和审计风险进行最终评价，是注册会计师决定发表何种类型审计意见的必要过程，其基本步骤如下。

(1) 按财务报表项目确定可能的审计差异即可能的错报金额，包括应经识别的具体错报和推断误差。

(2) 确定各会计报表项目可能的错报金额的汇总数(即可能错报总额)对会计报表层次重要性水平和其他与这些错报有关的会计报表总额(比如流动资产或流动负债)的影响程度。在这里，会计报表层次的重要性水平是指审计计划阶段确定的重要性水平或经修正后的重要性水平，可能的错报金额的汇总数可能包括上一期间的任何未更正可能错报。

(3) 注册会计师应当根据实施实质性程序的结果和其他审计证据，对审计风险进行最终评估，检查审计风险是否处于一个可接受的水平，如果审计风险是处于一个可接受的水平，则可以直接提出审计结果所支持的意见；如果审计风险处于一个不可接受的水平，则应当追加实施额外的审计程序，或提请被审计单位做必要调整，以便使重大错报的风险降低到可接受的水平。否则，注册会计师应慎重考虑该审计风险对审计报告的影响。

▶ 2. 对被审计单位已审计会计报表形成审计意见并草拟审计报告

在审计过程中，要实施各种测试。这些测试通常是由参与本次审计工作的审计项目组成员来执行的，而每个成员所执行的测试可能只限于某个领域或账项，所以，在每个功能领域或报表项目的测试都完成之后，审计项目经理应汇总所有成员的审计结果。

在完成审计工作阶段，为了对会计报表整体发表适当的意见，必须将这些分散的审计结果加以汇总和评价，综合考虑在审计过程中所收集到的全部证据。负责该审计项目的主任会计师对这些工作负有最终的责任。在有些情况下，可以先由审计项目经理进行初步确定，然后再逐级交给部门经理和主任会计师认真复核。

在对审计意见形成最后决定之前，会计师事务所通常要与被审计单位召开沟通会。在会议上，注册会计师可口头报告本次审计所发现的问题，并说明建议被审计单位做出要调整或表外披露的理由。当然，管理当局也可以在会上申辩其立场。最后，通常会对需要被审计单位做出的改变达成协议。如达成了协议，注册会计师即可签发标准审计报告，否则，注册会计师则可能不得不发表其他类型的审计意见。

二、与被审计单位沟通

与被审计单位的沟通包括与被审计单位治理层的沟通和与被审计单位管理层的沟通两方面。

（一）与管理层的沟通

管理层是指对被审计单位经营活动的执行负有管理责任的人员或组织。管理层负责编制财务报表，并受到治理层的监督。因此，在审计中，注册会计师在与治理层沟通特定事项前，通常先与管理层就财务报表审计相关事项与管理层讨论，包括讨论与治理层沟通的相关事项，除非这些事项不适合与管理层讨论，如管理层的胜任能力和诚信问题等。

注册会计师与管理层的这些讨论，不仅有利于明确管理层对被审计单位经营管理活动的执行责任，尤其是管理层编制财务报表的责任，还能够澄清注册会计师所关注的或者期望通过沟通加以解决的一些事实和问题，并使管理层有机会提供进一步的信息和解释，或者采取相应的措施。

（二）与治理层的沟通

治理层是指对被审计单位战略方向以及管理层履行经营管理责任负有监督责任的人员或组织，治理层的责任包括对财务报告过程的监督。注册会计师与治理层的沟通，对于公司治理层对管理层进行有效监督与制衡，以及增加注册会计师审计工作的针对性，特别是保护注册会计师独立性不受管理层干扰，有着积极的作用。

▶ 1. 与治理层沟通的目的

注册会计师与治理层沟通的主要目的如下。

（1）就审计范围和时间以及注册会计师、治理层和管理层各方在财务报表审计和沟通中的责任，取得相互了解。

（2）及时向治理层告知审计中发现的与治理层责任相关的事项。

（3）共享有助于注册会计师获取审计证据和治理层履行责任的其他信息。

▶ 2. 沟通的内容

注册会计师应当直接与治理层沟通的事项包括以下内容。

（1）注册会计师的责任。

（2）计划的审计范围和时间。

（3）审计工作中发现的问题。

（4）注册会计师的独立性。

此外，对于审计中注意到的涉及管理层的胜任能力和诚信问题的沟通事项，注册会计师应当直接与治理层沟通，并根据问题的严重程度确定是否有必要与治理层整体进行沟通。

三、审计工作的复核

会计师事务所应当建立完善的审计工作底稿分级复核制度以保证对审计的质量控制。对审计工作底稿的复核分为两个层次：项目组内部复核和独立的项目质量控制复核。

（一）项目组内部复核

项目组内部复核包括审计项目经理的现场复核和项目合伙人的复核两个层次。

▶1. 审计项目经理的现场复核

审计项目经理的现场复核属于第一层复核，也是全面复核，主要是评价已完成的审计工作、所获得的审计证据和审计工作底稿编制人员形成的审计结论，目的是及时发现和解决问题，争取审计工作的主动。

▶2. 项目合伙人的复核

项目合伙人的复核是对审计项目经理的复核的再监督，也是对重要审计事项的重点把关，通常在完成审计外勤工作时进行。项目合伙人的复核的主要内容如下。

(1) 复查计划制定的重要审计程序是否适当，是否得以较好实施，是否实现了审计目标。

(2) 复查重点审计项目的审计证据是否充分、适当。

(3) 复查审计范围是否充分。

(4) 复查对建议调整到不符事项和未调整不符事项的处理是否恰当。

(5) 复核审计工作底稿中重要的钩稽关系是否正确。

(6) 检查审计工作中发现的问题及其对财务报表和审计报告的影响，审计项目组对这些问题的处理是否恰当。

(7) 复核已审财务报表总体上是否合理、可信。

（二）独立的项目质量控制复核

前已述及，项目质量控制复核，是指会计师事务所挑选不参与该业务的人员，在出具报告前，对项目组做出的重大判断和在准备报告时形成的结论作出客观评价的过程，也称为独立复核。独立复核的复核人员应当考虑的主要事项包括以下几点。

(1) 项目组就具体审计业务对会计师事务所独立性作出的评价。

(2) 项目组在审计过程中识别的特别风险以及采取的应对措施，包括项目组对舞弊风险的评估及采取的应对措施。

(3) 做出的判断，尤其是关于重要性和特别风险的判断。

(4) 项目组是否已就存在的意见分歧、其他疑难问题或争议事项进行适当咨询，以及咨询得出的结论。

(5) 项目组在审计中识别的已更正和未更正的错报的重要程度及处理情况。

(6) 项目组拟与管理层、治理层以及其他方面沟通的事项。

(7) 所复核的审计工作底稿是否反映了项目组针对重大判断执行的工作，是否支持得出的结论。

(8) 项目组拟出具的审计报告的适当性。

第二节 审计报告的作用与种类

审计报告是指注册会计师根据中国注册会计师审计准则的规定，在实施审计工作的基础上对被审计单位财务报表发表审计意见的书面文件。审计报告是审计工作的最终成果，具有法定的证明效力。

一、审计报告的作用

审计报告的作用主要表现在鉴证、保护和证明三个方面。

▶ 1. 鉴证作用

注册会计师签发的审计报告，不同于政府审计和内部审计的审计报告，是以超然独立的第三者身份，对被审计单位会计报表合法性、公允性发表意见。这种意见，具有鉴证作用，得到了政府及各部门和社会各界的普遍认可。政府有关部门，如财政部门、税务部门等了解、掌握企业的财务状况和经营成果的主要依据市企业提供的会计报表。会计报表是否合法、公允，主要依据注册会计师的审计报告做出判断。股份制企业的股东，主要依据注册会计师的审计报告，来判断被投资企业的会计报表是否公允地反映了财务状况和经营成果，以进行投资决策等。

▶ 2. 保护作用

注册会计师通过审计，可以对被审计单位出具不同类型的审计意见的审计报告，以提高或降低会计报表信息使用者对会计报表的信赖程度，能够在一定程度上对被审计单位的财产、债权人和股东的权益及企业利害关系人的利益起到保护作用。如投资者为了减少投资风险，在进行投资之前，必须要查阅被投资企业会计报表和注册会计师的审计报告，了解被投资企业的经营情况和财务情况。投资者根据注册会计师的审计报告做出投资决策，可以减小其投资风险。

▶ 3. 证明作用

审计报告是对注册会计师审计任务完成情况及其结果所做的总结，它可以表明审计工作的质量并明确注册会计师的审计责任。因此，审计报告可以对审计工作质量和注册会计师的审计责任其证明作用。通过审计报告，可以证明注册会计师在审计过程中是否实施了必要的审计程序，是否已审计工作底稿为依据发表审计意见，发表的审计意见是否与被审计单位的实际情况相一致，审计工作的质量是否符合要求。通过审计报告，可以证明注册会计师审计责任的履行情况。注册会计师的审计责任，是指注册会计师应对其出具的审计报告的真实性、合法性负责。审计报告的真实性是指应如实反映注册会计师的审计范围、审计依据、已实施的审计程序和反映发表的审计意见。审计报告的合法性是指审计报告的编制和出具必须符合注册会计师法和注册会计师审计准则的规定。

二、审计报告的种类

审计报告可按不同标准进行分类。

▶ 1. 按照审计报告的性质分类

按照审计报告的性质可分为标准审计报告和非标准审计报告。

(1) 标准审计报告是指格式和措辞基本统一的审计报告。一般适用于对外公布。

(2) 非标准审计报告是指格式和措辞不统一，可以根据具体审计项目的问题来决定的审计报告。一般适用于非对外公布。

▶ 2. 按照审计报告使用的目的分类

按照审计报告使用的目的可分为公布目的的审计报告和非公布目的的审计报告。

(1) 公布目的的审计报告，一般是用于对企业股东、投资者、债权人等非特定利益关系者公布的附送会计报表的审计报告。

(2) 非公布目的的审计报告，一般是用于经营管理、合并或业务转让、融资等特定目的而实施的审计报告，这类审计报告是分发给特定使用者的。

▶ 3. 按照审计报告的详简程度分类

按照审计报告的详简程度可分为详式审计报告和简式审计报告。

(1) 详式审计报告，又称长式审计报告，它是指对审计对象所有重要事项都要做详细说明和分析的审计报告。详式审计报告一般适用于非公布目的，具有非标准审计报告的特点，主要用来帮助企业改善经营管理服务的。

(2) 简式审计报告，又称短式审计报告，它是指注册会计师对应公布的会计报表进行审计后所编制的简明扼要的审计报告。简式审计报告所反映的内容是非特定多数的利害关系人共同认为必要的审计事项，它具有记载法规或审计准则所规定的特征，属于标准的审计报告，一般适用于公布目的。

通常上述分类可以概括为以下两点。

(1) 标准审计报告：公布目的的审计报告、简式审计报告、适用于注册会计师审计。

(2) 非标准审计报告：非公布目的的审计报告、详式审计报告、适用于政府审计和内部审计。

第三节 审计报告的内容与类型

一、审计报告的内容

中注协制定并发布的《中国注册会计师审计准则第 1501 号——审计报告》对审计报告的基本内容做出了详细规定，指出审计报告应当包括下列要素：

▶ 1. 标题

审计报告的标题应当统一规范为“审计报告”。

▶ 2. 收件人

审计报告的收件人是指注册会计师按照业务约定书的要求致送审计报告的对象，一般是指审计业务的委托人。审计报告应当载明收件人的全称。针对整套通用目的财务报表出具的审计报告，其致送对象通常为被审计单位的全体股东(股份有限公司)或董事会(有限责任公司)。

▶ 3. 引言段

审计报告的引言段应当说明被审计单位的名称和财务报表已经过审计，并包括下列内容。

(1) 指出构成整套财务报表的每张财务报表的名称。

(2) 提及财务报表附注。

(3) 指明财务报表的日期和涵盖的期间。

▶ 4. 管理层对财务报表的责任段

管理层对财务报表的责任段应当说明，按照适用的会计准则和相关会计制度的规定编制财务报表是管理层的责任，这种责任包括以下内容。

(1) 设计、实施和维护与财务报表编制相关的内部控制，以使财务报表不存在由于舞弊或错误而导致的重大错报。

(2) 选择和运用恰当的会计政策。

(3) 做出合理的会计估计。

▶ 5. 注册会计师的责任段

注册会计师的责任段应当说明下列内容。

(1) 注册会计师的责任是在实施审计工作的基础上对财务报表发表审计意见。注册会计师按照中国注册会计师审计准则的规定执行了审计工作。中国注册会计师审计准则要求注册会计师遵守职业道德规范，计划和实施审计工作以对财务报表是否不存在重大错报获取合理保证。

(2) 审计工作涉及实施审计程序，以获取有关财务报表金额和披露的审计证据。选择的审计程序取决于注册会计师的判断，包括对由于舞弊或错误导致的财务报表重大错报风险的评估。在进行风险评估时，注册会计师考虑与财务报表编制相关的内部控制，以设计恰当的审计程序，但目的并非对内部控制的有效性发表意见。审计工作还包括评价管理层选用会计政策的恰当性和作出会计估计的合理性，以及评价财务报表的总体列报。

(3) 注册会计师相信已获取的审计证据是充分、适当的，为其发表审计意见提供了基础。

如果接受委托，结合财务报表审计对内部控制有效性发表意见，注册会计师应当省略本条第(2)项中“但目的并非对内部控制的有效性发表意见”的术语。

▶ 6. 审计意见段

审计意见段应当说明，财务报表是否按照适用的会计准则和相关会计制度的规定编制，是否在所有重大方面公允反映了被审计单位的财务状况、经营成果和现金流量。

▶ 7. 注册会计师的签名和盖章

审计报告应当由注册会计师签名并盖章。

▶ 8. 会计师事务所的名称、地址及盖章

审计报告应当载明会计师事务所的名称和地址，并加盖会计师事务所公章。

▶ 9. 报告日期

审计报告应当注明报告日期。审计报告的日期不应早于注册会计师获取充分、适当的审计证据(包括管理层认可对财务报表的责任且已批准财务报表的证据)，并在此基础上对财务报表形成审计意见的日期。

二、审计报告的类型

审计报告有两种类型：标准审计报告和非标准的审计报告。

当注册会计师出具的无保留意见的审计报告不附加说明段、强调事项段或任何修饰用语时，该报告称为标准审计报告。

非标准的审计报告，是指标准审计报告以外的其他审计报告，包括带强调事项段的无保留意见的审计报告和非无保留意见的审计报告。

非无保留意见的审计报告包括保留意见的审计报告、否定意见的审计报告和无法表示意见的审计报告。

第四节 审计报告的编制

一、审计报告的编制程序

编制审计报告一般需要经过以下步骤。

▶ 1. 整理和分析审计工作底稿

注册会计师通过对审计工作底稿的整理和分析，可以把在外勤工作阶段积累的分散的、不系统的工作底稿根据委托审计的内容、范围和要求进行全面总结，检查是否有遗漏环节，审计工作是否遵循了中国注册会计师审计准则的要求，并形成书面记录。

▶ 2. 对需要调整的事项提请被审计单位予以调整

注册会计师对于被审计单位会计处理不当、期后事项和或有损失，有的应提请被审计单位调整会计报表，有的应提请被审计单位在会计报表附注中加以披露，有的应在审计报告中予以说明。如果审计报告用于对外公布目的，注册会计师应在致送审计报告时附送被审计单位调整后的会计报表。

▶ 3. 确定审计意见的类型和措辞

如果被审计单位已根据调整意见做了调整，其合法性、公允性和一贯性予以确认后，除专门要求说明者外，审计报告不必将被审计单位已调整的事项再做说明。如果被审计单位不接受调整建议，注册会计师应当根据需要调整事项的性质和重要程度，确定审计意见的类型和措辞。对于被审计单位截止报告日仍然存在的未确定事项和期后事项，注册会计师应当根据其性质、重要性和可预知的结果对会计报表的影响程度，确定审计意见的类型和措辞。

▶ 4. 编制和出具审计报告

注册会计师编制审计报告前，应先拟定审计报告提纲，概括和汇总审计工作底稿所提供的资料。标准审计报告可以只拟定简单的提纲，进行文字加工之后编制出审计报告。审计报告完稿后，应经会计师事务所的业务负责人进行复核，并提出修改意见。如审计证据不足以发表审计意见，则应要求注册会计师追加审计程序，以确保审计政局的充分性和恰当性。审计报告经复核、修改定稿，应当由注册会计师和会计师事务所签章，再致送委托人。

二、无保留意见审计报告

(一) 标准审计报告

标准审计报告，即标准无保留意见审计报告，是指注册会计师对被审计单位的会计报表，根据中国注册会计师审计准则的规定进行检查后，对被审计单位的会计报表无保留地表示满意。无保留意见意味着注册会计师认为会计报表的反映是公允的，能满足非特定多数的利害关系人的共同需求，并对发表的意见负责。无保留意见也是委托人最希望获得的审计意见，可以使审计报告的使用者对被审计单位的财务状况、经营成果和现金流量具有较高的信赖。

如果认为财务报表符合下列所有条件，注册会计师应当出具无保留意见的审计报告。

(1) 财务报表已经按照适用的会计准则和相关会计制度的规定编制，在所有重大方面公允反映了被审计单位的财务状况、经营成果和现金流量。

(2) 注册会计师已经按照中国注册会计师审计准则的规定计划和实施审计工作，在审计过程中未受到限制。

当出具无保留意见的审计报告时，注册会计师应当以“我们认为”作为意见段的开头，并使用“在所有重大方面”、“公允反映”等术语。

标准审计报告的参考格式如下。

审 计 报 告

ABC股份有限公司全体股东：

我们审计了后附的ABC股份有限公司(以下简称ABC公司)财务报表，包括20×1年12月31日的资产负债表，20×1年度的利润表、股东权益变动表和现金流量表以及财务报表附注。

一、管理层对财务报表的责任

按照企业会计准则和《××会计制度》的规定编制财务报表是ABC公司管理层的责任。这种责任包括：(1)设计、实施和维护与财务报表编制相关的内部控制，以使财务报表不存在由于舞弊或错误而导致的重大错报；(2)选择和运用恰当的会计政策；(3)作出合理的会计估计。

二、注册会计师的责任

我们的责任是在实施审计工作的基础上对财务报表发表审计意见。我们按照中国注册会计师审计准则的规定执行了审计工作。中国注册会计师审计准则要求我们遵守职业道德规范，计划和实施审计工作以对财务报表是否不存在重大错报获取合理保证。

审计工作涉及实施审计程序，以获取有关财务报表金额和披露的审计证据。选择的审计程序取决于注册会计师的判断，包括对由于舞弊或错误导致的财务报表重大错报风险的评估。在进行风险评估时，我们考虑与财务报表编制相关的内部控制，以设计恰当的审计程序，但目的并非对内部控制的有效性发表意见。审计工作还包括评价管理层选用会计政策的恰当性和作出会计估计的合理性，以及评价财务报表的总体列报。

我们相信，我们获取的审计证据是充分、适当的，为发表审计意见提供了基础。

三、审计意见

我们认为，ABC公司财务报表已经按照企业会计准则和《××会计制度》的规定编制，在所有重大方面公允反映了ABC公司20×1年12月31日的财务状况以及20×1年度的经营成果和现金流量。

××会计师事务所　　　　　　中国注册会计师：×××
(盖章)　　　　　　　　　　　(签名并盖章)
　　　　　　　　　　　　　　中国注册会计师：×××
　　　　　　　　　　　　　　(签名并盖章)
中国××市　　　　　　　　　二〇×二年×月×日

(二) 带强调事项段的无保留意见的审计报告

注册会计师通过审计，发现存在下列情形之一时，如果认为对财务报表的影响是重大的或可能是重大的，注册会计师应当出具非无保留意见的审计报告。

(1) 注册会计师与管理层在被审计单位会计政策的选用、会计估计的作出或财务报表的披露方面存在分歧。

(2) 审计范围受到限制。

当出具非无保留意见的审计报告时，注册会计师应当在注册会计师的责任段之后、审计意见段之前增加说明段，清楚地说明导致所发表意见或无法发表意见的所有原因，并在可能情况下，指出其对财务报表的影响程度。

审计报告的说明段是指审计报告中位于审计意见段之前用于描述注册会计师对财务报表发表保留意见、否定意见或无法表示意见理由的段落。

审计报告的强调事项段是指注册会计师在审计意见段之后增加的对重大事项予以强调的段落。强调事项应当同时符合下列条件。

(1) 可能对财务报表产生重大影响，但被审计单位进行了恰当的会计处理，且在财务报表中做出充分披露。

(2) 不影响注册会计师发表的审计意见。

当存在可能导致对持续经营能力产生重大疑虑的事项或情况、但不影响已发表的审计意见时，注册会计师应当在审计意见段之后增加强调事项段对此予以强调。

当存在可能对财务报表产生重大影响的不确定事项(持续经营问题除外)、但不影响已发表的审计意见时，注册会计师应当考虑在审计意见段之后增加强调事项段对此予以强调。

不确定事项是指其结果依赖于未来行动或事项，不受被审计单位的直接控制，但可能影响财务报表的事项。

除上述两种情形以及其他审计准则规定的增加强调事项段的情形外，注册会计师不应在审计报告的审计意见段之后增加强调事项段或任何解释性段落，以免财务报表使用者产生误解。

注册会计师应当在强调事项段中指明，该段内容仅用于提醒财务报表使用者关注，且不影响已发表的审计意见。

带强调事项段的无保留意见的审计报告的参考格式如下。

审 计 报 告

ABC 股份有限公司全体股东：

我们审计了后附的 ABC 股份有限公司(以下简称 ABC 公司)财务报表，包括 20×1 年 12 月 31 日的资产负债表，20×1 年度的利润表、股东权益变动表和现金流量表以及财务报表附注。

一、管理层对财务报表的责任

按照企业会计准则和《××会计制度》的规定编制财务报表是 ABC 公司管理层的责任。这种责任包括：(1)设计、实施和维护与财务报表编制相关的内部控制，以使财务报表不存在由于舞弊或错误而导致的重大错报；(2)选择和运用恰当的会计政策；(3)作出合理的会计估计。

二、注册会计师的责任

我们的责任是在实施审计工作的基础上对财务报表发表审计意见。我们按照中国注册会计师审计准则的规定执行了审计工作。中国注册会计师审计准则要求我们遵守职业道德规范，计划和实施审计工作以对财务报表是否不存在重大错报获取合理保证。

审计工作涉及实施审计程序，以获取有关财务报表金额和披露的审计证据。选择的审计程序取决于注册会计师的判断，包括对由于舞弊或错误导致的财务报表重大错报风险的评估。在进行风险评估时，我们考虑与财务报表编制相关的内部控制，以设计恰当的审计程序，但目的并非对内部控制的有效性发表意见。审计工作还包括评价管理层选用会计政策的恰当性和作出会计估计的合理性，以及评价财务报表的总体列报。

我们相信，我们获取的审计证据是充分、适当的，为发表审计意见提供了基础。

三、审计意见

我们认为，ABC 公司财务报表已经按照企业会计准则和《××会计制度》的规定编制，在所有重大方面公允反映了 ABC 公司 20×1 年 12 月 31 日的财务状况以及 20×1 年度的经营成果和现金流量。

四、强调事项

我们提醒财务报表使用者关注，如财务报表附注×所述，ABC 公司在 20×1 年发生亏损×万元，在 20×1 年 12 月 31 日，流动负债高于资产总额×万元。ABC 公司已在财务报表附注×充分披露了拟采取的改善措施，但其持续经营能力仍然存在重大不确定性。本段内容不影响已发表的审计意见。

××会计师事务所　　　　中国注册会计师：×××
（盖章）　　　　　　　　（签名并盖章）
　　　　　　　　　　　　中国注册会计师：×××
　　　　　　　　　　　　（签名并盖章）
中国××市　　　　　　　二〇×二年×月×日

三、保留意见审计报告

保留意见是指注册会计师对会计报表的反映有所保留的审计意见。一般是由于某些事项的存在，使无保留意见的条件不完全具备，影响了被审计单位会计报表的表达，因而注册会计师对无保留意见加以修正，对影响事项提出保留意见，并表示对该意见负责。

如果认为财务报表整体是公允的，但还存在下列情形之一，注册会计师应当出具保留意见的审计报告：

(1) 会计政策的选用、会计估计的作出或财务报表的披露不符合适用的会计准则和相关会计制度的规定，虽影响重大，但不至于出具否定意见的审计报告。

(2) 因审计范围受到限制，不能获取充分、适当的审计证据，虽影响重大，但不至于出具无法表示意见的审计报告。

当出具保留意见的审计报告时，注册会计师应当在审计意见段中使用“除……的影响外”等术语。如果因审计范围受到限制，注册会计师还应当在注册会计师的责任段中提及这一情况。

保留意见的审计报告(审计范围受到限制)参考格式如下。

审 计 报 告

ABC 股份有限公司全体股东：

我们审计了后附的 ABC 股份有限公司(以下简称 ABC 公司)财务报表，包括 20×1 年 12 月 31 日的资产负债表，20×1 年度的利润表、股东权益变动表和现金流量表以及财务报表附注。

一、管理层对财务报表的责任

按照企业会计准则和《××会计制度》的规定编制财务报表是ABC公司管理层的责任。这种责任包括：(1)设计、实施和维护与财务报表编制相关的内部控制，以使财务报表不存在由于舞弊或错误而导致的重大错报；(2)选择和运用恰当的会计政策；(3)作出合理的会计估计。

二、注册会计师的责任

我们的责任是在实施审计工作的基础上对财务报表发表审计意见。除本报告"三、导致保留意见的事项"所述事项外，我们按照中国注册会计师审计准则的规定执行了审计工作。中国注册会计师审计准则要求我们遵守职业道德规范，计划和实施审计工作以对财务报表是否不存在重大错报获取合理保证。

审计工作涉及实施审计程序，以获取有关财务报表金额和披露的审计证据。选择的审计程序取决于注册会计师的判断，包括对由于舞弊或错误导致的财务报表重大错报风险的评估。在进行风险评估时，我们考虑与财务报表编制相关的内部控制，以设计恰当的审计程序，但目的并非对内部控制的有效性发表意见。审计工作还包括评价管理层选用会计政策的恰当性和作出会计估计的合理性，以及评价财务报表的总体列报。

我们相信，我们获取的审计证据是充分、适当的，为发表审计意见提供了基础。

三、导致保留意见的事项

ABC公司20×1年12月31日的应收账款余额×万元，占资产总额的×%。由于ABC公司未能提供债务人地址，我们无法实施函证以及其他审计程序，以获取充分、适当的审计证据。

四、审计意见

我们认为，除了前段所述未能实施函证可能产生的影响外，ABC公司财务报表已经按照企业会计准则和《××会计制度》的规定编制，在所有重大方面公允反映了ABC公司20×1年12月31日的财务状况以及20×1年度的经营成果和现金流量。

××会计师事务所 中国注册会计师：×××
(盖章) (签名并盖章)
中国注册会计师：×××
(签名并盖章)
中国××市 二〇×二年×月×日

四、否定意见审计报告

无论是注册会计师还是被审计单位都不希望发表此类意见的审计报告。所谓发表否定意见是指与无保留意见相反，提出否定会计报表公允地反映被审计单位财务状况、经营成果和现金流量的审计意见。

否定意见审计报告的参考格式如下。

审 计 报 告

ABC股份有限公司全体股东：

我们审计了后附的ABC股份有限公司(以下简称ABC公司)财务报表，包括20×1年

12 月 31 日的资产负债表，20×1 年度的利润表、股东权益变动表和现金流量表以及财务报表附注。

一、管理层对财务报表的责任

按照企业会计准则和《××会计制度》的规定编制财务报表是 ABC 公司管理层的责任。这种责任包括：(1)设计、实施和维护与财务报表编制相关的内部控制，以使财务报表不存在由于舞弊或错误而导致的重大错报；(2)选择和运用恰当的会计政策；(3)作出合理的会计估计。

二、注册会计师的责任

我们的责任是在实施审计工作的基础上对财务报表发表审计意见。我们按照中国注册会计师审计准则的规定执行了审计工作。中国注册会计师审计准则要求我们遵守职业道德规范，计划和实施审计工作以对财务报表是否不存在重大错报获取合理保证。

审计工作涉及实施审计程序，以获取有关财务报表金额和披露的审计证据。选择的审计程序取决于注册会计师的判断，包括对由于舞弊或错误导致的财务报表重大错报风险的评估。在进行风险评估时，我们考虑与财务报表编制相关的内部控制，以设计恰当的审计程序，但目的并非对内部控制的有效性发表意见。审计工作还包括评价管理层选用会计政策的恰当性和作出会计估计的合理性，以及评价财务报表的总体列报。

我们相信，我们获取的审计证据是充分、适当的，为发表审计意见提供了基础。

三、导致否定意见的事项

如财务报表附注×所述，ABC 公司的长期股权投资未按企业会计准则的规定采用权益法核算。如果按权益法核算，ABC 公司的长期投资账面价值将减少×万元，净利润将减少×万元，从而导致 ABC 公司由盈利×万元变为亏损×万元。

四、审计意见

我们认为，由于受到前段所述事项的重大影响，ABC 公司财务报表没有按照企业会计准则和《××会计制度》的规定编制，未能在所有重大方面公允反映 ABC 公司 20×1 年 12 月 31 日的财务状况以及 20×1 年度的经营成果和现金流量。

××会计师事务所　　　　中国注册会计师：×××

（盖章）　　　　（签名并盖章）

中国注册会计师：×××

（签名并盖章）

中国××市　　　　二〇×二年×月×日

五、无法表示意见的审计报告

无法表示意见是指注册会计师说明其对被审计单位的会计报表不能发表意见，也即对会计报表不发表包括无保留、保留和否定的审计意见。

注册会计师出具无法表示意见的审计报告，不同于拒绝接受委托，它是注册会计师实施了必要的审计程序后发表审计意见的一种方式；注册会计师出具无法表示意见的审计报告，也不是不愿发表意见。如果注册会计师已能确定应当出具保留意见或否定意见的审计报告，不得以无法表示意见的审计报告来代替。保留意见或否定意见是注册会计师在取得充分、适当的审计证据后形成的，由于被审计单位存在某些未调整事项或未确定事项等，按其影响的严重程度而表示保留或否定的意见，并不是无法判断使用的措辞或问题的归属。无法表示意见是由于某些限制而未对某些重要事项取得证据，没有完成取证工作，使得注册会计师无法判断问题的归属。

如果审计范围受到限制可能产生的影响非常重大和广泛，不能获取充分、适当的审计证据，以至于无法对财务报表发表审计意见，注册会计师应当出具无法表示意见的审计报告。

当出具无法表示意见的审计报告时，注册会计师应当删除注册会计师的责任段，并在审计意见段中使用“由于审计范围受到限制可能产生的影响非常重大和广泛”、“我们无法对上述财务报表发表意见”等术语。

无法表示意见的审计报告的参考格式如下。

审计报告

ABC 股份有限公司全体股东：

我们接受委托，审计后附的 ABC 股份有限公司(以下简称 ABC 公司)财务报表，包括 20×1 年 12 月 31 日的资产负债表，20×1 年度的利润表、股东权益变动表和现金流量表以及财务报表附注。

一、管理层对财务报表的责任

按照企业会计准则和《××会计制度》的规定编制财务报表是 ABC 公司管理层的责任。这种责任包括：(1)设计、实施和维护与财务报表编制相关的内部控制，以使财务报表不存在由于舞弊或错误而导致的重大错报；(2)选择和运用恰当的会计政策；(3)作出合理的会计估计。

二、导致无法表示意见的事项

ABC 公司未对 20×1 年 12 月 31 日的存货进行盘点，金额为×万元，占期末资产总额的 40%。我们无法实施存货监盘，也无法实施替代审计程序，以对期末存货的数量和状况获取充分、适当的审计证据。

三、审计意见

由于上述审计范围受到限制可能产生的影响非常重大和广泛，我们无法对 ABC 公司财务报表发表意见。

××会计师事务所　　　　中国注册会计师：×××
（盖章）　　　　（签名并盖章）
　　　　中国注册会计师：×××
　　　　（签名并盖章）
中国××市　　　　二〇×二年×月×日

在首批披露的 2007 年上市公司年报中，S*ST 鑫安被会计师事务所出具了无法表示意见这一非标准意见类型的审计报告，并因连续 3 年亏损，将成为 2008 年第一家暂停上

市的公司。导致亚太(集团)会计师事务所对 S*ST 鑫安年报出具无法表示意见的事项来自三方面。

(1) 去年 7 月，S*ST 鑫安原董事长因涉嫌合同诈骗罪被逮捕并立案侦查，目前尚未结案。

(2) S*ST 鑫安因对外担保、逾期借款未偿还，被法院查封、冻结了公司主要资产，包括银行存款、应收票据、房产、在建工程、土地使用权、设备、债权等。会计师事务所表示，对于公司往来款项、实物资产、借款、担保、诉讼及关联交易等会计记录，无法实施必要的审计程序，同时无法对公司所执行的会计政策、会计估计是否合理、有效做出判断。S*ST 鑫安对外投资持股 48%的联营企业河南永媒投资有限公司被郑州市公安局查封，会计师事务所无法取得该企业的财务会计资料。

(3) S*ST 鑫安已连续 3 年发生巨额亏损，主要财务指标显示其财务状况严重恶化，大量逾期债务无法偿还，且存在巨额对外担保；截至审计报告日，已全面停产两年半；公司管理层对公司的持续经营能力无法作出评估。会计师事务所表示，基于上述事项可能产生的影响非常重大和广泛，因此无法对 S*ST 鑫安财务报表发表意见。

本章小结

注册会计师在编制审计报告之前，应做好前期准备工作，包括进行审计差异调整、获取管理层声明书和对审计工作的复核。

审计报告有标准审计报告和非标准审计报告之分，审计报告可以按照不同分类标准进行分类。

审计报告的基本内容包括标题、收件人、引言段、管理层对财务报表的责任、注册会计师的责任段、审计意见段、注册会计师的签名和盖章、会计师事务所的名称、地址及盖章和报告日期等。标准审计报告的参考格式充分体现了审计报告的这些内容。

非标准审计报告包括带强调事项段的无保留意见的审计报告和非无保留意见的审计报告，而非无保留意见的审计报告又包括保留意见的审计报告、否定意见的审计报告和无法表示意见的审计报告。不同类型审计意见的审计报告的出具条件和参考格式各不相同。

思考与练习

一、思考题

1. 在审计报告编制之前，注册会计师应做哪些准备工作？
2. 什么审计报告？对审计报告可如何进行分类？
3. 审计报告包括那些基本内容？
4. 什么是标准审计报告，什么是非标准审计报告？什么情况下应出具标准审计报告

(带强调事项段的无保留意见的审计报告/保留意见的审计报告/否定意见的审计报告/无法表示意见的审计报告)?

二、单项选择题

1. 如果审计范围受到限制可能产生的影响非常重大和广泛，不能获取充分、适当的审计证据，以至于无法对财务报表发表审计意见，注册会计师应当出具(　　)的审计报告。

A. 保留意见　　B. 否定意见
C. 无法表示意见　　D. 标准意见

2. 提出否定会计报表公允地反映被审计单位财务状况、经营成果和现金流量的审计意见是(　　)。

A. 保留意见　　B. 否定意见
C. 无法表示意见　　D. 标准意见

3. 审计报告按(　　)不同分类，可以分为详式审计报告和简式审计报告。

A. 使用目的　　B. 内容的详简程度
C. 报告人　　D. 性质

4. 会计政策的选用、会计估计的作出或财务报表的披露不符合适用的会计准则和相关会计制度的规定，虽影响重大，但不至于出具否定意见的审计报告时，注册会计师应出具(　　)的审计报告。

A. 保留意见　　B. 否定意见
C. 无法表示意见　　D. 标准意见

5. 注册会计师应对被审计单位的财务报表是否不存在重大错报提供(　　)。

A. 绝对保证　　B. 不能保证
C. 相对保证　　D. 合理保证

6. 注册会计师签发审计报告的日期(　　)。

A. 不应早于注册会计师获取充分、适当的审计证据，并在此基础上对财务报表形成审计意见的日期。

B. 管理层确认或签署会计报表的日期

C. 董事会通过利润预分配方案的日期

D. 股东大会确认或签署会计报表的日期

7. 当出具非无保留意见的审计报告时，注册会计师应当在注册会计师的责任段之后、审计意见段之前增加(　　)，清楚地说明导致所发表意见或无法发表意见的所有原因，并在可能情况下，指出其对财务报表的影响程度。

A. 范围段　　B. 引言段
C. 说明段　　D. 强调事项段

8. 下列各项中，不属于审计报告的引言段应当说明的内容的是(　　)。

A. 指出构成整套财务报表的每张财务报表的名称

B. 提及财务报表附注

C. 注册会计师的责任是在实施审计工作的基础上对财务报表发表审计意见

D. 指明财务报表的日期和涵盖的期间

三、多项选择题

1. 如果审计人员无法取得充分、适当的审计证据，应视情况发表(　　)审计报告。

A. 标准　　B. 保留意见

C. 无法表示意见　　D. 否定意见

2. 属于管理层声明的作用的是(　　)。

A. 明确管理层的责任　　B. 鉴证被审计单位的财务资料

C. 提供审计证据　　D. 减轻注册会计师的审计责任

3. 审计差异通常可通过编制(　　)予以汇总。

A. 调整分录汇总表　　B. 重分类分录汇总表

C. 未调整不符事项汇总表　　D. 审计差异调整表

4. 在编制审计报告前，应完成审计工作底稿的(　　)复核。

A. 全面复核　　B. 二级复核

C. 三级复核　　D. 四级复核

5. 如果审计范围受到限制，注册会计师可能出具(　　)的审计报告。

A. 保留意见　　B. 否定意见

C. 无法表示意见　　D. 标准意见

6. 按审计报告使用的目的可将审计报告分为(　　)。

A. 公布目的的审计报告　　B. 非公布目的的审计报告

C. 标准审计报告　　D. 非标准审计报告

7. 下列应出具带强调事项段的审计报告的情形有(　　)。

A. 审计的范围受到严重的限制

B. 当存在可能对财务报表产生重大影响的不确定事项(持续经营问题除外)、但不影响已发表的审计意见时，注册会计师应当考虑在审计意见段之后增加强调事项段对此予以强调

C. 对持续经营能力产生重大疑虑

D. 其他审计准则规定增加强调事项段的情形

8. 在审计报告的管理层对财务报表的责任段中应指明的管理层对财务报表的责任有(　　)。

A. 设计、实施和维护与财务报表编制相关的内部控制，以使财务报表不存在由于舞弊或错误而导致的重大错报

B. 选择和运用恰当的会计政策

C. 作出合理的会计估计

D. 对期后事项、或有事项、关联方交易的披露

四、判断题

1. 如果被审计单位管理层拒绝提供注册会计师必要的书面声明，应当出具保留意见或无法表示意见的审计报告。(　　)

2. 对于单笔核算误并低于所涉及会计报表项目(或账项)层次重要性水平，无论其性质如何，均应将其视为未调整不符事项。(　　)

3. 注册会计师出具无法表示意见的审计报告，表明其拒绝接受委托，不愿发表意见。(　　)

4. 非标准审计报告是指非无保留意见的审计报告。( )

5. 审计报告在签发前，不需与被审计单位针对将要出具的意见类型进行沟通，直接根据注册会计师获取的审计证据和准则的规定出具即可。( )

6. 管理层声明书是唯一一种形式的管理层声明。( )

7. 股份有限公司的审计报告应致送给董事会。( )

五、改错题

某会计师事务所的注册会计师张宏、李新于2008年2月14日对天威股份有限公司2007年度会计报表进行审计，于2008年2月20日完成外勤工作。2月23日注册会计师把审计报告草稿和已审财务报表草稿一同提交给天威公司管理层，天威公司管理层于当日批准并签署已审财务报表。注册会计师于2月25日致送审计报告。以下是注册会计师张宏、李新出具的标准审计报告。

审计报告

天威股份有限公司：

我们审计了后附的天威股份有限公司(以下简称ABC公司)2007年度的资产负债表、利润表、股东权益变动表和现金流量表以及财务报表附注。

一、管理层对财务报表的责任

按照企业会计准则和《××会计制度》的规定编制财务报表是ABC公司管理层的责任。这种责任包括：(1)设计、实施和维护与财务报表编制相关的内部控制，以使财务报表不存在由于舞弊或错误而导致的重大错报；(2)选择和运用恰当的会计政策；(3)作出合理的会计估计。

二、注册会计师的责任

我们的责任是在实施审计工作的基础上对财务报表发表审计意见。我们按照企业会计准则和相关会计制度的规定执行了审计工作。中国注册会计师审计准则要求我们遵守职业道德规范，计划和实施审计工作以对财务报表是否不存在重大错报获取一定程度的保证。

审计工作涉及实施审计程序，以获取有关财务报表金额和披露的审计证据。选择的审计程序取决于注册会计师的判断，包括对由于舞弊或错误导致的财务报表重大错报风险的评估。在进行风险评估时，我们考虑与财务报表编制相关的内部控制，以设计全面、系统、完整的审计程序，但目的并非对内部控制的有效性发表意见。审计工作还包括评价管理层选用会计政策的恰当性和作出会计估计的合理性，以及评价财务报表的总体列报。

我们相信，我们获取的审计证据是充分、适当的，为发表审计意见提供了保证。

三、审计意见

我们认为，天威公司财务报表符合中国注册会计师审计准则和国家其他有关审计法规的规定，在所有方面公允反映了ABC公司2007年12月31日的财务状况以及2007年度的经营成果和现金流量。

××会计师事务所　　　　中国注册会计师：张宏(签名)

(盖章)

中国××市　　　　中国注册会计师：李新(签名)

二〇〇八年二月二十日

要求：请逐项指出上述审计报告中的错误之处，并逐项提出改进意见。

六、案例分析题

注册会计师李明、王军根据其所在会计师事务所与大华股份有限公司签订的 2007 字第 8 号委托书于 2008 年 2 月 11 日对大华股份有限公司 2007 年度会计报表进行审计，于 2 月 28 日完成全部内容的审查工作，除下述事项外，大华股份有限公司会计报表其他内容均符合企业会计准则和相关会计制度的规定，在所有重大方面公允反映了大华股份有限公司 2008 年 12 月 31 日的财务状况以及 2008 年度的经营成果和现金流量情况。注册会计师均已认可。

1. 大华股份有限公司 2007 年末库存商品期末余额少计 20 万元，影响该年度利润，注册会计师提清该公司调整，但大华公司未予接受。

2. 大华股份有限公司从 2007 年 7 月起对库存商品发出计价由先进先出法改为全月一次加权平均法，使该年主营业务成本上升 30 万元，这一变化未在会计报表附注中披露。注册会计师提请该公司披露，但大华公司未予接受。

12 第十二章 Chapter 12 验 资

学习重点

1. 验资的含义、作用。
2. 验资内容和执行过程。

引导案例

涉及货币出资的案例分析

自然人甲、乙、丙、丁等9位股东共同出资组建W技工学校，原注册资本500万元，本次欲增资2500万元，变更后的注册资本为3000万元。笔者从检查中发现，负责该项目的注册会计师获取的审计证据存在不充分、不真实等现象，主要问题有：(1)被审验单位银行缴款单显示的出资人并非被审验单位章程中所述的出资人；(2)被审验单位银行缴款单的缴入期限竟然跨度长达一年之久；(3)未获取截止验资报告日的被审验单位银行对账单。最后经过延伸检查发现，W技工学校截止验资报告日银行对账单余额仅为200余万元，其中150余万元为近期收取学生的学费。

案例分析：首先，负责该项目的注册会计师获取的被审验单位银行缴款单显示的出资人，并非协议和章程中所规定的出资人，注册会计师未履行《中国注册会计师审计准则第1602号——验资》中关于货币资金出资具体审验程序第五款"检查收款凭证的收款人是否为被审验单位，付款人是否为出资者"这一规定；再有被审验单位各出资人其缴款期限跨度长达一年之久，W技工学校银行账户是个不断的变数，仅以最后一名出资者的出资日期作为验资截止日，注册会计师所获取的审验证据将无法形成该时点的审验结论，由此无法出具相应的验资报告，而负责该项目的注册会计师未严格按照《中国注册会计师审计准则第1602号——验资》及其执业准则指南的要求，并且获取的审计证据不足以支持审验结论，出具了不实的验资报告。依据《中国注册会计师审计准则第1602号——验资》第三十三条的规定："如果注册会计师在审验过程中，遇到下列情形之一时，应拒绝出具验资报告并解除业务约定：(1)被审验单位或出资者不提供真实、合法、完整的验资资料的；

(2)被审验单位或出资者对注册会计师应当实施的审验程序不予合作，甚至阻挠审验的；(3)被审验单位或出资者坚持要求注册会计师作不实证明的”，负责该项目的注册会计师应当拒绝接受该项验资业务，以规避验资风险，若出具不实的验资报告，一旦出现法律诉讼问题，签字注册会计师将难辞其咎，并承担相应的法律责任。

第一节 验资概述

一、验资含义

验资是注册会计师的法定业务。随着我国社会主义市场经济的发展和改革开放的不断深入，有关法律、法规对注册会计师验资业务的规定与日俱增，如《中华人民共和国公司法》、《中华人民共和国中外合资经营企业法》、《中华人民共和国中外合作经营企业法》、《中华人民共和国外资企业法》、《公司登记管理条例》、《企业法人登记管理条例》等法律、法规对此均有涉及。《中华人民共和国注册会计师法》明确将验资业务列为注册会计师的法定业务之一。

(一) 验资含义

验资，是指注册会计师依法接受委托，对被审验单位注册资本的实收情况或注册资本及实收资本的变更情况进行审验，并出具验资报告。

(二) 验资类型及设立验资和变更验资的含义

验资分为设立验资和变更验资。

▶ 1. 设立验资的含义

设立验资是指注册会计师对被审验单位申请设立登记时的注册资本实收情况进行的审验。

需要注册会计师进行设立验资的情况主要包括以下几点。

(1) 被审验单位向公司登记机关申请设立登记时全体股东的一次性全部出资和分次出资的首次出资。

(2) 公司新设合并、分立，新设立的公司向公司登记机关申请设立登记。

▶ 2. 变更验资的含义

变更验资是指注册会计师对被审验单位申请变更登记时的注册资本及实收资本的变更情况进行的审验。

需要注册会计师进行变更验资的情况主要包括以下几点。

(1) 分次出资的非首次出资，增加实收资本，但注册资本不变。

(2) 被审验单位以资本公积、盈余公积、未分配利润转增注册资本及实收资本。

(3) 被审验单位因吸收合并变更注册资本及实收资本。

(4) 被审验单位因派生分立，注销股份或依法收购股东的股权等减少注册资本及实收资本。

(5) 被审验单位整体改制，包括由非公司制企业变更为公司制企业或由有限责任公司变更为股份有限公司时，以净资产折合实收资本。

需要指出的是，公司因出资者、出资比例等发生变化，注册资本及实收资本金额不变，需要按照有关规定向公司登记机关申请办理变更登记，但不需要进行变更验资。

(三) 被审验单位的含义

被审验单位是指在中华人民共和国境内拟设立或已设立的，依法应当接受验资的有限责任公司和股份有限公司。主要包括以下内容。

▶ 1. 拟设立或已设立公司

拟设立公司是指处于筹备阶段中，已经向公司登记机关办理了公司名称预先核准，或已办理了审批手续(对法律、行政法规规定设立公司必须报经批准的)正准备向公司登记机关申请设立登记的公司。已设立公司是指已经办理了公司登记，领取了营业执照正式成立的公司。

▶ 2. 依法应当接受验资

依法接受验资是指根据《公司法》、《中外合资经营企业法》、《中外合作经营企业法》、《外资企业法》、《公司登记管理条例》、《公司注册资本登记管理规定》等法律法规的规定，拟设立或已设立公司应当聘请注册会计师对其注册资本的实收情况或注册资本及实收资本的变更情况进行审验。

(四) 出资者和被审验单位的责任

按照法律法规以及协议、合同、章程的要求出资，提供真实、合法、完整的验资资料，保护资产的安全、完整，是出资者和被审验单位的责任。

(五) 注册会计师的责任

按照《中国注册会计师审计准则第 1602 号——验资》准则的规定，对被审验单位注册资本的实收情况或注册资本及实收资本的变更情况进行审验，出具验资报告，是注册会计师的责任。

注册会计师的责任不能减轻出资者和被审验单位的责任。

(六) 对注册会计师执行验资业务的职业道德要求

注册会计师执行验资业务，应当遵守相关的职业道德规范，恪守独立、客观、公正的原则，保持专业胜任能力和应有的关注，并对执业过程中获知的信息保密。

二、业务约定书

注册会计师应和被审验单位签订验资业务约定书。业务约定书签订前的准备工作及签定业务约定书的程序如下。

(一) 了解被审验单位基本情况与初步评估验资风险

注册会计师应当了解被审验单位基本情况，考虑自身独立性和专业胜任能力，初步评估验资风险，以确定是否接受委托。

了解被审验单位的基本情况，主要是指在接受委托前，注册会计师应当与委托人、被审验单位管理层沟通。实地查看被审验单位的住所和主要经营场所，了解被审验单位基本情况，获取有关资料，填写被审验单位基本情况表。

被审验单位基本情况主要包括：被审验单位的设立审批、变更审批；名称预先核准；经营范围；公司类型，组织机构和人员；申请设立或变更登记的注册资本、实收资本；出资方式、出资时间；全体出资者指定代表或委托代理人等基本情况。

对于变更验资，注册会计师应当查阅被审验单位的前期验资报告、近期财务报表、审计报告和其他与本次验资有关的资料，以了解被审验单位以前注册资本的实收情况。

验资风险主要源自两个方面，一是被审验单位管理层的诚信程度、所提供验资资料的真实性与完整性；二是注册会计师的专业胜任能力和职业道德水平。下列事项通常导致注册资本实收情况或注册资本及实收资本变更情况发生重大错报风险，需要注册会计师予以评估。

(1) 验资业务委托渠道复杂或不正常。

(2) 验资资料存在涂改、伪造痕迹或验资资料相互矛盾。

(3) 被审验单位随意更换或不及时提供验资资料，或只提供复印件不提供原件。

(4) 自然人出资、家庭成员共同出资或关联方共同出资。

(5) 出资人之间存在意见分歧。

(6) 被审验单位拒绝或阻挠注册会计师实施重要审验程序，如被审验单位拒绝或阻挠注册会计师实施银行存款函证、实物资产监盘等程序，或不执行法律规定的程序，如非货币财产应当评估而未评估等。

(7) 被审验单位处在高风险行业。

(8) 非货币财产计价的主观程度高或其计价需要大量的主观判断。

(9) 验资付费远远超出规定标准或明显不合理。

(二) 与委托人的沟通

注册会计师应当就委托目的、出资者和被审验单位的责任以及注册会计师的责任、审验范围、时间要求、验资收费、报告分发和使用的限制等主要事项与委托人沟通，并达成一致意见。

沟通的目的，是避免双方对验资业务的理解产生分歧：如果委托人不是被审验单位，在签定业务约定书前，注册会计师应当与委托人、被审验单位就验资业务约定相关条款进行充分沟通，并达成一致意见。

(三) 签订业务约定书

如果接受委托，注册会计师应当与委托人就双方达成一致的事项签订业务约定书。

验资业务约定书的具体内容可能因被审验单位的不同、验资类型的不同而存在差异，但至少应当包括：业务范围与委托目的、双方的责任与义务、验资收费、验资报告的用途及使用责任、业务约定书的有效期间、约定事项的变更及违约责任等条款。业务约定书应当由会计师事务所与委托人签订。

验资业务约定书的参考格式如下。

验资业务约定书

甲方：××公司(筹)　　　　乙方：××会计师事务所

兹由甲方委托乙方对甲方截至20××年××月××日止注册资本的实收情况进行审验。经双方协商，达成以下约定：

一、业务范围与委托目的

1. 乙方接受甲方委托，对甲方截至20××年××月××日止的出资者、出资币种、出资金额、出资时间、出资方式和出资比例等进行审验。并出具验资报告。

2. 甲方委托乙方验资的目的是为申请设立登记及向出资者签发出资证明。

二、甲方的责任与义务

（一）甲方的责任

1. 确保出资者按照法律法规以及协议、章程的要求出资。

2. 提供真实、合法、完整的验资资料。

3. 保护资产的安全一完整。

（二）甲方的义务

1. 及时为乙方的验资工作提供其所要求的全部资料和其他有关资料，并保证所提供资料的真实性、合法性和完整性，并将所有对审验结论产生影响的事项如实告知乙方。

2. 确保乙方不受限制地接触任何与验资有关的记录、文件和所需的其他信息。

3. 甲方对其做出的与验资有关的声明予以书面确认。

4. 为乙方派出的有关工作人员提供必要的工作条件和协助，主要事项由乙方于验资工作开始前提供清单。

5. 按本约定书的约定及时足额支付验资费用以及乙方人员在验资期间的交通、食宿和其他相关费用。

三、乙方的责任和义务

（一）乙方的责任、

1. 乙方的责任是在实施审验程序的基础上出具验资报告。乙方按照《中国注册会计师审计准则第 1602 号——验资》(以下简称验资准则)的规定进行验资。验资准则要求注册会计师遵守职业道德规范；计划和实施验资工作；对甲方注册资本的实收情况进行审验，并出具验资报告。

2. 乙方的验资不能减轻甲方的责任。

（二）乙方的义务

1. 按照约定时间完成验资工作，出具验资报告。

2. 除下列情况外，应当对执行业务过程中知悉的甲方信息予以保密：

(1) 取得甲方的授权。

(2) 根据法律法规的规定，为法律诉讼准备文件或提供证据。以及向监管机构报告发现的违反法规行办。

(3) 接受行业协会和监管机构依法进行的质量检查。

(4) 监管机构对乙方进行行政处罚(包括监管机构处罚前的调查、听证)以及乙方对此提起行政复议。

四、验资收费

1. 本次验资服务的收费是以乙方各级别工作人员在本次工作中所耗费的时间为基础计算的。预计本次验资服务的货用总额为人民币：××元。

2. 甲方应于本约定书签署之日起×日内支付×%的验资费用，其余款项于[验资报告草稿完成日]结清。

3. 如果由于无法预见的原因，致使乙方从事本约定书所涉及的验资服务实际时间较本约定书签订时预计的时间有明显的增加或减少时，甲、乙双方应通过协商。相应调整本约定书第四条第1项下所述的验资费用。

4. 如果由于无法预见的原因，致使乙方人员抵达甲方的工作现场后，本约定书所涉及的验资服务不再进行，甲方不得要求退还预付的验资费用；如上述情况发生于乙方人员完成现场验资工作，并离开甲方的工作现场之后，甲方应另行向乙方支付人民币××元的补偿费，该补偿费应于甲方收到乙方的收款通知之日起×日内支付。

5. 与本次验资有关的其他费用(包括交通费、食宿费等)由甲方承担。

五、验资报告和验资报告的使用

1. 乙方按照《(中国注册会计师审计准则第1602号——验资)指南》规定的格式出具验资报告。

2. 乙方向甲方致送验资报告一式××份，供甲方向公司登记机关申请设立登记及向出资者签发出资证明时使用。

3. 甲方在提交或对外公布验资报告时，不得修改乙方出具的验资报告正文及其附件。

4. 验资报告不应被视为对甲方验资报告后资本保全、偿债能力和持续经营能力等的保证。甲方及其他第三方因使用验资报告不当造成的后果。乙方不承担任何责任。

六、本约定书的有效期间

本约定书自签署之日起生效，并在双方履行完毕本约定书约定的所有义务后终止。但其中第三(二)、四、五、八、九、十项并不因本约定书终止而失效。

七、约定事项的变更

如果出现不可预见的情况影响验资工作如期完成，或需要提前出具验资报告时甲乙双方均可要求变更约定事项，但应及时通知对方，并由双方协商解决。

八、终止条款

1. 如果根据乙方的职业道德及其他有关专业职责、适用的法律法规或其他任何法定的要求，乙方认为已不适宜继续为甲方提供本约定书约定的验资服务时，乙方可以采取向甲方提出合理通知的方式终止履行本约定书。

2. 在终止业务约定的情况下，乙方有权就其于本约定书终止之目前对约定的验资服务项目所做的工作收取合理的验资费用。

九、违约责任

甲、乙双方按照《中华人民共和国合同法》的规定承担违约责任。

十、适用法律和争议解决

本约定书的所有方面均适用中华人民共和国法律进行解释并受其约束。本约定书履行地为乙方出具验资报告所在地。因本约定书所引起的或与本约定书有关的任何纠纷或争议(包括关于本约定书条款的存在、效力或终止或无效之后果)。双方可选择解决方式包括：

(1) 向有管辖权的人民法院提起诉讼。

(2) 提交仲裁委员会仲裁。

(双方的签字、盖章)

三、验资计划、方法与记录

(一) 验资计划

注册会计师执行验资业务应当编制验资计划，对验资工作做出合理安排。

1. 验资计划的种类

验资计划包括总体验资、具体验资计划。总体验资计划是注册会计师对验资业务做出的总体安排；具体验资计划是注册会计师对拟实施审验程序的性质、时间和范围做出的具体安排。

▶ 2. 验资计划的内容

1）总体验资计划的内容总体验资计划通常包括下列主要内容。

（1）验资类型、委托目的和审验范围。

（2）以往的验资和审计情况。

（3）重点审验领域。

（4）验资风险评估。

（5）对专家工作的利用。

（6）验资工作进度及时间、收费预算。

（7）验资小组组成及人员分工。

（8）质量控制安排。

2）具体验资计划的内容。具体验资计划通常包括与各审验项目有关的下列主要内容：

（1）审验目标。

（2）审验程序。

（3）执行人及完成工作日期。

（二）审验方法

▶ 1. 审验方法及要求

注册会计师应当关注出资者的出资金额、出资时间、出资方式、出资比例等内容是否符合法律法规以及协议、章程的规定。

对于出资者投入的资本及其相关的资产、负债，注册会计师应当分别采用下列方法进行审验。

（1）以货币出资的，应当在检查被审验单位开户银行出具的收款凭证、对账单及银行询证函回函等的基础上，审验出资者的实际出资金额，并关注全体股东的货币出资额占注册资本的比例是否符合法定要求。对于股份有限公司向社会公开募集的股本，还应当检查证券公司承销协议、募股清单和股票发行费用清单等。

（2）以实物出资的，应当观察、检查实物，审验其权属转移情况，并按照国家有关规定在资产评估的基础上审验其价值。如果被审验单位是外商投资企业，注册会计师应当按照国家有关外商投资企业的规定。审验实物出资的价值。

（3）以知识产权、土地使用权等无形资产出资的，应当审验其权属转移情况，并按照国家有关规定在资产评估的基础上审验其价值。如果被审验单位是外商投资企业。注册会计师应当按照国家有关外商投资企业的规定，审验无形资产出资的价值。

（4）以净资产折合实收资本的，或以资本公积、盈余公积、未分配利润转增注册资本及实收资本的，应当在审计的基础上按照国家有关规定审验其价值。

（5）以货币、实物、知识产权、土地使用权以外的其他财产出资的，注册会计师应当审验出资是否符合国家有关规定。

（6）外商投资企业的外方出资者以上述第（1）～（5）项所述方式出资的，注册会计师还应当关注其是否符合国家外汇管理有关规定，向企业注册地的外汇管理部门发出外方出资情况询证函，并根据外方出资者的出资方式附送银行询证函回函、资本项目外汇业务核准件及进口货物报关单等文件的复印件。以询证上述文件内容的真实性、合规性。

▶ 2. 对非货币财产作价出资的审验要求

对于出资者以实物、知识产权和土地使用权等非货币财产作价出资的，注册会计师应当在出资者依法办理财产权转移手续后予以审验。

这里需要注意，无论是设立验资还是变更验资，对出资者以实物、知识产权、土地使用权等非货币财产出资的，注册会计师都应当检查上述出资财产办理财产权转移手续的证明文件，验证其出资前是否归属于出资者。出资后是否归属于被审验单位。

▶ 3. 对于设立验资的首次验资注册会计师应当关注的事项

对于设立验资，如果出资者分次缴纳注册资本，注册会计师应当关注全体出资者的首次出资额和出资比例是否符合国家有关规定。

这里需要关注两种情形，一是关注有限责任公司全体股东的首次出资额是否不低于公司注册资本的20%，且不低于法定的注册资本最低限额。二是关注发起设立的股份有限公司全体发起人的首次出资额是否不低于公司注册资本的20%。

▶ 4. 对于变更验资注册会计师应当关注的事项

对于变更验资，注册会计师应当关注被审验单位以前的注册资本实收情况，并关注出资者是否按照规定的期限缴纳注册资本。

关注被审验单位以前的注册资本实收情况，注册会计师主要是通过查阅前期验资报告；关注前期出资的非货币财产是否办理财产权转移手续；关注被审验单位与其关联方的有关往来款项有无明显异常情况；查阅近期财务报表和审计报告，关注被审验单位是否存在由于严重亏损而导致增资前的净资产小于实收资本的情况。

关注出资者是否按照规定的下限缴纳注册资本，主要是关注出资者首次出资后。其余部分是否由出资者自公司成立之日起 2 年内缴足，其中投资公司在 5 年内缴足。

▶ 5. 利用专家工作

注册会计师在审验过程中利用专家协助工作时，应当考虑其专业胜任能力和客观性，并对利用专家工作结果所形成的审验结论负责。

注册会计师在执行验资业务时，利用专家工作的领域主要包括以下方面。

(1) 对用以出资的房屋、建筑物、机器设备等实物资产，知识产权、土地使用权等无形资产，工艺品、宝石等特殊资产的估价及该类资产评估价值的审查。

(2) 对特定资产的数量和实物状况的测定，如地下矿藏储备、成分、等级的测定与估算，房屋、建筑物及设备剩余使用年限的测算等。

(3) 未完成合同中已完成和未完成工作的计量。

在拟利用专家的工作时，注册会计师应当根据《中国注册会计师审计准则第 1421 号——利用专家的工作》的要求评价专家的专业胜任能力和客观性。

▶ 6. 验资事项声明

注册会计师应当向出资者和被审验单位获取与验资业务有关的重大事项的书面声明。

与验资业务有关的重大事项的书面声明通常包括下列内容。

(1) 出资者及被审验单位的责任。

(2) 非货币财产的评估和价值确认情况。

(3) 出资者对出资财产在出资前拥有的权利，是否未设定担保及已办理财产权转移手续。

(4) 净资产折合实收资本情况及相关手续办理情况。

(5) 验资报告的使用。

(6) 其他对验资产生重大影响的事项。

验资事项声明书标明的日期通常与验资报告日一致。

验资事项声明书举例如下。

验资事项声明书

本公司(筹)已经×[审批部门]×字×号:[批文名称]批准,由×(以下简称甲方)、×(以下简称乙方)共同出资组建,于×年×月×日取得×[公司登记机关]核发的《企业名称预先核准通知书》,正在申请办理设立登记。现已委托贵所对本公司(筹)申请设立登记的截至××××年×月×日止的注册资本实收情况进行审验,并出具验资报告。为配合该所的验资工作,现就有关事项声明如下:

1. 本公司(筹)全体股东已按照法律法规以及协议、章程的要求出资,并保证不抽逃出资,本公司(筹)对全体股东出资资产的安全、完整负全部责任。

2. 本公司(筹)已提供全部验资资料,并已将截至验资报告日止的所有对审验结论产生重要影响的事项如实告知注册会计师,无违法、舞弊行为,本公司(筹)及全体股东对所提供验资资料的真实性、合法性和完整性负责。

3. 用以出资的非货币财产已按照国家规定进行评估,其价值是合理的,且已经全体股东确认。

4. 本公司(筹)股东在出资前对其出资的非货币财产拥有所有权,不存在产权纠纷,未设定担保,已经办理财产权转移手续,且已移交本公司(筹)。

5. 本公司(筹)承诺将在公司成立后依法建立会计账簿,并按照注册会计师的审验结论对有关事项做出适当会计处理。

6. 本公司(筹)保证按验资业务约定书规定的用途使用验资报告。

××公司(筹)

法定代表人或委托代理人:(签名并盖章)

××××年××月 ××日

(三) 验资工作底稿

注册会计师应当对验资过程及结果进行记录,形成验资工作底稿。

▶ 1. 验资工作底稿的分类

验资工作底稿一般分为综合类工作底稿、业务类工作底稿和备查类工作底稿。注册会计师应当按照《中国注册会计师审计准则第 1131 号——审计工作底稿》的要求,编制和归档验资工作底稿。

▶ 2. 综合类验资工作底稿的基本内容

综合类验资工作底稿通常包括下列内容。

(1) 被审验单位基本情况表。

(2) 验资业务约定书。

(3) 总体验资计划。

(4) 验资报告。

(5) 其他综合类验资工作底稿。

3. 业务类验资工作底稿的基本内容

设立验资业务类工作底稿通常包括下列内容。

(1) 货币出资审验程序表。

(2) 货币出资清单。

(3) 银行开户文件、收款凭证、对账单(或具有同等证明效力的文件)及银行询证函回函。

(4) 实物(包括固定资产、存货等)出资审验程序表。

(5) 实物出资清单。

(6) 实物资产评估报告及对评估报告确认的有关资料。

(7) 知识产权、土地使用权等无形资产出资审验程序表。

(8) 知识产权、土地使用权等无形资产出资清单。

(9) 知识产权、土地使用权等无形资产的评估报告及对评估报告确认的有关资料。

(10) 以净资产折合实收资本的审验程序表。

(11) 与以净资产折合实收资本相关的资产、负债清单。

(12) 出资者及被审验单位签署的实物、知识产权、土地使用权出资及与以净资产折合实收资本相关的资产、负债交接清单。

(13) 非货币财产已办理财产权转移手续的证明文件及注册会计师的审验记录。

(14) 与验资业务有关的重大事项声明书。

(15) 被审验单位对与出资相关的会计处理资料及注册会计师的审验记录。

(16) 对被审验单位与关联方往来款项进行审验的工作底稿。

变更验资业务类工作底稿通常包括下列内容。

(1) 以货币、实物、知识产权、土地使用权等出资增加注册资本及实收资本的，注册会计师应当按照设立验资业务类工作底稿的要求执行。

(2) 以资本公积、盈余公积、未分配利润转增注册资本及实收资本的，或因合并、分立、注销股份等减少注册资本的，可选用财务报表审计工作底稿和设立验资业务类工作底稿，同时，还应当编制变更验资审验程序表。

(3) 前期的验资报告。

(4) 前期的非货币出资已办理财产权转移手续的有关资料。

4. 备查类验资工作底稿的基本内容

设立验资备查类工作底稿通常包括下列内容。

(1) 被审验单位的设立申请书以及审批机关的批准文件(需要审批的)。

(2) 被审验单位出资者签署的与出资有关的协议和公司章程。

(3) 出资者的主体资格证明或者自然人身份证明。

(4) 载明公司董事、监事、经理的姓名、住所的文件以及有关委派、选举或者聘用的证明。

(5) 被审验单位法定代表人的任职文件和身份证明。

(6) 全体出资者(或董事会)指定代表或共同委托代理人的证明和委托文件、代表或代理人的身份证明。

(7) 经公司登记机关核准的《企业名称预先核准通知书》。

(8) 被审验单位住所和经营场所使用证明。

(9) 公司登记机关颁发的准予开业的营业执照。

(10) 董事会、股东会、股东大会的决议和会议纪要。

(11) 新设合并的公告及债务清偿报告或债务担保证明。

(12) 被审验单位签署的注册资本实收情况明细表。

(13) 其他备查资料。

变更验资业务备查类工作底稿通常包括下列内容。

(1) 被审验单位法定代表人签署的变更登记申请书。

(2) 合并或分立有关的报纸公告、债务清偿报告或债务担保证明。

(3) 与减资有关的报纸公告、债务清偿报告或债务担保证明。

(4) 注册资本、实收资本增加或减少前最近一期的财务报表。

(5) 董事会、股东会、股东大会增加或减少注册资本及实收资本的决议。

(6) 外商投资企业注册资本变更后的批准证书。

(7) 注册资本及实收资本变更前的营业执照。

(8) 经批准的注册资本及实收资本增加或减少前后的协议章程。

(9) 政府有关部门对被审验单位注册资本及实收资本变更等事宜的批准"(筹)"。

(四) 验资报告内容

▶ 1. 报告名称

略。

▶ 2. 委托人名称

略。

▶ 3. 范围段

验资报告的范围段应当说明审验范围、出资者和被审验单位的责任、注册会计师的责任、审验依据和已实施的主要审验程序等。

审验范围是指注册会计师所验证的被审验单位截至特定日期止的注册资本实收情况。出资者和被审验单位的责任是按照法律法规以及协议、合同、章程的要求出资，提供真实、合法、完整的验资资料，保护资产的安全、完整。

注册会计师的责任是按照准则的规定，对被审验单位注册资本的实收情况或注册资本及实收资本的变更情况进行审验，出具验资报告。

审验依据是《中国注册会计师审计准则第 1602 号——验资》。

已实施的主要审验程序通常包括检查记录或文件、检查有形资产、观察、询问、函证、重新计算等。

以拟设立有限责任公司股东一次全部出资为例，范围段通常表述为："我们接受委托，审验了贵公司(筹)截至××××年×月×日止申请设立登记的注册资本实收情况。按照法律法规以及协议、章程的要求出资，提供真实、合法、完整的验资资料，保护资产的安全、完整是全体股东及贵公司(筹)的责任。我们的责任是对贵公司(筹)注册资本的实收情况发表审验意见。我们的审验是依据《中国注册会计师审计准则第 1602 号——验资》进行的。在审验过程中，我们结合贵公司(筹)的实际情况，实施了检查等必要的审验程序。”

▶ 4. 意见段

验资报告的意见段应当说明已审验的被审验单位注册资本的实收情况或注册资本及实收资本的变更情况。

(1) 设立验资报告意见段内容。对于设立验资，注册会计师在意见段中应当说明被审验单位申请登记的注册资本金额、约定的出资时间，并说明截至特定日期止，被审验单位已收到全体出资者缴纳的注册资本情况，包括实收注册资本金额(实收资本)，各种出资方式的出资金额。

以拟设立有限责任公司股东一次全部出资为例设立验资报告意见段通常表述为：“根据协议、章程的规定。贵公司(筹)申请登记的注册资本为人民币××元，由全体股东于××××年×月×日之前一次缴足。经我们审验，截至××××年×月×日止，贵公司(筹)已收到全体股东缴纳的注册资本(实收资本)，合计人民币××元(大写)。各股东以货币出资××元，实物出资××元。”

以拟设立有限责任公司股东分次出资首次验资为例，设立验资报告意见段通常表述为：“根据协议、章程的规定，贵公司(筹)申请登记的注册资本为人民币××元由全体股东分×期于××××年×月×日之前缴足。本次出资为首次出资。出资额为人民币××元。应由××和××于××××年×月×日之前缴纳。经我们审验。截至××××年×月×日止，贵公司(筹)已收到××和××首次缴纳的注册资本(实收资本)合计人民币××元(大写)。各股东以货币出资××元，实物出资××元。”

(2) 注册会计师对变更验资发表审验意见的特殊考虑。对于变更验资，注册会计师仅对本次注册资本及实收资本的变更情况发表审验意见。这里主要是考虑公司在经营中，其原始资本与现有资产无法一一对应，注册会计师对公司前期已收到的资本无法辨认，也不能对前期注册资本的实收情况发表意见。但注册会计师应当在验资报告说明段中说明对以前注册资本实收情况审验的会计师事务所名称及其审验情况，并说明变更后的累计注册资本实收金额。如果在审验中发现被审验单位由于严重亏损而导致增资前的净资产小于注册资本、实收资本，或发现被审验单位以前收到的注册资本存在不实或有明显抽逃迹象，注册会计师应在验资报告的说明段中予以说明。

(3) 变更验资报告意见段内容。注册会计师在意见段中应当说明原注册资本及实收资本金额，增资或减资的依据，申请增加或减少注册资本及实收资本金额，约定的增资或减资的时间，变更后的注册资本金额。并说明截至特定日期止被审验单位注册资本及实收资本变更情况，包括实际收到或实际减少的注册资本及实收资本金额，各种出资方式的增资金额或减资方式的减资金额。

以有限责任公司增资为例，变更验资报告意见段通常表述为：“贵公司原注册资本为人民币××元，实收资本为××元。根据贵公司股东会决议和修改后的章程规定，贵公司申请增加注册资本人民币××元，由××(以下简称甲方)、××(以下简称乙方)于××××年×月×日之前缴足，变更后的注册资本为人民币×元。经我们审验，截至××××年×月×日止，贵公司已收到甲方、乙方缴纳的新增注册资本(实收资本)合计人民币××元(大写)。各股东以货币出资××元，实物出资××元，知识产权出资××元。”

(4) 注册会计师发现的前期出资不实的情况以及明显的抽逃出资迹象。

(5) 其他事项。

▶ 5. 附件

验资报告的附件应当包括已审验的注册资本实收情况明细表或注册资本、实收资本变更情况明细表和验资事项说明等。

附件中的注册资本实收情况明细表或注册资本、实收资本变更情况明细表是验资报告的组成部分，反映了注册会计师验证的结果，而在验资过程中获取的被审验单位签署的注册资本实收情况明细表或注册资本、实收资本变更情况明细表是审验证据。

1) 设立验资的验资事项说明

设立验资的验资事项说明主要包括以下内容。

(1) 基本情况。说明公司名称，公司类型，公司组建及审批情况(需要批准的)，股东或发起人的名称或者姓名，公司名称预先核准情况等。

(2) 申请的注册资本及出资规定。说明公司申请的注册资本额、各股东或者发起人的认缴或者认购额、出资时间、出资方式，如果是以募集方式设立的股份有限公司，还应当说明发起人认购的股份和该股份占公司股份总数的比例等。

(3) 审验结果。说明公司实收资本额、实收资本占注册资本的比例、各股东或者发起人实际缴纳出资额、出资时间、出资方式。以货币出资的还应当说明股东或者发起人的出资额、出资时间、货币资金缴存被审验单位的开户银行、户名及账号；以实物、知识产权、土地使用权等可以用货币估价并可以依法转让的非货币财产作价出资的应当具体说明其出资方式和内容，并说明非货币出资财产权转移情况(股东已办理财产权转移手续的证明文件情况)、评估情况(包括评估结果和确认情况)；全部货币出资占注册资本的比例(对于出资者一次全部出资或分次出资的验资时，应当说明出资额是否不低于法定的注册资本最低限额)；对于发起设立的股份有限公司出资者分次出资的首次验资应当说明全体发起人的首次出资额占公司注册资本的比例；出资者的实际出资超过认缴出资的还应当说明超过部分的处理情况等。

(4) 其他事项。注册会计师认为应当说明的其他重要事项，如对外商投资企业的验资，应当说明向国家外汇管理局××分(支)局发函询证情况收到回函情况及被审验单位的外资外汇登记编号等。

2) 变更验资的验资事项说明

变更验资的验资事项说明主要包括以下内容。

(1) 基本情况。说明公司名称公司类型，公司组建及审批情况(需要批准的)，变更前后各股东或者发起人的名称或者姓名、出资额和出资方式、出资时间，申请变更前后的注册资本及实收资本金额等。

(2) 新增资本的出资规定或减资规定。说明申请新增的注册资本数额或实收资本数额，出资者、出资方式、出资时间；或减资数额、减资者、减资方式、减资时间等。

(3) 审验结果。增加注册资本或实收资本的。应当说明被审验单位实际收到各出资者的新增注册资本及实收资本，或新增实收资本的情况，包括：以货币出资的，应当说明股东或者发起人的出资额、出资时间、货币资金缴存被审验单位的开户银行和户名及账号；以实物、知识产权、土地使用权及其他可以用货币估价并可以依法转让的非货币财产作价出资的。应当具体说明其出资方式和内容，并说明股东办理财产权转移手续的情况、评估情况(包括评估结果和确认情况)；以资本公积、盈余公积和未分配利润转增注册资本及实收资本的，应当说明转增的方式、用以转增注册资本的项目和金额、公司实施转增的基准日期、财务报表的调整情况(包括会计处理情况)、留存的该项公积金不少于转增前公司注册资本的25%、转增前后财务报表相关科目的实际情况、转增后股东的出资额；出资者的实际出资超过认缴出资的还应当说明超过部分的处理情况等。

减少注册资本及实收资本的，除说明减资者、减资币种、减资金额、减资时间、减资方式和减资后的资者、出资金额、出资比例及减资后的净资产和实收资本(股本)外，还应当说明公司履行公司法规定程序情况和股东或者发起人对公司债务清偿或者债务担保情况。

▶ 6. 注册会计师的签名和盖章

验资报告应当由注册会计师签名并盖章。

根据《财政部关于注册会计师在审计报告上签名盖章有关问题的通知》(财会[2001]1035号)的规定，合伙会计师事务所出具的验资报告，应当由一名对验资项目负最终复核责任的合伙人和一名负责该项目的注册会计师签名并盖章。有限责任会计师事务所出具的验资报告，应当由会计师事务所主任会计师或其授权的副主任会计师和一名负责该项目的注册会计师签名并盖章。

▶ 7. 会计师事务所的名称、地址及盖章

验资报告应当载明会计师事务所的名称和地址，并加盖会计师事务所公章。

验资报告中的会计师事务所地址通常应注明“中国××市”。

▶ 8. 验资报告日期

验资报告日期是指注册会计师完成审验工作的日期。

验资报告格式举例如下。

验 资 报 告

××有限责任公司(筹)：

我们接受委托，审验了贵公司(筹)截至××××年×月×日止申请设立登记的注册资本首次实收情况。按照法律法规以及协议、章程的要求出资，提供真实、合法、完整的验资资料，保护资产的安全、完整是全体股东及贵公司(筹)的责任。我们的责任是对贵公司(筹)注册资本的首次实收情况发表审验意见。我们的审验是依据《中国注册会计师审计准则第1602号——验资》进行的。在审验过程中，我们结合贵公司(筹)的实际情况，实施了检查等必要的审验程序。

根据协议、章程的规定，贵公司(筹)申请登记的注册资本为人民币××元由全体股东分×期××××年×月×日之前缴足。本次出资为首次出资，出资额为人民币××元，应由××和××于××××年×月×日之前缴纳。经我们审验，截至××年×月×日止，贵公司(筹)已收到××和××首次缴纳的注册资本(实收资本)合计人民币××元(大写)。各股东以货币出资××元，实物出资××元。

[如果存在需要说明的重大事项增加说明段]

本验资报告供贵公司(筹)申请设立登记及据以向全体股东签发出资证明时使用，不应被视为是对贵公司(筹)验资报告日后资本保全、偿债能力和持续经营能力等的保证。因使

用不当造成的后果，与执行本验资业务的注册会计师及本会计师事务所无关。

附件：

一、基本情况：

××公司(筹)(以下简称贵公司)系由×(以下简称甲方)、×(以下简称乙方)共同出资组建的有限责任公司。于××××年×月×日取得××公司登记机关核发的××号《企业名称预先核准通知书》，正在申请办理设立登记。(如果该公司在设立登记前须经审批，还需说明审批情况。)

二、申请的注册资本及出资规定：

根据协议、章程的规定，贵公司申请登记的注册资本为人民币××元。由全体股东分×期于××××年×月×日之前缴足。本期出资为首次出资，出资额为人民币××元，应由甲方、乙方于××年×月×日之前缴纳。其中：甲方认缴人民币××元，占注册资本的×%，出资方式为货币×元，实物、机器设备××元；乙方认缴人民币××元，占注册资本的×%，出资方式为货币。

三、审验结果

截至××××年×月×日止，贵公司已收到甲方、乙方首次缴纳的注册资本(实收资本)合计人民币××元实收资本占注册资本的×%。

(一)甲方首次实际缴纳出资额人民币××元。其中：货币出资××元于××××年×月×日缴存××公司(筹)在××银行开立的人民币临时存款账户××账号内；于××××年×月×日投入机器设备××[名称、数量等]，评估价值为××元。全体股东确认的价值为××元。

××资产评估有限公司已对甲方出资的机器设备进行了评估，并出具了甲方已与贵公司于××××年×月×日就出资的机器设备办理了财产交接手续。

(二)乙方首次实际缴纳出资额人民币××元。其中：货币出资××元，于××××年×月×日缴存××公司(筹)在××银行开立的人民币临时存款账户××账号内。

(三)以上股东的货币出资金额合计××元。占注册资本总额的×%。

(四)全体股东的首次出资金额占该公司注册资本的×%。

四、其他事项

(五) 拒绝出具验资报告并解除业务约定的情形

注册会计师在审验过程中，遇有下列情形之一时，应当拒绝出具验资报告并解除业务约定。

(1) 被审验单位或出资者不提供真实、合法、完整的验资资料的。

(2) 被审验单位或出资者对注册会计师应当实施的审验程序不予合作，甚至阻挠审验的。

(3) 被审验单位或出资者坚持要求注册会计师做不实证明的。

例如，遇有下列情形之一时，注册会计师应当拒绝出具验资报告并解除业务约定。

① 出资者投入的实物、知识产权、土地使用权等资产的价值难以确定。

② 被审验单位及其出资者不按国家有关规定对出资的实物、知识产权、土地使用权等非货币财产进行资产评估或价值鉴定、办理有关财产权转移手续。

③ 被审验单位减少注册资本或合并、分立时，不按国家有关规定进行公告、债务清

偿或提供债务担保。

④ 外汇管理部门在外方出资情况询证函回函中注明附送文件存在虚假、违规等情况。

⑤ 出资者以法律法规禁止的劳务、信用、自然人姓名、商誉、特许经营权或者设定担保的财产等作价出资。

⑥ 首次出资额和出资比例不符合国家有关规定。

⑦ 全体股东的货币出资比例不符合国家有关法律、法规规定。

第二节　具体审验程序

一、设立验资的审验程序

(一) 货币出资的审验程序

▶ 1. 审验目标

审验出资者是否按照协议、章程的规定将其认缴的货币资金如期、足额存入被审验单位在其所在地银行开设的账户。

▶ 2. 审验程序

以货币出资的，注册会计师应当在检查被审验单位开户银行出具的收款凭证、对账单及银行询证函回函等的基础，审验出资者的实际出资金额和货币出资比例是否符合规定。具体审验程序如下。

(1) 检查货币出资清单填列的出资者、出资币种、出资金额、出资时间、出资方式和出资比例等内容是否符合协议、章程的规定。

(2) 检查入资账户(户名及账号)是否为被审验单位在银行开设的账户。

(3) 检查收款凭证的金额、币种、日期等内容是否与货币出资清单一致。

(4) 检查收款凭证是否加盖银行收讫章或转讫章。

(5) 检查收款凭证的收款人是否为被审验单位付款人是否为出资者。

(6) 检查收款凭证中是否注明该款项为投资款。

(7) 检查截至验资报告日的银行对账单(或具有同等证明效力的文件)的收款金额、币种、日期等是否与收款凭证一致并关注其中资金往来有无明显异常情况。

(8) 向银行函证，检查出资者是否缴存货币资金，金额是否与收款凭证一致。

(9) 核对货币出资清单与注册资本实收情况明细表是否相符。

(10) 检查全体股东或者发起人的货币出资金额是否不低于注册资本的 30%(此程序仅适用于出资者一次足额出资，如出资者分次出资则在末次验资时予以关注)。

(二) 实物出资的审验程序

▶ 1. 审验目标

审验出资者是否按照协议、章程的规定将其认缴的实物出资如期、足额投入被审验单位，并已办理有关财产权转移手续的证明文件。

▶ 2. 审验程序

以实物出资的注册会计师应当观察、检查实物，审验其权属转移情况，并按照国家有关规定在资产评估的基础上市验其价值。具体审验程序如下。

(1) 检查实物出资清单填列的实物品名、数量、作价、出资日期等内容是否符合协议、章程的规定。

(2) 检查实物资产出资是否按国家规定进行资产评估，查阅其评估报告。

了解评估目的、评估范围与对象、评估基准日、评估假设等有关限定条件是否满足验资的要求，关注评估报告的特别事项说明和评估基准日至验资报告日期间发生的重大事项是否对验资结论产生影响；检查实物资产作价是否存在显著高估或低估；检查投入实物资产的价值是否经各出资者认可。

(3) 观察、检查实物数蚤并关注其状况，验证其是否与实物出资清单一致。

(4) 检查房屋、建筑物的平面图、位置图，验证其名称、坐落地点、建筑结构、竣工时间、已使用年限及作价依据等是否符合协议、章程的规定。

(5) 检查机器设备、运输设备、材料等实物的购货发票、货物运输单、保险单等单证验证其权属及作价依据。

(6) 检查实物是否办理交接手续，交接清单是否得到出资者及被审验单位的确认实物的交付方式、交付时间、交付地点是否符合协议、章程的规定。

(7) 检查须办理财产权转移手续的房屋、车辆等出资财产是否已办理财产权转移手续，验证其出资前是否归属出资者。出资后是否归属被审验单位。

(8) 检查相关文件确认出资的实物是否设定担保。

(9) 核对实物出资清单与注册资本实收情况明细表是否相符。

(三) 知识产权、土地使用权出资的审验程序

▶ 1. 审验目标

审验出资者是否按照协议、章程的规定将其认缴的知识产权、土地使用权等无形资产如期、足额投入被审验单位，并办理有关财产权转移手续。

▶ 2. 审验程序

以知识产权、土地使用权等无形资产出资的，注册会计师应当验证其权属转移情况，并按照国家有关规定在资产评估的基础上审验其价值。具体审验程序如下。

(1) 检查知识产权、土地使用权等无形资产出资清单填列的资产名称、有效状况、作价依据等内容是否符合协议、章程的规定。

(2) 检查知识产权、土地使用权等无形资产出资是否按国家规定进行资产评估，查阅其评估报告，了解评估目的、评估范围与对象、评估基准日、评估假设等有关限定条件是否满足验资的要求；关注评估报告的特别事项说明和评估基准日至验资报告日发生的重大事项是否对验资结论产生影响；检查无形资产作价是否存在显著高估或低估；检查投入资产的价值是否经各出资者认可。

(3) 以专利权出资的。如专利权人为全民所有制单位，检查专利权转让是否经过上级主管部门批准：以商标权出资须经商标主管部门审批的，检查是否经其审查同意。

(4) 检查各项知识产权出资是否以其整体作价出资。

(5) 检查土地使用权证和平面位置图。并现场察看，以审验土地使用权证载明的有关内容是否真实土地使用权的作价依据是否合理。

(6) 检查知识产权、土地使用权等无形资产是否办理交接手续，交接清单是否得到出

资者及被审验单位的确认。

(7) 检查须办理财产权转移手续的知识产权、土地使用权等出资财产是否已办理财产权转移手续，验证其出资前是否归属出资者，出资后是否归属被审验单位。

(8) 检查相关文件确认出资的知识产权、土地使用权等无形资产是否存在。

(9) 核对无形资产出资清单与注册资本实收情况明细表是否相符。

(四)以净资产折合实收资本的审验程序

1. 审验目标

审验出资者是否按照协议、章程的规定将与以净资产折合实收资本相关的资产和负债如期、足额转入被审验单位，并办理有关财产权的转移手续。

2. 审验程序

以净资产折合实收资本的，注册会计师应当在审计的基础上按照国家有关规定审验其价值。具体审验程序如下。

(1) 检查被审验单位以净资产折合实收资本是否符合国家有关规定。

(2) 检查以净资产折合实收资本的金额是否符合协议、章程的规定。

(3) 对以净资产折合实收资本相关的资产和负债进行审计，以验证净资产折合实收资本的金额是否准确；如果相关资产和负债已经其他会计师事务所审计，在利用其工作时，应当参照《中国注册会计师审计准则第 1401 号——利用其他注册会计师的工作》的有关要求执行。

(4) 检查与以净资产折合实收资本相关的资产、负债是否按国家规定进行资产评估，查阅评估报告。了解其评估目的、评估范围与对象、评估基准日、评估假设等有关限定条件是否满足验资的要求；关注评估报告的特别事项说明和评估基准日至验资报告日期间发生的重大事项对验资结论产生的影响；检查净资产作价是否存在显著高估或低估；检查以净资产折合实收资本的金额是否经各出资者认可。

(5) 检查与以净资产折合实收资本相关的资产、负债的交接清单。

(6) 检查与以净资产折合实收资本相关的资产和负债的转移方式、期限是否符合协议、章程的规定。

(7) 检查新设合并的合并各方是否按照国家有关规定及时通知债权人。发布公告，进行债务清偿或提供债务担保。

(8) 检查国有企业以净资产折股金额是否与政府有关部门的批准文件的规定一致，未折股部分的处理是否符合国家有关规定。

(9) 检查评估基准日至以净资产折合实收资本日期间的净资产变动情况。并检查是否对其进行了适当的会计处理。

(10) 检查以净资产折合实收资本的金额是否与注册资本实收情况明细表一致。

(五) 外商投资企业设立验资的特殊审验程序

1. 以货币出资

以货币出资的，除货币出资的审验程序外，注册会计师还应当实施下列审验程序。

(1) 检查外方出资者是否以从境外汇入的外币出资；检查外商投资企业的外汇登记证，以确定外币是否汇入经外汇管理部门核准的资本金账户。并向该账户开户银行进行函证。

(2) 外方出资者用其从中国境内举办的其他外商投资企业获得的人民币利润和因清算、股权转让、先行收回投资、减资等所得的货币资金在境内再投资的。检查该外商投资企业的已审计财务报表和审计报告、董事会有关利润分配的决议、利润再投资的货币资金获取地外汇管理部门的批准文件和“国家外汇管理局资本项目外汇业务核”原件以及主管税务机关出具的完税证明，以确定其再投资行为和金额是否与外汇管理部门核准的相一致。

(3) 当出资的币种与注册资本的币种、记账本位币不一致时。检查实收资本的折算汇率是否按收到出资当日汇率折算。

(4) 出资者将出资款直接汇入被审验单位在境外开立的银行账户的检查被审验单位注册地外汇管理部门的批准文件。

▶ 2. 以进口实物出资

以进口实物出资的，除实施本实物出资的审验程序外，注册会计师还应当实施下列审验程序。

(1) 按照国家规定须办理价值鉴定手续的，查阅各地出入境检验检疫局或经国家质量监督检验检疫总局和财政部授予资格的其他价值鉴定机构出具的外商投资财产价值鉴定证书。

(2) 检查财产价值鉴定证书所列的实物是否与购货发票、货物运输清单、货物提单、进口货物报关单、海关查验放行清单、保险单据、实物出资清单及验收清单等一致；检查实物是否来源于境外。

(3) 观察、检查实物。验证其品名、规格、数量、价值等是否与财产价值鉴定证书的有关内容一致。

(4) 当实物出资的币种与注册资本的币种、记账本位币不一致时。检查实收资本的折算汇率是否按收到出资当日汇率折算。

▶ 3. 外方以货币、实物出资

外方以货币、实物出资的，注册会计师应当按照国家有关规定向企业注册地外汇管理部门发出外方出资情况询证函。并根据外方出资者的出资方式附送银行询证函回函、国家外汇管理局资本项目外汇业务核准件及进口货物报关单等文件的复印件，以询证上述文件内容的真实性和合规性。

上述出资中涉及外方出资者以外币出资但在境内原币划转的。注册会计师还需要检查原币划转是否经外汇管理部门核准。

▶ 4. 以无形资产出资

以无形资产出资的，除实施本以知识产权、土地使用权出资的审验程序外，当无形资产出资的币种与注册资本的币种、记账本位币不一致时。注册会计师还需要检查实收资本的折算汇率是否按收到出资当日汇率折算。

▶ 5. 以实物、知识产权、土地使用权等作价出资

以实物、知识产权、土地使用权等非货币财产作价出资须办理财产权转移手续的，注册会计师应当检查有关财产权的转移手续是否办理完毕。

注册会计师应当检查与注册资本实收情况相关的会计处理是否正确。

注册会计师应当关注被审验单位注册资本与投资总额的比例、出资期限、外方出资者

的出资比例是否符合有关协议、合同、章程、审批机关的批准文件及国家相关法规的规定。

(六) 其他应当关注的事项

注册会计师执行设立验资业务除按上述以货币、实物等不同出资方式实施相关的审验程序外，还需要关注下列事项。

(1) 被审验单位申请的注册资本是否达到国家规定的最低限额。

(2) 有限责任公司全体股东的首次出资额是否不低于公司注册资本的20%。且不低于法定的注册资本最低限额。对其余部分，章程是否规定由股东自公司成立之日起2年内缴足，其中投资公司在5年内缴足。

发起设立的股份有限公司全体发起人的首次出资额是否不低于公司注册资本的20%，对其余部分，公司章程是否规定发起人自公司成立之日起2年内缴足，其中投资公司在5年内缴足。

(3) 募集设立的股份有限公司发起人认购的股份是否不少于公司股份总数的35%。

(4) 出资者是否以自己的名义出资。

(5) 出资的实物、知识产权、土地使用权等非货币财产是否可以用货币估价并可以依法转让；以货币、实物、知识产权、土地使用权以外的其他财产出资的，是否符合国家工商行政管理总局会同国务院有关部门制定的有关规定。

(6) 被审验单位为有限责任公司的，其出资者是否为自然人，有限责任公司出资者是否一次足额缴纳公司章程规定的出资额。

(七) 获取重大事项声明书

注册会计师应当获取出资者及被审验单位签署的与验资业务有关的重大事项声明书。变更验资的取证与审验程序。

二、变更验资的审验程序

(一) 变更验资的一般审验程序

▶ 1. 审验目标

审验被审验单位变更注册资本、实收资本是否符合法定程序，注册资本、实收资本(股本)的增减变动是否真实，相关会计处理是否正确。

▶ 2. 审验程序

变更验资的一般审验程序如下。

(1) 查阅董事会、股东会或股东大会关于注册资本、实收资本增加或减少的决议，检查注册资本、实收资本变更情况明细表中所列内容是否与有关决议及修改后的协议、章程一致。

(2) 变更注册资本、实收资本须经政府有关部门审批的，检查是否获得批准。

(3) 国家规定须办理有关财产权转移手续的出资财产，检查是否依法办理。

(4) 以货币、实物、知识产权、土地使用权等出资增加注册资本、实收资本的，可以依据设立验资取证与审验中有关审验程序进行审验。

(5) 股份有限公司发行新股(含配股)或上市公司以非公开方式发行新股的。如果委托证券承销机构办理，应当检查委托承销协议、承销报告、募股清单、股款划转凭据、股票发行费用清单、证券登记机构出具的有关证明。

(6) 如果委托人要求对增资后累计的注册资本实收情况进行审验，注册会计师应当实施必要的审计程序。

(7) 因合并、分立变更注册资本和实收资本，或因注销股份等其他原因减少注册资本和实收资本的，检查被审验单位是否按规定通知债权人，在报纸上发布公告，进行债务清偿或提供债务担保，并得到债权人的认可；检查是否办理财产合并或分割手续；检查是否按规定办理审批手续。

(8) 检查增加或减少注册资本后的出资者、出资金额、出资比例是否符合协议、章程及董事会、股东会或股东大会决议的有关规定；关注被审验单位减资后的注册资本是否达到国家规定的最低限额。

(9) 检查与增加或减少注册资本、实收资本相关的会计处理是否正确。

(10) 实施以下程序关注前期注册资本实收情况和增资前的净资产状况：查阅前期验资报告；多关注被审验单位与其关联方的有关往来款项有无明显异常情况；查阅近期财务报表和审计报告。关注被审验单位是否存在由于严重亏损而导致增资前的净资产小于注册资本、实收资本的情况。

(二) 变更验资的特殊审验程序

▶ 1. 以资本公积、盈余公积、未分配利润转增注册资本及实收资本

以资本公积、盈余公积、未分配利润转增注册资本及实收资本的。除实施变更验资的一般审验程序规定的有关程序外，注册会计师还应当实施下列审验程序。

(1) 对用于转增注册资本及实收资本的资本公积、盈余公积、未分配利润进行审计，以验证其金额是否准确；如果已经其他会计师事务所审计，在利用其工作时，应当参照《中国注册会计师审计准则第 1401 号——利用其他注册会计师的工作》的有关要求执行。

(2) 检查用于转增注册资本及实收资本的资本公积项目是否符合国家有关规定。

(3) 检查被审验单位用于转增注册资本的盈余公积、未分配利润是否符合国家有关规定。

(4) 检查留存的法定盈余公积是否不少于转增前公司注册资本的 25%。

(5) 检查转增注册资本及实收资本前后各出资者的出资比例是否符合章程、协议中有关出资比例的约定。

▶ 2. 因吸收合并而变更注册资本

因吸收合并而变更注册资本的，除实施变更验资的一般审验程序的有关程序外，注册会计师还应当实施下列审验程序。

(1) 对合并各方的资产负债表进行审计，验证被审验单位合并日的净资产金额；如果截止至合并日的财务报表已经其他会计师事务所审计，在利用其工作时，应当参照《中国注册会计师审计准则第 1401 号——利用其他注册会计师的工作》的有关要求执行。

(2) 检查以净资产折合实收资本(股本)的比例是否符合合并协议及国家有关规定。

▶ 3. 因派生分立而减少注册资本

因派生分立而减少注册资本的，除实施变更验资的一般审验程序的有关程序外，注册会计师还应当实施下列审验程序。

(1) 对被审验单位分立前后的资产负债表进行审计，验证被审验单位分立日的净资产金额；如果截止至分立日的财务报表已经其他会计师事务所审计，在利用其工作时。应当参照《中国注册会计师审计准则第1401号——利用其他注册会计师的工作》的有关要求执行。

(2) 检查财产分割及以净资产折合实收资本(股本)的比例是否符合分立协议及国家有关规定。

▶ 4. 因注销股份而减少注册资本

因注销股份而减少注册资本的，除实施变更验资的一般审验程序的有关程序外，注册会计师还应当实施以下审验程序。

(1) 检查与减资有关的会计凭证，以验证减资者、减资方式、减资金额是否真实。

(2) 对减资基准日的资产负债表进行审计，以验证减资后的注册资本、实收资本(股本)是否真实；如果截止至减资基准日的财务报表已经其他会计师事务所审计，在利用其工作时，应当参照《中国注册会计师审计准则第1401号——利用其他注册会计师的工作》的有关要求执行。

▶ 5. 企业整体改组、改制须进行变更登记

企业整体改组、改制须进行变更登记的，包括非公司企业按公司法改制为公司或有限责任公司变更为股份有限公司，除实施设立验资的取证与审验中有关程序外，注册会计师还应当检查用于折合实收资本(股本)的净资产额的确认依据是否符合国家有关规定，并关注折合的实收资本(股本)总额是否不高于净资产额。

“东锅公司”造假上市验资案

一、案例资料

四川东方锅炉(集团)股份有限公司(简称“东锅公司”)采用编造虚假财务报告的方法“包装上市”，制造了试点发行股票连续三年稳定盈利、净资产利润率增长平衡的假象。东锅公司虚假上市问题暴露后，引起了政府部门的重视，在社会各界尤其在我国注册会计师职业界引起了极大的反响。上市公司虚假包装为何得以实现？如何认定相关中介机构的责任？一时间成了各界关注的焦点。有关部门先后多次到受托东锅公司审计业务的四川会计师事务所进行检查，从验资报告所附工作底稿看，确实附有银行进账凭证，手续齐备，程序合法，该所有关人员也一口咬定是银行和企业欺骗了注册会计师，注册会计师不知情，至多只能负审计失误的责任。然而，有关部门对如此“事实”产生了怀疑。于是，财政部几位领导指示由财政部会同证监会联合派出检查组再赴四川做进一步核实。检查人员从事务所与“东锅公司”签订的委托协议收上发现了疑点，从表面上看，协议书的签订日期是1992年11月28日，正好在验资报告日期1992年12月30日之前，但仔细分辩，协议书日期已被涂改，原字迹为1993年5月8日。事务所既然不知情，为什么又要涂改协议书的日期呢？

检查组以此为突破口，兵分两路，一路前往自贡现场核对账证，提取当事人证明材料，一路留在四川会计师事务所继续检查有关工作底稿，请相关人员认真“回忆”当时情

节，几天后，两个小组得出同样结论：四川会计师事务所朱某等人为东锅公司提供虚假验资报告并非失误，而是共谋作弊。经检查核实，具体情况如下：

1992年，国家体改委要求各地对过去已实施股份制试点的企业重新登记，符合条件的可继续试点。“东锅公司”在1988年前经自贡市政府批准进行股份改革试点工作，但由于种种原因，试点工作未予进行。该公司为了争取国家体改委的批准，于1993年1月至10月间，炮制了一系列证明其1988年至1990年已进行股份制试点并发行股票5400万股的虚假文件和资料。在其过程中，自贡市政府有关领导出面协调，银行、国土局及相关中介机构一路绿灯、配合企业作假。成都会计师事务所(后改为四川会计师事务所)于1993年5月在明知该公司1988年至1990年未发行股票的情况下，出具了一份虚假的验资报告，称“股金已分期分批进入中国工商银行自贡支行开设的账户。”报告落款日期为1992年12月30日，签字注册会计师为朱某、贺某，此份验资报告连同其他文件一起上报后，1993年10月，国家体改委批准“东锅公司”继续进行股份制试点。从1993年11月起，“东锅公司”才开始定向募集资金。1995年5月，“东锅公司”为申请其股票上市，要求事务所对原验资报告作修改，做了第二份验资报告，验资报告后附中国工商银行自贡支行补办的虚假进账单、企业假传票、假记账凭证，目的是使验资报告看上去手续完备、资料齐全。第二份验资报告的日期、文号均不变，朱某等人将此份重新“包装”后装入档案中。

1995年，“东锅公司”在申请股票上市过程中，为表现良好的盈利状况，提出要对1992年至1994年的利润进行调整，虚增利润1500万元。公司将此意见告诉朱后，朱未提出异议，没有对公司账表钩稽关系进行审计，也未在审计工作底稿上注明对公司虚拟的1500万元利润予以确认(其中1992年350万元，1993年800万元，1994年350万元)。该审计报告的签字注册会计师仍为朱某、贺某。1996年成都会计师事务所在对“东锅公司”1993年至1996年上半年会计报表审计时，沿用了前述审计报告意见，并在上市公告中作了披露。经查，该所有关执业人员购买了“东锅公司”的股票，其中朱某购买了5000股。对案件事实核实后，财政部会同中国证监会等有关部门对为“东锅公司”出具有关验资、审计报告的四川会计师事务所的问题作了定性并进行了严肃处理。没收四川会计师事务所违法所得，并处罚款20万元，暂停四川会计师事务所从事证券业务3年，吊销参与做假的朱某、贺某注册会计师证书，取消朱某、贺某等证券业务执业资格，没收朱某等人买卖股票非法所得，并建议四川省公安部门立案侦查，追究朱某刑事责任。

本章小结

验资，是指注册会计师依法接受委托，对被审验单位注册资本的实收情况或注册资本及实收资本的变更情况进行审验，并出具验资报告。验资分为设立验资和变更验资本章重点针对设立验资和变更验资的方法、程序进行详细说明，并就验资报告的格式、内容、法律效率做出解释。

思考与练习

一、思考题

1. 设立验资与变更验资有何不同?

2. 设立验资审验程序与变更验资审验程序有何原则不同?

二、案例思考

1. 结合案情，分析四川会计师事务所及其注册会计师在对“东锅公司”验资中存在的问题及其性质、产生的社会影响及对中国注册会计师职业界的警示。

2. 结合典型案例分析我国注册会计师验资失真的深层原因。

3. 结合我国上市公司现状，说明你对上市公司“包装”的看法。

三、案例分析题

(一) 基本情况

海南民源现代农业股份公司(简称“琼民源”)，1988 年 7 月在海口注册成立。1992 年 9 月，在全国证券交易自动报价(STAQ)系统中募集法人股 3000 万股，实收股本 3000 万元。1993 年 4 月 30 日，以琼民源 A 股的名义在深圳交易所上市，成为当时在深圳上市的 5 家异地企业之一。上市后的第二年，琼民源开始走下坡路，经营业绩不佳，其股票无人问津。1995 年公布的年报中，琼民源每股收益不足 1 厘，年报公布日(1996 年 4 月 30 日)，其股价仅为 3.65 元。从 1996 年 7 月 1 日起，琼民源的股价以 4.45 元起步，在短短几个月内股价已蹿升至 20 元，翻了数倍，引起了监管部门的关注。

经查实，琼民源 1996 年年度报告和补充公告所称 1996 年实现利润 5.7 亿余元、资本公积增加 6.57 亿元的内容严重失实，如表 12-1 所示。其中，5.4 亿元利润实在未取得土地使用权的情况下，通过与关联公司及他人签订的未经国家有关部门批准的合作建房、权益转让等无效合同编造的。而 6.57 亿元的资本公积则是在未取得土地使用权、未经国家有关部门批准立项和确认的情况下，对 4 个投资项目的资产评估而编造的。由此，琼民源违反国家土地管理制度和会计制度，虚构收入和虚增资本公积共计 10 余亿元。

表 12-1 琼民源 1996 年度主要会计数据与财务指标

指标	本年数	上年数	比上年增减(%)
主营业务收入(万元)	1677.98	363.78	+361.26
利润总额(万元)	57 093.13	67.21	+84 847.37
净利润(万元)	48 529.16	37.57	+129 069.98
总资产(万元)	309 001.77	138 579.76	+122.98
股东权益(万元)	225 622.08	111 359.91	+102.61
每股收益(元/股)	0.867	0.0009	+96 233.33
每股净资产(元/股)	4.03	2.59	+55.60
净资产收益率(%)	21.51	0.034	+63 164.71

（二）处罚结果

对琼民源原董事田桂昌、张喜群、杨宝华、朱若常、林继军、吴明瑜、迟福林、方成义、鞠枫分别处以警告。原董事长马玉和因犯提供虚假财务会计报告罪，被判处有期徒刑3年，总会计师班文超因犯提供虚假财务会计报告罪，被判处有期徒刑2年。

中华会计师事务所出具了具有严重虚假内容的审计报告，误导了广大投资者，在社会上造成了极其恶劣的影响。对事务所处以警告，暂停其从事证券业务资格6个月，对两名签字注册会计师暂停其从事证券业务资格3年，建议有关主管部门撤销海南中华会计师事务所，吊销其主要负责人(1人)的注册会计师资格证书。

海南大正会计师事务所出具了含有虚假、严重误导内容的资产评估报告，误导了广大投资者，在社会上造成了极其恶劣的影响。对事务所罚款30万元，暂停其从事证券业务资格6个月，对负有直接责任的注册会计师卢庚保，暂停其从事证券业务资格3年。

（三）案例分析：

1. 该案例中事务所在验资评估中违背了哪些基本程序？

2. 如何就验资环节的舞弊加强监管？

参考文献

[1] 中国注册会计师协会编. 审计[M]. 北京：经济科学出版社，2015.
[2] 秦荣生，卢春泉. 审计学[M]. 北京：中国人民大学出版社，2014.
[3] 宛燕如，高文进. 审计学[M]. 武汉：武汉理工大学出版社，2013.
[4] 陈思维，王会金，裴文英. 审计学[M]. 北京：清华大学出版社，2005.
[5] 余玉苗. 审计学[M]. 北京：清华大学出版社，2013.
[6] 中国注册会计师协会. 中国注册会计师执业准则指南(2006)[M]. 北京：经济科学出版社，2006.
[7] 术鸿鸣，宫相荣. 审计[M]. 北京：中国财政经济出版社，1998.
[8] 李若山，刘大贤. 审计学：案例与教学[M]. 北京：经济科学出版社，2000.
[9] 朱锦余. 审计[M]. 大连：东北财经大学出版社，2014.
[10] 乔春华. 审计学[M]. 大连：东北财经大学出版社，2005.
[11] 徐平. 审计学教程[M]. 北京，人民出版社，2004.
[12] 朴根虎，朱承祖. 审计基础知识[M]. 北京：高等教育出版社，2002.
[13] 刘丽华. 审计学[M]. 北京：经济科学出版社，2007.
[14] 郝振平，刘霄仑. 审计学[M]. 北京：北京大学出版社，2007.
[15] 俞校明. 审计[M]. 大连：大连出版社，2007.
[16] 刘明辉. 高级审计理论与实务[M]. 大连：东北财经大学出版社，2014.
[17] 戚少丽，曲云. 审计基础与实务[M]. 北京：中国市场出版社，2014.
[18] 肖昆，王丽敏. 风险导向审计下计划审计工作案例分析：以A企业集团为例. 商场现代化. 2014：02.
[19] 陈滴微. 财政部财政科学研究所专业硕士学位论文. 绿大地财务舞弊案例分析. 2014：05.
[20] 夏萍萍. 云南绿大地生物科技股份有限公司内部控制分析. 商业文化. 2012：2(下半月).
[21] 王丽娜等. 我国上市公司财务报告质量提升研究：基于万福生科财务造假案例分析研究. 池州学院学报. 2014：10(28).
[22] 左放. “新大地科技”造假上市案例分析. 辽宁大学硕士专业学位论文. 2014.
[23] 孟繁强，李惠. 大连獐子岛“黑天鹅”案例分析与启示. 国际商务财务. 2015：10.
[24] 陈玉霞. 关于企业验资风险问题的探讨. 经济与社会发展研究. 2014：6.
[25] 连竑彬. 中国上市公司财务报表舞弊现状分析及甄别模型研究. 厦门大学博士论文.